DOCAVIA

Diên Biên Phu

Les chevaliers condamnés de l'armée coloniale

Charles Maisonneuve

éditions Larivière

Des pilotes du GC 1/22 Saintonge sur le tarmac dans l'attente de l'ordre de décoller. Le lieutenant Lecoq, les sergents Pierre Henry et Raymond Sellier.

À Jacques Walhain, mon grand-père, qui m'a appris à aimer l'histoire.

Remerciements

Je tiens tout d'abord à remercier les témoins directs de cette bataille. Ils m'ont consacré beaucoup de temps, faisant ressurgir parfois des souvenirs douloureux. Au-delà du déroulement de la bataille ou des anecdotes, ils ont eu la patience de m'expliquer ce qu'était pour eux l'Indochine, il y a cinquante ans. J'ai apprécié les moments passés avec vous. Ils furent pour moi l'un des grands intérêts de ce livre. Je remercie particulièrement MM. Claude Yves Barteau, Bernard Klotz, Lucien Le Boudec, Alfred Martinais, et Pierre Rouault.

Un grand merci également aux services historiques des armées, à la bibliothèque de l'École militaire et à la division histoire et patrimoine de la Légion étrangère pour la qualité de leur accueil et leur professionnalisme. En particulier le colonel Frédéric Guelton qui m'a guidé dans mes recherches au SHAT et M. Marcellin Hodeir, responsable du service photographique du SHAA, qui a su répondre avec beaucoup d'efficacité à mes demandes toujours plus urgentes !

Merci également à ceux qui m'ont ouvert leurs carnets d'adresses ou leurs archives, notamment Michel Bachette Peyrade, Christian Dumont et Patrice Lefort-Lavauzelle, pour me faciliter les démarches dans le monde combattant. Merci aussi à Anne-Sophie qui m'a soutenu dans ce projet, tout en assurant une efficace relecture du manuscrit. Merci enfin à Tacoma pour sa patience.

Mais je souhaite spécialement exprimer toute ma gratitude à mon ami Pierre Flamen, qui était sergent-chef à DBP au 6e BPC. Il a consacré de longs moments à me présenter les subtilités du terrain, ainsi que les combats auxquels il a été mêlé. Il m'a beaucoup aidé dans la compréhension de cet univers particulier des parachutistes en Extrême-Orient. Par ailleurs, il a travaillé à la réalisation des cartes, à partir de photos aériennes, qui font l'un des intérêts de cet ouvrage.

Sommaire

Les chevaliers de l'armée

condamnés
coloniale

La piste de l'aéroport de DBP aujourd'hui. Cette vue orientée vers le sud illustre la dimension de cette vallée que la presse à l'époque baptisa inopportunément « la cuvette de DBP ».

Le 2 janvier 1963, aux alentours du village de Bac, dans le delta au sud de l'Annam, un bataillon aéroporté, deux colonnes fortes de deux bataillons et une compagnie de 13 blindés M-113 de l'armée sud-viêtnamienne s'apprêtent à donner l'assaut au commandement du 261e bataillon viêtcong, un petit millier d'hommes solidement retranchés dans un hameau. Les forces assaillantes bénéficient de la surprise et de l'aide de conseillers américains. Elles ignorent que l'ennemi est aussi nombreux – elles tablent sur 300 combattants – mais il s'agit d'une unité régionale moyennement équipée. Très vite pourtant, le combat tourne à l'avantage des Viêts. Les trois groupes sud-viêtnamiens séparés sont isolés les uns des autres et ne peuvent pas s'appuyer alors qu'ils sont saturés par le feu ennemi. Les hélicoptères ne sont pas assez nombreux pour aérotransporter l'ensemble du bataillon. L'artillerie matraque avec constance les rizières, sans jamais réussir à toucher le hameau. L'infanterie ne manœuvre pas, clouée au sol par les calibres 30 ennemis, et l'aviation lâche du napalm à l'aveuglette, souvent sur ses propres troupes. Les conseils, les injonctions et finalement les insultes des conseillers amé-

Les chars Chaffee comptent parmi les derniers vestiges visibles de la bataille. Ici le Douaumont*, rongé par la rouille.*

ricains restent sans influence sur le déroulement de la bataille. L'infanterie mécanisée, dans ses blindés M-113, pourrait avancer suffisamment près pour inquiéter l'ennemi, mais c'est sans compter le manque de motivation et de formation des troupes. Les servants de M-113 préfèrent rester cachés à l'intérieur de leur engin, tenant leur calibre 50 à bout de bras, envoyant ainsi dans le ciel de longues et inutiles rafales. Le commandant de la compagnie refuse de faire avancer ses engins, alors que la menace antichar, en dehors de vieux canons sans recul de 57 mm, est quasi nulle. Ce désordre motive l'adversaire qui parvient à abattre cinq hélicoptères, tuant un conseiller américain. Il tire une concentration de balles très importantes sur les M-113 les plus proches. Les projectiles entrent par les fentes d'observation, blessant des membres d'équipages, provoquant un reflux des premiers monstres de dix tonnes, ce qui paralyse l'ensemble de la compagnie. Les Viêts ont l'avantage alors que leurs adversaires sont presque aussi nombreux mais surtout dix fois mieux équipés ! Plus rien ne semble pouvoir influer sur le sort de la bataille, quand soudain, une dizaine de bimoteurs C-123 commence à larguer des parachutistes, directement sur les positions ennemies. Une erreur, doublée d'un tragique gâchis, qui les empêche de reprendre l'ascendant sur l'adversaire mais c'est une action pleine de panache[1] : « À la différence de l'armée régulière viêtnamienne, les troupes aéroportées de Saïgon étaient d'intrépides soldats. Les officiers parachutistes français avaient été les chevaliers condamnés de l'armée coloniale, des romantiques qui exaltaient la camaraderie et le courage dans la mort pour racheter toutes les stupidités qui aggravaient leur sort. Leurs frères d'armes viêtnamiens en avaient gardé la mémoire et s'efforçaient de réagir avec la vaillance de leurs modèles français »

La geste des paras français est indéfectiblement liée à la bataille de Diên Biên Phu. Dans l'armée française aujourd'hui, le culte du souvenir de DBP reste encore très vivace. Preuve de son impact au sein de la population militaire, un grand nombre d'officiers et de sous-officiers, qu'ils soient parachutistes ou non, mettent

DBP en 1953, avant la bataille. La conquête de cette importante vallée rizicole devait interdire aux divisions de Giap de s'attaquer au Laos. Ce fut le dernier acte de la guerre d'Indochine.

[1] Neil Sheehan, *L'innocence perdue*, Seuil, Paris, 1990.

Ci-contre, un médecin capitaine dispensant des soins à la population d'un village. Les Français comprirent qu'il était nécessaire de séduire les cœurs pour espérer contenir la propagande communiste du Viêt-minh.

À gauche, le général de Lattre. Nommé haut- commissaire après le désastre de Cao Bang, il sut redonner confiance au corps expéditionnaire français. Le « Roi Jean » avait aussi suffisamment d'aura pour être écouté par les hommes politiques parisiens.

La reddition d'officiers japonais aux Britanniques à Saïgon, en 1945. L'occupation nippone porta, lors de la Seconde Guerre mondiale, un coup mortel à la présence française en Indochine.

Le général Leclerc et le colonel Massu en train de plancher sur une carte en Indochine. Le célèbre commandant de la 2e Division Blindée avertit les politiques, dès 1946, que la France n'avait pas les moyens militaires de mener une guerre en Extrême-Orient et qu'il fallait négocier avec Hô Chi Minh.

dans leur bureau une « relique » célébrant l'héroïsme des combattants, que ce soit une carte de la bataille ou des insignes d'unité. Il est toujours assez surprenant de rentrer dans le bureau du chef de corps d'un régiment de chars de combat et de trouver une affiche ancienne rappelant le sacrifice de la garnison. C'est un travail de mémoire très différent de celui des survivants de la bataille : ils avaient le sentiment d'avoir été trahis par leurs chefs, mais aussi par les hommes politiques.
Aujourd'hui, les militaires retiennent avant tout de la bataille le souvenir du sacrifice de jeunes soldats qui, même quand ils savaient que l'issue ne faisait plus aucun doute, continuaient à se porter volontaires pour sauter dans la cuvette. Diên Biên Phu est aussi devenu un mythe dans l'armée française car ses différentes composantes se sont engagées à corps perdu. Bien sûr il y a eu des hésitations, des refus de saut, des mécaniciens qui ne voulaient plus embarquer dans les avions, bien sûr il y a eu les rats de la Nam Youm, mais ces comportements rappellent la dimension humaine et tragique des combats. La peur était permanente sur le champ de bataille, indissociable du courage le plus élevé. Les parachutistes ont particulièrement frappé les esprits et marquent durablement le souvenir de la bataille. Pourtant, nul ne fait mystère des limites de cette spécialité. Les grandes opérations aéroportées ont même plutôt montré que les assauts massifs, comme lors du débarquement du 6 juin 1944 et de *Market Garden*, étaient rarement couronnés de succès. Certes ils permettent de frapper dans le dos de l'ennemi, voire

L'Indochine en 1954

L'Indochine était une création purement française. Pour comprendre ce que regroupait l'Indochine, il faut remonter en 1887 à l'origine de cette union. Ce mot désignait la vaste péninsule bordée par l'océan Indien et l'océan Pacifique et située entre l'Inde et la Chine. Une fois et demi la France, ce territoire mêlait des populations hétéroclites. Les ethnies se distinguaient par leur lieu d'habitat. En effet, dans les montagnes, des populations très anciennes de type indonésien que les Viêtnamiens qualifiaient de Moïs (sauvages) cohabitaient avec des peuples plus récents et plus évolués, descendu du Yunnan chinois vers le sud, comme les Thaïs, les Mans, et les Méos. Par leur nombre, un million recensé durant l'entre-deux-guerres, les Thaïs, au nord, l'emportaient sur les Moïs, au sud. En raison du relief compartimenté, chaque groupe se subdivisait en sous-groupes. Les Moïs se distinguaient par la langue, le degré d'évolution de leur économie (certains pratiquaient la riziculture irriguée), par leur droit (maternel ou paternel). Toutefois, malgré leurs signes distinctifs, les populations montagnardes avaient en commun l'organisation tribale, la culture extensive (sur brûlis), l'ignorance de l'écrit et les pratiques animistes.
Si aucune organisation politique ne put se construire sur la cordillère, en revanche, à l'ouest, dans les bassins du cours moyen du Mékong, les Laotiens, qui appartenaient au groupe thaï, constituèrent des principautés, comme celle de Luang Prabang. Plus au sud, dans la plaine qui entourait le Grand Lac, les Khmers fondèrent leur royaume. Couvrant toutes les plaines du bas Mékong, il fut amputé au profit de l'Empire annamitique de la zone du delta, cette Cochinchine où vivaient 600 000 Cambodgiens en 1939. Par leur art et leur religion, Laotiens et Khmers étaient assez proches des Siamois. Mais la montagne avait servi de ligne de séparation naturelle aux expansionnistes rivaux du Siam et de l'Annam mais aussi aux civilisations hindoue et chinoise.
L'Annam, qui sera appelé par la suite le Viêtnam, était concentré dans le delta du fleuve rouge au sud, et se trouvait sous la domination de l'empire du Milieu. La civilisation viêtnamienne dédaignait les hauteurs boisées de la chaîne annamitique préférant s'étendre le long des côtes. Elle occupait les plaines littorales avant de coloniser le delta du Mékong au détriment de la civilisation hindoue. Les Khmers de Cochinchine, eux, furent supplantés bien avant que la France annexe la région. Le pays viêtnamien s'étirait donc de la frontière chinoise à la pointe de Camau, entrecoupé par la chaîne annamitique. Géographiquement, le Viêtnam était souvent décrit comme un bâton portant à chaque extrémité un lourd panier, le Tonkin à un bout, l'Annam à l'autre. L'influence chinoise était très marquée tant dans la hiérarchie familiale que dans les structures sociales et administratives.
Au temps de la colonisation française, l'unité politique avait disparu et pour faire oublier l'ancien empire, les colons l'avaient divisé en trois parties de statut différent : la Cochinchine, l'Annam et le Tonkin, y ajoutant le Laos et le Cambodge. La Cochinchine fut déclarée colonie incorporée, partie intégrante de la République, et donc dirigée par un gouverneur. Ses habitants devinrent du même coup français. Le statut de protectorat fut attribué au Cambodge et à l'Annam. Le système existant était doublé par une administration coloniale qui, sous les ordres d'un résident supérieur, dirigeait effectivement le pays. Le Laos et le Tonkin, eux, étaient soumis à des systèmes hybrides : pour le premier, seul le royaume de Luang Prabang était sous protectorat, le reste étant sous administration directe. Pour le Tonkin, outre les villes principales (Hanoï et Haïphong) qui étaient des territoires français, le résident supérieur avait sur le reste une main-mise totale. Quel que soit leur statut, toutes les régions étaient sous la domination du gouverneur général qui lui-même dépendait du ministre des Colonies. Ce dernier était doté d'un budget important alimenté par la fiscalité indirecte : droits de douane, droits sur le sel, l'opium, ou encore l'alcool.
Avec l'arrivée des colons français, le catholicisme s'était propagé mais cette religion n'était pratiquée que par moins de 10 % de la population indo-chinoise. L'heure était plutôt à l'essor des sectes, ce phénomène touchant toutefois principalement la Cochinchine. Pour ne citer qu'elle, la secte caodaïste a été fondée en 1926 par un entrepreneur et conseiller colonial, Lê Van Trung.
Malgré la complexité juridique de l'Indochine, entre protectorat et régime mixte, la présence française avait permis l'émergence d'un système d'enseignement et l'amélioration de l'état sanitaire de la population. Ne pouvant pas compter sur de l'argent français, les budgets des cinq régions devaient s'entretenir grâce aux ressources existantes. Un vaste système hydraulique fut entrepris dès le début de la colonisation. En Cochinchine, la conquête du delta permis de sextupler la surface des rizières. Ainsi, la colonie fournissait avec son riz l'essentiel des exportations de la Fédération. Sur les terres rouges du sud de l'Indochine, les colons développèrent l'hévéa. Le caoutchouc représentait 20 % des exportations du pays. Des gisements étaient exploités, comme ceux d'Hong Gay au Tonkin. En 1937, le Transindochinois fut achevé, permettant de se rendre en train de Saïgon jusque dans la Chine méridionale.
Finalement, l'Indochine n'était dominée que par une petite minorité européenne, 42 000 « Européens et assimilés », parmi lesquels 36 000 « personnes de nationalité française par droit de naissance ». Toutefois, d'emblée, le colon français occupait le haut de la hiérarchie. La colonisation avait développé en 1939 une autre minorité, les Chinois, dont 300 000 étaient alors dénombrés. En Cochinchine, ils dominaient le commerce du riz. Ils constituaient aussi une grande partie de la bourgeoisie indo-chinoise, étant commerçants, propriétaires d'immeubles ou encore usuriers. Ils occupaient principalement les villes alors que 90 % des Viêtnamiens habitaient dans les campagnes, vivant de l'artisanat et de la culture de la terre. Entre les deux, une classe moyenne composée de professions libérales et de petits fonctionnaires avait émergé. Toutefois, l'industrialisation à marche forcée avait engendré un vaste prolétariat. La classe ouvrière indochinoise était principalement constituée de Viêtnamiens. Ils se répartissaient en quatre secteurs : les plantations, le secteur minier, les transports et le secteur des industries de transformation.

dans la profondeur de son dispositif. Mais une fois au sol, les paras ont une faible mobilité et une puissance de feu étroitement liée aux capacités de ravitaillement. Au bout de quelques heures, une compagnie a dépensé le gros de sa dotation en munitions et ne peut donc plus mener d'actions offensives. Ces limites opérationnelles sont en parties compensées, aux yeux du commandement, par l'intérêt de la formation parachutistes. Le fait de sauter en automatique ne constitue pas en soi un exploit et il s'agit juste d'un moyen parmi d'autres d'arriver au contact avec l'ennemi. Seulement, cette expérience toujours enivrante suscite une forte cohésion au sein des unités. Un esprit de camaraderie, un dédain pour le risque qui conduit les unités parachutistes à montrer un sang-froid inhabituel au feu. De plus, le para est habitué à agir de façon autonome : une fois au sol, il est seul, il doit s'orienter, observer la zone de saut pour retrouver rapidement sa compagnie. Les multiples largages apprennent ainsi aux parachutistes à prendre des initiatives et à manœuvrer rapidement. Reste que l'armée de terre n'aurait sans doute pas une brigade aéroportée complète, sur les huit qu'elle conserve, s'il n'y avait pas eu DBP.

En revanche, par manque d'intérêt, par antimilitarisme de façade, la bataille de DBP reste dans l'esprit du grand public une démonstration même de l'incurie des généraux. Au même titre que les offensives de Nivelle en 1917 ou la campagne de France en 1940. La lecture des journaux dès le lendemain de la défaite commença à forger ce point de vue. «Qu'allaient-ils donc faire dans

L'entrée du terrain d'aviation de DBP. On aperçoit plusieurs MS 500, chargés de la reconnaissance. Dès le début de la bataille, la piste, seule voie d'approvisionnement de cette base avancée, fut mise hors d'usage par l'artillerie ennemie.

Toujours en place aujourd'hui, le pont Bailey qui traverse la Nam Youm, a été installé par les Français au moment de la conquête de DBP.

L'abri du colonel de Castries, commandant le Groupement Opérationnel du Nord-Ouest, reconstitué par les Viêtnamiens.

Le cratère creusé par une charge d'explosifs pour faire tomber la position Éliane 1 dans les derniers jours de la bataille.

une cuvette ?... » résume en une seule interrogation toute la suspicion que les Français peuvent nourrir à l'éqard de leur armée. Diên Biên Phu est considéré comme une sombre défaite que seul l'héroïsme des combattants de base permet d'éclairer. Au même titre que la charge de Reichshoffen compense la défaite de 1871 ou que le sacrifice de la garde impériale atténue la douleur de Waterloo. Ce jugement n'est pas complètement faux dans le sens où le général Navarre, en tant que commandant en chef, porte la responsabilité de la défaite. Seulement, les faits montrent – et nous tâcherons de le souligner à chaque occasion dans cet ouvrage – que cette défaite est la conséquence d'erreurs commises à tous les niveaux de la hiérarchie. C'est vrai pour Navarre, c'est vrai pour Cogny, mais c'est aussi vrai au niveau des commandements subalternes du camp. Par exemple, les unités parachutistes qui rejoignirent le camp au cours de la bataille furent frappées par la médiocrité des ouvrages défensifs, réalisés au plus grand

L'aéroport de Diên Biên Phu. Ces bâtiments ont bien sûr été construits après la bataille. DBP est devenue une bourgade de plus de 30 000 habitants et le site de la bataille attire plus de 3 000 touristes par an dans cette zone pourtant très excentrée. Une aubaine pour l'économie locale, car cette région reste l'une des plus pauvres du Viêtnam.

Les rizières et les montagnes situées à l'ouest du réduit central.

mépris des techniques élémentaires en la matière. Les meurtrières des armes collectives dans les blockhaus étaient face à l'ennemi, alors qu'elles auraient dû être situées sur les côtés, pour se couvrir mutuellement et prendre en enfilade les abords des tranchées. Repérables de loin, les mitrailleuses 24/29 furent rapidement muselées par les canons sans recul ennemis. La grande erreur du commandement français, à tous les niveaux, reste d'avoir sous-estimé l'adversaire. Trop souvent la faute est rejetée sur les états-majors, coupables aux yeux des combattants de festoyer à Hanoï, alors que d'autres se faisaient tuer en première ligne… Les archives des services historiques des armées, réunies à Vincennes, laissent apparaître une image très différente. Les documents soigneusement compilés révèlent l'ampleur du travail des différents bureaux. Les notes des services de renseignement sont extrêmement détaillées, précises, écartant explicitement les faits de leur interprétation. Ces fiches, accompagnées de cartes et de croquis constituent non seulement de véritables travaux d'artistes, mais surtout une aide précieuse au commandement. L'organisation politique et militaire de la machine ennemie est scrupuleusement épluchée et ses mouvements traqués. Si Navarre choisit le site de DBP, c'est parce qu'il sait que Giap va porter son offensive sur le Laos. De même, les rapports montrent très clairement, courant février, que Giap installe des pièces d'artillerie autour du camp retranché. On sait alors, grâce à des croquis, que ces canons sont abrités par des ouvrages et donc difficiles à détruire. La défaite de DBP n'est donc pas une défaite du renseignement, mais de l'exploitation du renseignement. Les chefs de l'armée, à tous les niveaux, n'ont pas voulu croire les rapports qui leur étaient présentés. C'est un mal bien français qui conduit les responsables militaires à sous-estimer l'intérêt du renseignement. Un déficit culturel toujours perceptible aujourd'hui au sein de l'armée française, malgré bien des efforts et des réformes.

Les plaques PSP de la piste d'atterrissage ont trouvé aujourd'hui une vocation moins guerrière…

La piste d'atterrissage vue depuis la colline de Dominique 1. Cette position, qui tomba le 30 mars, offrait aux Viêts un excellent poste d'observation.

Cet aveuglement sur la menace ennemie est d'autant plus regrettable que Navarre était un homme du renseignement et qu'il avait montré qu'il pouvait avoir un coup d'avance par rapport à Giap.

Enfin, il faut sans doute avancer que dans l'esprit des militaires français, DBP n'était qu'une bataille parmi d'autres. La conférence du lieutenant-colonel Boussarie, devant le Staff College britannique, prononcée en avril 1954 au moment où le camp menaçait de s'effondrer, reflète la perception (faussée) que les militaires avaient de la bataille[2] : « Diên Biên Phu a pleinement rempli le rôle qui lui avait été assigné dès janvier 1954. DBP a sauvé le Laos d'une invasion qui l'eût écrasé, et il a détourné du delta tonkinois une menace peut-être mortelle. DBP a été la menace d'anéantissement du corps de bataille rebelle, qui ne se relèvera pas avant de longs mois de l'hécatombe qu'il a subie ». L'officier reconnait que les pertes françaises sont énormes, mais dans son esprit, le corps expéditionnaire a subi d'autres défaites, notamment Cao Bang en 1950, mais n'a pas pour autant perdu la guerre. Ces explications montrent le décalage qui existait entre l'armée et la réalité. La défaite s'explique aussi parce que Navarre a manqué de sens politique et qu'il n'a pas compris que les hommes politiques français cherchaient une bonne raison de mettre fin à la guerre d'Indochine, aussi coûteuse qu'impopulaire. Navarre, qui se méfiait des médias, n'a pas saisi que pour gagner cette guerre, il était aussi indispensable de la faire comprendre à l'opinion publique (la classe politique ayant déclaré forfait sur ce sujet) que de casser le corps de bataille ennemi. ■

[2] Conférence du lieutenant-colonel Boussarie, devant le Staff College britannique. Bibliothèque de l'École militaire. (Référence Mel.G.XVI)

Chronologie de la guerre d'Indochine

- *1930 :* création du parti communiste indochinois par Hô Chi Minh.

- *25 juin 1940 :* Vichy destitue le gouverneur général Catroux, remplacé par l'amiral Decoux, contraint d'accepter le stationnement de troupes japonaises. Néanmoins, l'Indochine continue d'être administrée par la France.

- *1941 :* Hô Chi Minh fonde le Viêt-minh, mouvement nationaliste étroitement contrôlé par les communistes.

- *1944 :* création de l'armée de la libération.

- *9 mars 1945 :* les Japonais attaquent les garnisons françaises, presque toutes massacrées, et internent les civils français.

- *11 mars 1945 :* les Japonais proclament l'indépendance théorique du Viêtnam. Après la défaite japonaise, l'amiral Thierry d'Argenlieu et le général Leclerc sont envoyés en Indochine pour y rétablir l'autorité française.

- *2 septembre 1945 :* Hô Chi Minh proclame l'indépendance du pays après l'abdication «volontaire» de l'empereur Bao Daï.

- *6 mars 1946 :* les négociations menées entre Hô Chi Minh et Jean Sainteny aboutissent à un accord. La France reconnaît la République démocratique du Viêtnam comme « un État libre ayant son gouvernement, son parlement, son armée et ses finances » et s'engage à organiser un référendum sur la réunion des 3 Ky (Tonkin, Annam, Cochinchine) au sein de la Fédération indochinoise et de l'Union française. En échange, les troupes françaises peuvent revenir à Hanoï où Leclerc reçoit un accueil triomphal.

- *1er juin 1946 :* création d'une république de Cochinchine en dépit des engagements pris par Jean Sainteny.

- *20 novembre 1946 :* les Français mènent une action préventive - bombardement du port de Haïphong - pour empêcher un soulèvement planifié par Giap et Hô Chi Minh pour le 19 décembre.

- *19 décembre 1946 :* à Hanoï, le Viêt-minh lance la guerre d'indépendance par une série d'attaques contre des positions françaises.

- *1947 :* les Français négocient avec Bao Daï pour que celui-ci accepte de remonter sur le trône. Le corps expéditionnaire français mène de nombreuses opérations contre le Viêt-minh.

- *1949 :* par les accords Vincent Auriol/Bao Daï en date du 8 mars, la France consacre l'indépendance et l'unité du Viêtnam sous la direction de Bao Daï. Le Laos et le Cambodge deviennent des états associés de l'Union française.

- *1950 :* l'armée française essuie une défaite sur la route coloniale n° 4 (RC4) lors de l'évacuation de Cao Bang à la frontière chinoise en octobre. En décembre, Jean de Lattre de Tassigny est envoyé en Indochine comme haut-commissaire afin de rétablir la situation militaire.

- *1951 :* inquiets de la progression du communisme en Asie, les Américains renforcent leur aide militaire et financière. De Lattre remporte un certain nombre de succès militaires dans le delta du Tonkin en s'appuyant sur les catholiques locaux.

- *11 janvier 1952 :* mort du général de Lattre.

- *Avril 1952 :* le général Salan est nommé commandant en chef en Indochine.

- *Novembre 1952 :* opération *Lorraine*. Installation de la base de Na San.

- *Mars 1953 :* le Viêt-minh lance une offensive dans le nord du Laos.

- *Octobre 1953 :* pour protéger le Laos et sa capitale, Luang Prabang, le général Henri Navarre, successeur de Salan, décide d'établir un camp retranché à Diên Biên Phu.

- *22 novembre 1953 :* opération *Castor*. Les Français s'emparent de DBP.

- *18 février 1954 :* annonce de la conférence de Genève.

- *13 mars 1954 :* début de l'offensive du général Giap contre Diên Biên Phu.

- *À partir du 28 mars 1954 :* le camp retranché entièrement encerclé ne peut plus être ravitaillé que par des parachutages. Français et Viêt-minh se battent pour s'assurer le contrôle des différentes positions.

- *7 mai 1954 :* la garnison capitule.

- *8 mai 1954 :* ouverture de la conférence de Genève sur l'Indochine.

- *3 juin 1954 :* le général Ély est nommé commandant en chef et commissaire général.

- *17 juin 1954 :* le gouvernement Laniel est renversé et Pierre Mendès-France devient président du Conseil. Il se donne la date limite du 20 juillet 1954 pour trouver un accord de paix, faute de quoi il menace d'envoyer le contingent en Indochine.

- *20 juillet 1954 :* signature des accords de Genève qui prévoient la division du Viêtnam en deux zones à la hauteur du 17e parallèle. Au nord, on trouvera la République démocratique du Viêtnam, présidée par Hô Chi Minh et au sud, gouverné par Ngo Dinh Diêm, le Sud-Viêtnam.

- *9 octobre 1954 :* les Français évacuent Hanoï et se replient vers Haïphong.

- *Novembre 1954 :* début de la guerre d'Algérie. Le Viêt-minh achève d'évacuer le Laos et le Cambodge.

- *Mai 1955 :* les Français évacuent le Nord-Viêtnam après près d'un siècle d'occupation coloniale.

Carte de la vallée de Diên Biên Phu. Les lignes de niveaux illustrent un relief tourmenté qui fit croire aux Français que jamais Giap ne pourraient amener son artillerie.

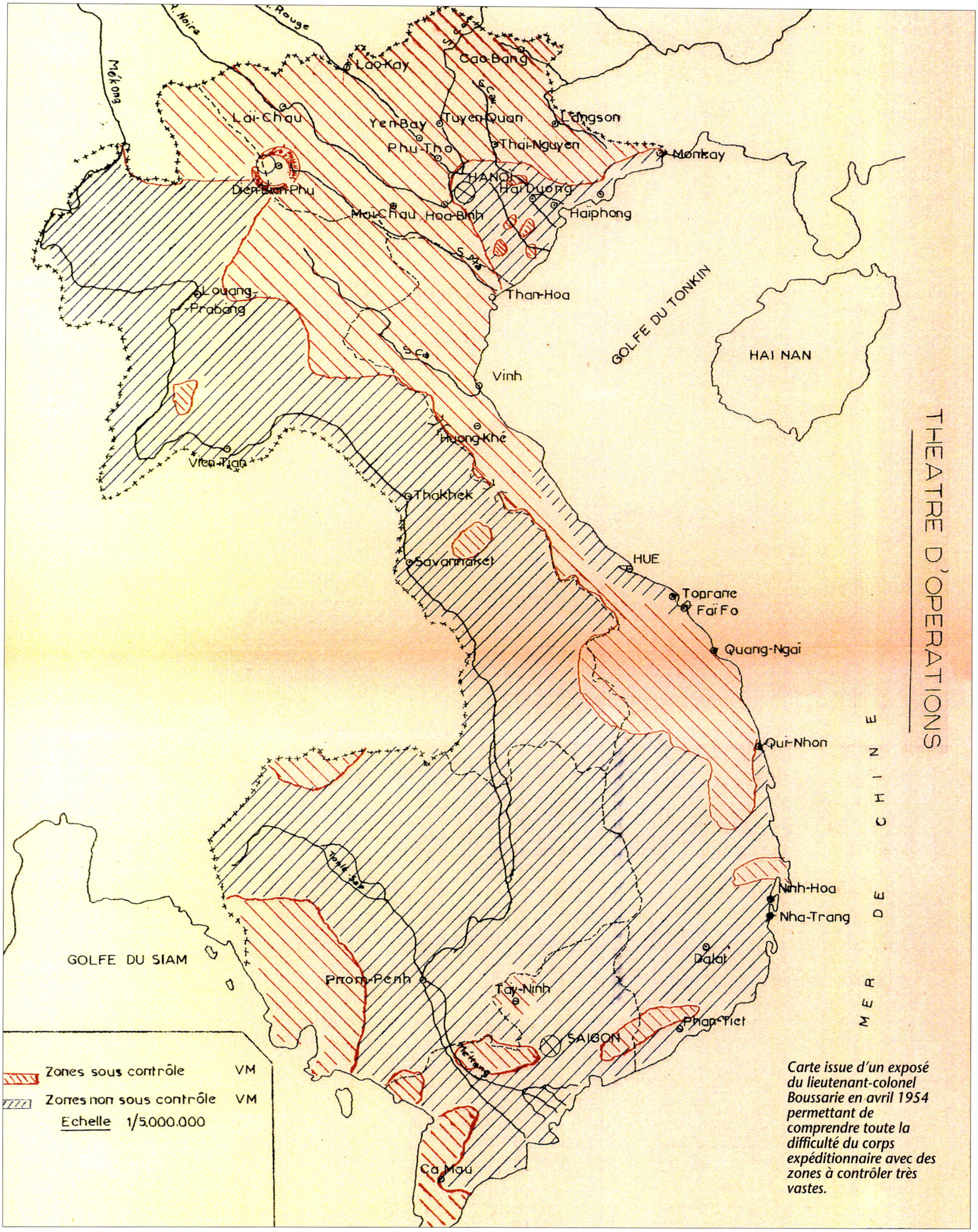

Carte issue d'un exposé du lieutenant-colonel Boussarie en avril 1954 permettant de comprendre toute la difficulté du corps expéditionnaire avec des zones à contrôler très vastes.

Chapitre 1

Même les Dieux **sont mortels**

« Sans liaison avec Béatrice depuis 00 h 15 - stop - par écoute réseau intérieur bataillon estime totalité point d'appui aux mains des ennemis - stop - colonel Gaucher décédé ». Reçu à 02 h 25 du matin le 14 mars, ce message suscite la consternation à Hanoï. En moins d'une nuit de combat, un point d'appui complet, défendu par des légionnaires, a été pris par l'ennemi ! Chacun s'attendait à des mauvaises nouvelles, des listes de tués sur lesquelles certains redoutaient de trouver le nom d'un ami, mais pas à un tel massacre dès le premier soir : la disparition du 3e bataillon de la 13e demi-brigade de la Légion étrangère au complet !

La date de l'offensive de Giap n'avait pourtant surpris personne. Grâce à des écoutes, de Castries informa ses officiers, le 12 mars, que l'attaque allait être déclenchée le 13 à 17 h 00. « Messieurs, c'est pour demain » avait alors annoncé le commandant du camp retranché. D'une certaine façon, cette nouvelle avait été accueillie presque avec soulagement dans la plupart des unités. Certaines étaient installées à Diên Biên Phu depuis la création du camp retranché et commençaient à trouver le temps long. Il y avait eu des patrouilles, des reconnaissances, autant d'actions monotones, qui, même si elles provoquaient quelques pertes, ne parvenaient pas à tromper l'ennui. Le 1er bataillon étranger parachutiste du commandant Guiraud et le 8e bataillon de parachutistes de choc du commandant Tourret étaient à Diên Biên Phu depuis la reconquête le 10 novembre 1953 (opération *Castor*), quand un bataillon de la division 312 n'avait put faire que de la figuration face aux hommes du général Gilles. Les paras cantonnés dans la cuvette n'avaient pas chômé depuis, menant une incursion vers le nord, du 4 au 14 décembre 1953, pour tenter de récupérer les survivants qui fuyaient Laï Chau.

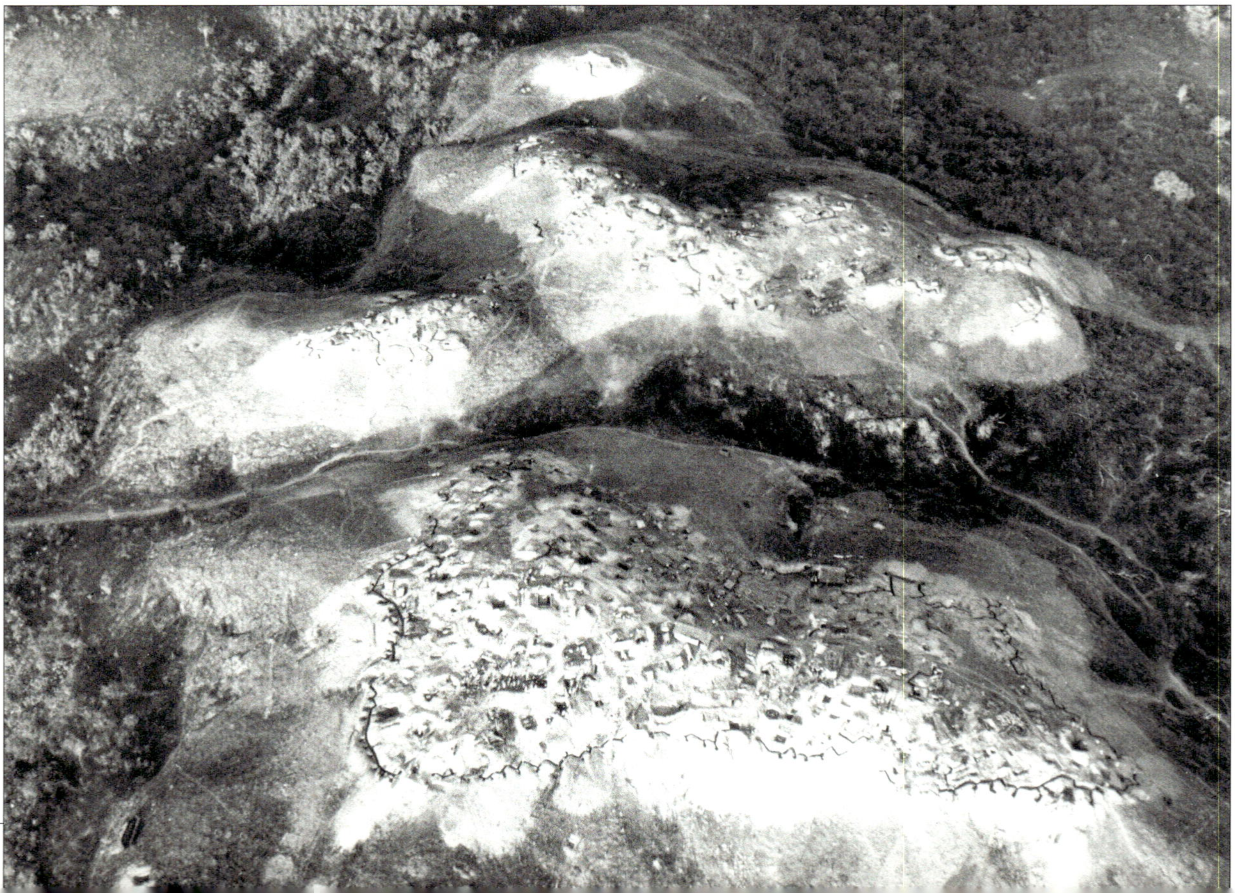

La position de Béatrice vue d'avion fut la première à tomber, dans la nuit du 13 au 14 mars. Isolé, le bataillon de légion étrangère ne reçut aucun secours du camp retranché .

« D'entreprise aussi désintéressée, il n'y en avait pas eu pour la France depuis les croisades. Cette guerre, que vous l'ayez voulue ou non, est la guerre du Viêtnam pour le Viêtnam. Et la France ne la fera pour vous que si vous la faites avec elle ».

Général de Lattre de Tassigny, Saïgon, juillet 1951.

Lors de cette opération, les trois bataillons paras avaient pu mesurer à quel point l'arrière-pays était contrôlé par l'ennemi. Les paras s'étaient heurté très violemment à la division 316 qui était placée en embuscade. Les pertes furent lourdes des deux côtés, et moins de 200 hommes en provenance de Laï Chau, sur une garnison de 2 000, parvinrent à rejoindre le camp retranché. Cette escapade avait également montré à quel point il serait difficile de s'échapper de Diên Biên Phu par voie terrestre... Toutefois, le temps avait paru long aux hommes de Diên Biên Phu, malgré les prestigieux visiteurs qui se relayaient à ce poste avancé de la présence française en Indochine : Graham Green, le ministre de la Défense Pleven, la plupart des généraux en inspections, de nombreux journalistes même si le général en chef Navarre n'aimait pas les médias... Jusqu'à la fin de l'année, le renseignement français n'était pas parvenu pas à savoir si Giap allait réellement mordre à l'hameçon, en tentant d'attaquer le Laos et donc de prendre DBP, où s'il allait concentrer ses efforts vers le sud, en direction du delta. Cogny avait même hésité à renvoyer à Hanoï un ou deux bataillons pour rendre la cible plus alléchante !
Contrairement à ce qui avait pu souvent être évoqué, le général Navarre, commandant l'ensemble des troupes en Indochine, cherchait surtout à empêcher Giap de lancer ses divisions vers le Laos, qui était alors faiblement défendu. Ce dernier étant le premier État associé, le gouvernement Laniel avait demandé au généchef de tout faire pour empêcher le Viêt-minh d'en prendre le contrôle. Toute la nouvelle politique de la France vis-à-vis de ses ex-colonies risquait de s'effondrer si Paris n'était pas en mesure de protéger ces États nouveaux-nés. Au départ, DBP avait été conçue pour être une base légère qui pourrait être étoffée en cas de besoin. Le choix de la cuvette avait également suscité bien des interrogations. En fait, il s'agissait d'une vallée longue de 12 km et large de 7 km, soit approximativement une fois et demi Paris. Il est vrai que les Français n'avaient pas cherché à tenir les crêtes alors que, selon le vieil adage militaire, «qui tient les hauts tient les bas». Mais le commandement n'avait pas l'inten-

Le ministre de la Défense, René Pleven, lors d'une inspection avec le colonel Piroth (avec un calot) et le lieutenant-colonel Gaucher. Ce dernier, père de la Légion à DBP, périt le soir du 13 mars, quand son abri fut éventré par un obus de 105 mm.

Le chef de bataillon Pégot, commandant le 3/13 DBLE (à gauche avec le bâton) et le capitaine Parde, son adjudant-major, surveillent les travaux de débroussaillage au pied de Béatrice. Pégot perdit la vie le 13 mars.

Une pièce de 105 mm à DBP, avec des pneus criblés d'éclats. Ce document montre bien que l'artillerie française était très exposée aux tirs de l'ennemi. Les servants des canons étaient obligés de s'abriter dès qu'ils tiraient quelques coups car la contre-batterie viêt était très efficace.

Un parc de chars moyens Sherman à Hanoï. Aucun de ces engins livrés par les États-Unis n'était à DBP puisque la garnison ne disposait que de dix chars légers Chaffee. Le capitaine Bizard, qui commandait une compagnie de paras, regrettait, lors d'une conférence qui s'est tenue récemment à Paris, l'absence de tels engins : « Ils auraient pu aérer le camp et notamment mener des raids pour détruire l'artillerie ennemie ».

tion, du moins au début, de faire de DBP un camp retranché pour mener un combat défensif. Il s'agissait surtout de disposer d'un terrain d'aviation pour rayonner dans toute la région. Or, comme l'expliqua le général Navarre, dans un entretien donné après la bataille : « On ne construit pas un aérodrome sur une crête… » Il n'en demeurait pas moins que lorsque la décision fut prise de tenir ferme cette position si Giap décidait de l'attaquer, une étude plus poussée de son intérêt aurait dû être menée. La piste d'aviation n'avait d'utilité que si la DCA adverse était neutralisée et que si l'artillerie ennemie pouvait être maintenue à distance. En cas d'échec, très rapidement, la garnison risquait de se retrouver complètement asphyxiée. De plus, la trentaine de points d'appui répartis dans le fond de la vallée était assez mal disposée. En fait, les occupants s'étaient contentés de consolider les positions prises le soir de l'opération *Castor*, sans mener une étude complète. Les positions ne pouvaient pas s'appuyer les unes les autres et n'étaient pas reliées entre elles. Des pertes importantes devraient être concédées tout au long de la bataille, pour assurer les relèves ou le ravitaillement des fortins. Les troupes en renfort allaient devoir s'aventurer à découvert sur le glacis, pour rejoindre leurs positions.

D'autres défauts majeurs n'avaient pas été pris en compte : le fond de la vallée, là où le colonel de Cas-

Un Bearcat détruit par l'artillerie. Dès le premier jour de l'offensive ennemie, tous les appareils laissés à DBP furent mis hors de combat.

Montée en puissance des campagnes Viêt-minh

Années	1952	1953	1954
Objectif	Na San	Plaine des Jarres	Diên Biên Phu
Amplitude	100 km	200 km	350 km
Durée	2 mois	2 mois	6 mois
Effectif	30 000 hommes	40 000 hommes	Plus de 100 000 hommes

(Source : SHAA carton n° 4C1348)

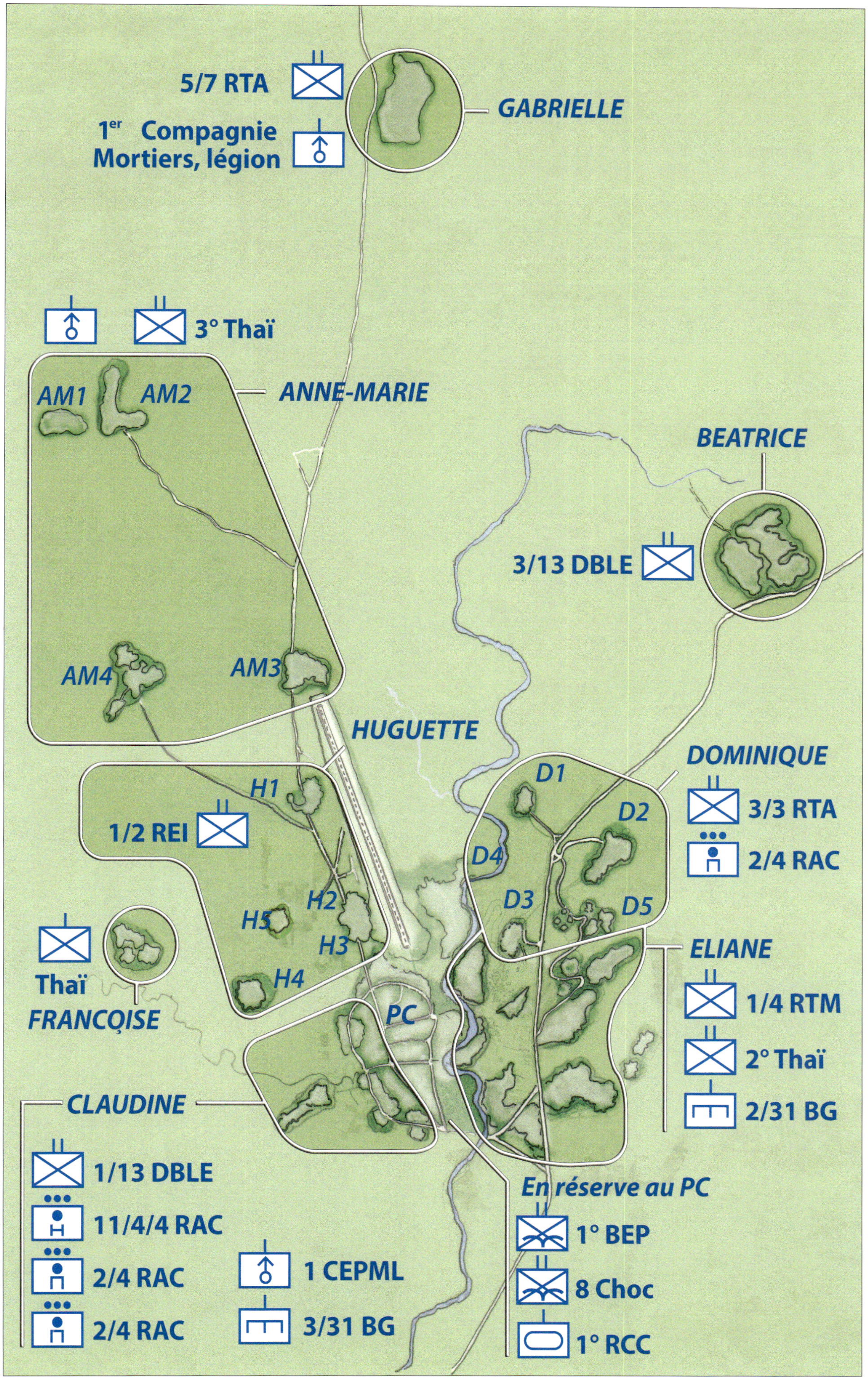

L'implantation des unités françaises, le 13 mars. Il manque sur cette carte la position Isabelle, située plus au sud à environ 7 km. Pour avoir une idée des distances, signalons que Béatrice était environ à 3 km du PC.

Une vue du terrain de DBP, avant les combats. On aperçoit sur la droite la tour de contrôle que l'artillerie balaya dès le 13 mars.

La position Isabelle, au sud, située à une dizaine de kilomètres du camp principal. On remarque la piste de secours, sur laquelle se posa dès le premier jour un Dakota endommagé par la DCA ennemie.

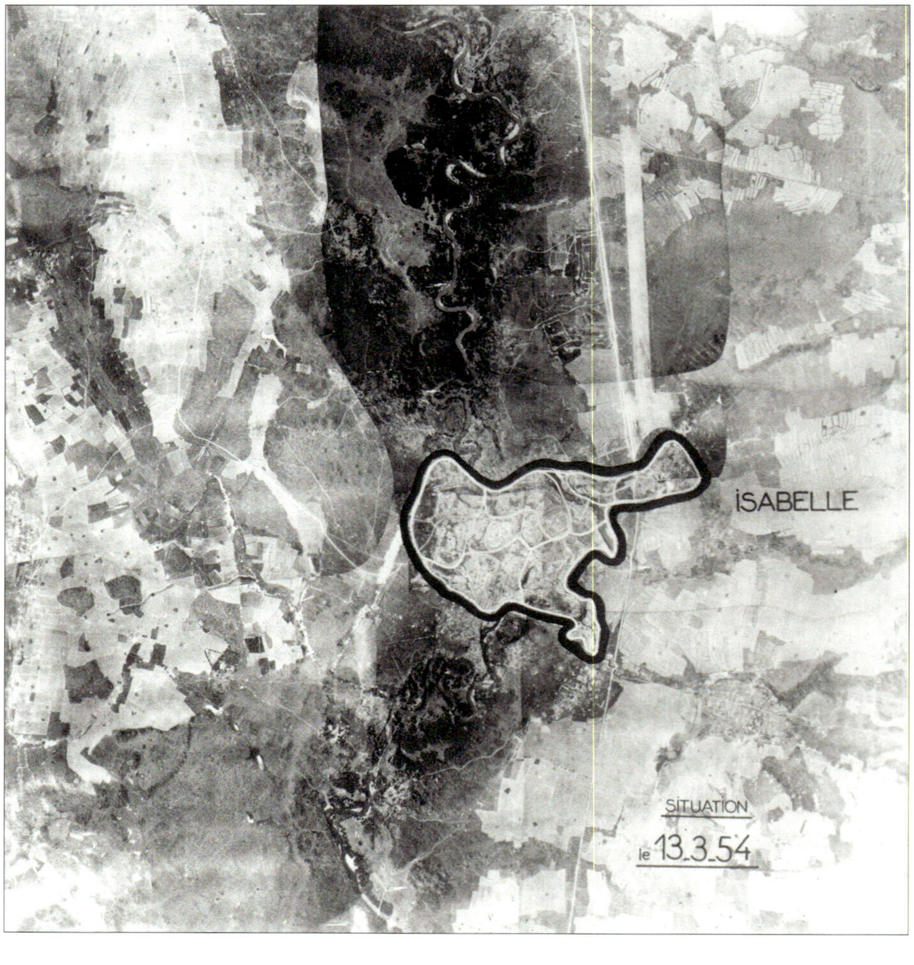

tries avait son PC était inondable et l'ensemble de la position risquait de se transformer en bourbier à la saison des pluies. De plus, le choix de la position la plus au sud paraît contestable : les troupes d'Isabelle, situées à 7 km du camp, ne pouvaient pas exercer la moindre influence sur le déroulement de la bataille. Le général Cogny avait insisté pour qu'Isabelle soit maintenue, afin d'obliger l'ennemi à diviser ses coups entre cette position et le réduit central, pour détruire la garnison… Ajoutons à cela qu'à 250 km de Hanoï, il était difficile et extrêmement coûteux de réaliser un véritable pont aérien. Certes, il fut possible d'aérotransporter des pièces d'artillerie, un bulldozer et même dix chars Chaffee, mais il était inconcevable d'acheminer les matériaux nécessaires pour y réaliser des ouvrages bétonnés. Eux seuls auraient offert une protection suffisante aux coups de l'artillerie ennemie. Enfin, dernière erreur du commandement, aucune voie de repli n'avait été envisagée pour l'évacuation de la garnison. Et ces erreurs organisationnelles n'étaient rien à côté de la sous-estimation du potentiel de l'adversaire.

Le 13 mars à 17 h, enfin de l'action ! Mais sans doute les hommes de Diên Biên Phu n'en demandaient pas autant. Le commandement pensait que Giap n'avait que quelques pièces d'artillerie de 75 mm, mais ce dernier avait en fait mobilisé la totalité de ses moyens lourds, dont des pièces de 105 mm. Alors que les accès de Diên Biên Phu étaient déclarés impropres à la circulation des pièces d'artillerie, des milliers de coolies Viêt-minh avaient construit un réseau de pistes qui permettaient aux camions Molotova d'apporter les canons à distance de tir. La préparation d'artillerie, débutée à 17 h, fut d'une violence extrême. Presque tou-

Chambre-blockaus enterrée du commandant de la 9ᵉ compagnie du 3/13ᵉ DBLE sur Béatrice. L'ordonnance du lieutenant portant son béret dans le plus pur style de la 13. À gauche, vue panoramique des collines environnantes. À droite, le tableau de commande des mines plates et des bidons de napalm.

tes les positions se couvrirent d'un nuage de poussière dans un grondement continu. Une intensité jamais vue en Indochine. La plupart des cadres n'avaient jamais subi un tel bombardement. Les lieutenants les plus âgés avaient participé aux combats de la libération, mais les autres n'avaient connu que des opérations de guérilla, souvent meurtrières, sans pour autant acquérir d'expérience de la guerre de haute intensité. En quelques minutes, ce fut chose faîte ! L'orage d'acier provoqué par l'artillerie Viêt-minh balaya comme des fétus de paille les constructions en bois et les tentes qui étaient restées visibles, comme la tour de contrôle de l'aérodrome. De même, toutes les communications filaires furent interrompues. Il était encore possible d'utiliser les postes radio SCR-300 pour communiquer, mais rien n'empêchait alors l'adversaire d'écouter les communications. La mort tombait à l'aveuglette et bien des unités se rendirent alors compte que les abris qu'elles avaient bâti étaient insuffisants pour leur assurer une protection.

Giap ne manqua pas de chance. Son artillerie décapita Béatrice, tuant le chef de bataillon Pégot qui était le patron du 3ᵉ bataillon de légion. Son PC abri, situé au creux des mamelons qui composaient Béatrice, avait été très rapidement touché. Dans le centre de résistance central, le colonel Gaucher avait subi le même sort. Celui-ci était à son PC en train d'essayer d'organiser des unités pour secourir Béatrice, quand le toit de son abri fut détruit par un coup direct. Il mourut quelques minutes plus tard sur la table d'opération de l'infirmerie. Gaucher était un très ancien d'Indochine. Il s'était déjà battu à Diên Biên Phu… en 1945 face aux Japonais. Avec lui disparaissait une grande figure de la Légion.

Ses légionnaires cependant n'eurent pas le temps de le pleurer… Si l'artillerie harcela l'ensemble du camp retranché, tous les points d'appui ne subirent pas le même traitement. Gabrielle au nord-ouest de la position subit quelques coups de mortiers et de tirs de

Suite p. 24

Le général Cogny dans un Dakota, en train de regarder la carte des environs de Luang Prabang. Le Laos était la cible de l'offensive du général Giap.

L'officier d'appontage sur l'Arromanche avait la lourde responsabilité de faire atterrir les appareils sur le porte-avions, alors que le pilote était épuisé après plus de trois heures de mission.

Des Bearcat parqués en bordure du terrain de DBP, avant l'offensive de Giap. Des alvéoles protégeaient les avions des coups de l'artillerie, mais elles n'étaient pas conçues pour résister à un tel matraquage.

Ci-dessous, le colonel de Castries, commandant le GONO (groupe opérationnel du nord-ouest). Le patron de DBP fut beaucoup décrié, y compris par sa propre hiérarchie, puisque Cogny réclama sa tête à Navarre au cours de la bataille. Ce cavalier s'était pourtant fait une brillante réputation, sous les ordres du général de Lattre, à la tête d'un groupement mobile.

En bas à droite, le général Gilles au volant d'une jeep. Il commanda l'opération Castor *qui permit aux parachutistes de reprendre DBP en novembre 1953. Mais, arrivé en fin de séjour, il refusa de rester pour commander le camp retranché.*

Les troupes de Giap rassemblées pour la bataille

Le commandement VM (Viêt-minh), tirant profit des enseignements de la campagne de Nasan en fin d'année 1952, posa pour principe que l'attaque des positions fortifiées ne pouvait être menée que sur la base de forces de trois contre un et sur un appui de l'action des unités d'assaut avec des moyens de feux puissants et nombreux. La logique imposée par Giap[1] se résumait par «attaque sûre, progression sûre». Le VM ne lança d'ailleurs pas d'attaque en janvier sur la cuvette, comme cela avait été prévu initialement ; il pensait ne pas avoir les moyens de l'emporter. Sur le plan des effectifs, le commandement VM, qui estimait les forces à 12 bataillons, se devait d'y opposer une masse de 36 bataillons. Mais cet effort ne pouvait être possible sans compromettre soit des raids du Centre et du Sud Laos, soit l'emprise dans le Delta, soit la répression des maquis. Ainsi il avait dû se résigner à n'aligner que 28 bataillons. Selon le 2e bureau[2], ce déficit expliquait vraisemblablement l'attitude adoptée jusqu'à la dernière phase à l'égard d'Isabelle, contre laquelle ne furent tentés que quelques raids de commandos visant essentiellement l'artillerie. Ces 28 bataillons provenaient pour sept d'entre eux de la division 316, à pied d'œuvre dès la mi-décembre bien qu'orientés alors vers la destruction des compagnies de supplétifs égaillés autour de Lai Chau ; neuf étaient issus de la division 308, envoyés dès le 28 novembre depuis la région de Thai Nguyen et arrivés sur les rebords de la cuvette dans les derniers jours de décembre. Quelque neuf autres bataillons provenaient de la division 312, mis en route de Phu Tho dans la 2e décade de décembre après la relève par la division 304 et apparus au nord-est de Diên Biên Phu vers le 5 janvier. Les trois derniers bataillons venaient de la division 304, prélevés le 14 janvier sur les unités commises à la protection de la Mésopotamie de Phu Tho et arrivés à Diên Biên Phu le 24 janvier. Au fur et à mesure de l'injection de renforts dans la bataille, le commandement VM assura le recomplètement des unités en puisant dans la masse de quelque 10 000 recrues envoyées par les régiments d'instruction et de dépôt, ou en rassemblant des unités fraîches (bataillon 400/9/304 – bataillon 970/176/316 – bataillon 930/148). Et, pour appuyer l'infanterie, le commandement VM fit appel à la quasi-totalité de ses moyens lourds. Le régiment 675 (canons de 75 et mortiers de 120) fit mouvement derrière la division 308. Le régiment 45 (canons 105) et le régiment 367 (DCA de 37 mm) gagna Diên Biên Phu dans la première quinzaine de janvier. Le régiment 237 (mortiers de 82) participa aussi très certainement à la bataille. En terme d'effectifs, un régiment viêt alignait en moyenne 3 000 hommes et une division 12 000. À titre de comparaison, un bataillon de paras français n'alignait que 700 hommes. L'autre préoccupation majeure du commandement concernait la recherche de renseignements. Si les procédés n'avaient pas été novateurs, les moyens mis en place méritaient d'être soulignés : des unités spécialisées dans la recherche (plus de 2 compagnies sur 3) auxquelles s'étaient ajoutées les unités organiques des divisions et régiments (soit au total la valeur d'environ neuf compagnies de guerre électronique constituées de cadres et d'hommes triés sur le volet pour leur intelligence, leur courage physique et leur sûreté politique). Les Français connurent d'importantes difficultés de transmission et de sécurité : toutes les liaisons radios étaient écoutées alors que le réseau filaire était constamment coupé par l'artillerie. Au début de la bataille, l'état-major à Hanoï ne disposait pas de toutes ces informations, en particulier sur le volume de l'artillerie, mais le chiffre de 28 bataillons était déjà avancé. Les Français commirent l'imprudence de sous-estimer leur adversaire, alors que la puissance de feu d'une compagnie viêt équivalait à celle d'une unité de légion. Depuis le début de la guerre d'Indochine, les officiers, malgré les renseignements très précis, avaient toujours pris de haut leur adversaire, considérant leurs chefs comme des intellectuels exaltés et la troupe comme des brigands. Il y avait dans ce jugement un vestige de la position du colon vis-à-vis du colonisé, même si bien des généraux, au premier rang desquels de Lattre, s'étaient battus pour changer cet état d'esprit.

[1] Général Giap, *Diên Biên Phu*, page 123. Hanoï 1994.
[2] Document de synthèse, rédigé par le 2e Bureau, après les combats. *Le Viêt-minh et la campagne de DBP* (novembre 1953 à mai 1954). SHAT.

En bas à gauche, un briefing de pilotes sur le porte-avions. Au premier rang, tête penchée sur une carte, le lieutenant de vaisseau Doé de Maindreville (11F), qui percuta un îlot en recherchant l'Arromanche, le 13 mars. Au deuxième rang, à gauche, le lieutenant de vaisseau Andrieux, patron de la 3F, abattu par la DCA le 31 mars. À sa gauche, doigt tendu et l'air hilare, le lieutenant de vaisseau Roulleaux Dugage, second de la 11F, puis le lieutenant de vaisseau de Lestapis (3F) et, en short, l'enseigne de vaisseau Frit (3F). Juste derrière lui, au troisième rang, le plus à droite, le second-maître Robert, abattu par la DCA le 26 avril et mort en captivité à la suite de mauvais traitements.

Ci-dessous, des armuriers préparant un B-26. Ces appareils étaient les bonnes à tout faire de l'armée de l'air.

Le désamour de la France

Pour les métropolitains, comme pour les hommes politiques de la IVe République, l'Indochine était l'objet au mieux d'une indifférence complète, au pire d'un certain désamour. D'abord, l'Extrême-Orient, comme son nom l'indique, c'était bien loin. L'exposition universelle de 1930 avait dessillé les yeux des Français sur la grandeur de l'Empire, mais entre temps de tragiques événements l'avaient relégué à un lointain passé. La défaite de 1940 et les affres de l'occupation allemande avaient fait perdre de vue les charmes des colonies. En 1954, les «trente glorieuses» ne faisaient que débuter et les fruits de la croissance n'étaient pas encore palpables. Pour mémoire, c'est en 1954 que l'abbé Pierre lança son célèbre appel pour lutter contre la pauvreté. Les Français se préoccupaient surtout de redresser l'économie et de faire disparaître les ruines laissées par la Seconde Guerre mondiale. En outre, une série d'affaires, révélées par la presse, avaient éclaboussé l'Indochine : en 1949, le général Revers, chef d'état-major des forces terrestres, et le général Mast, furent limogés après qu'un document confidentiel sur la situation en Indochine eut été découvert entre les mains d'un Viêtnamien et que des soupçons de corruption eurent pesé contre eux. De même, l'affaire du trafic des piastres ne fit rien pour rendre populaire la guerre menée par le corps expéditionnaire aux yeux des Français. Des agioteurs, en jouant sur la différence de taux de change pratiqué sur la monnaie locale, accumulaient des millions. La lecture du supplément du *Crapouillot*[1] consacré, entre autres, à ces scandales ne devait pas beaucoup convaincre les Français de la nécessité de sacrifier de jeunes soldats pour une telle cause. La classe politique n'était pas non plus très enthousiaste face à ce fardeau. Sur le plan international, les préoccupations des responsables concernaient davantage la réconciliation avec l'Allemagne et la volonté de jouer les bons élèves au sein de l'Alliance Atlantique. Défendre l'Indochine, alors que la plupart des membres de l'ONU, y compris nos plus proches alliés, dénonçaient l'aventurisme colonial français, n'était vraiment pas porteur. Dès le début, rappelons que la colonisation s'était déroulée dans un climat de schizophrénie nationale[2] : une partie de la classe politique estimait qu'il fallait chercher dans les colonies le prestige pour faire oublier la défaite de 1871, quand d'autres, dont Jules Ferry ou Georges Clemenceau, considéraient que ces conquêtes gaspillaient «l'or et le sang de la France». Près de soixante-dix ans après, même si peu de partis, en dehors des communistes, militaient haut et fort pour l'abandon des colonies, de nombreux parlementaires ne voyaient pas comment la France aurait les moyens, tant politiques que financiers, de se maintenir en Indochine. La défaite de 1940 et l'exemple laissé par le général de Gaulle empêchaient les partis de droite et de gauche de tenir des propos défaitistes, mais aucun gouvernement n'accorda jamais les moyens nécessaires au corps expéditionnaire[3] pour casser le Viêt-minh. L'instabilité des gouvernements de la IVe République rendait particulièrement périlleuse la gestion d'une crise qui aurait exigé beaucoup plus de courage politique. Pas moins de quinze gouvernements successifs défilèrent entre 1945 et 1954, chacun reprenant la politique de l'équipe précédente, en la rafistolant, mais sans jamais dresser un plan clair. Dans ses mémoires, Joseph Laniel, Président du Conseil au moment de DBP, écrivit qu'il avait donné des ordres à Navarre pour défendre le Laos dont il souhaitait «passionnément l'indépendance», mais qu'il aurait préféré perdre «momentanément» le Laos que le corps expéditionnaire. Cette instabilité s'était également traduite par une ronde des Hauts-Commissaires à Hanoï, puisque sept d'entre eux se succédèrent à la barre de l'Indochine en tout juste neuf années. Vis-à-vis des dirigeants locaux, il est inutile de souligner que ces changements répétés ne les rassuraient pas sur l'engagement de la France. Enfin, comme l'indiquait le colonel Guelton[4] lors d'un colloque, la politique française en Indochine fut également victime du mode de fonctionnement de la IVe République : pas moins de 64 responsables, représentant huit instances différentes[5], traitaient des questions indochinoises, même si elles n'étaient pas situées au même niveau. Des intérêts parfois contradictoires brouillaient encore le message politique de la France en Indochine.

Marc Jacquet, Secrétaire d'État, chargé des relations avec les États associés, en train d'escalader un point d'appui. Comme la plupart des responsables politiques et militaires, il crut aux propos rassurants de Navarre, Cogny, de Castries et Piroth.

[1] *Le Crapouillot*, numéro spécial sur les scandales de la IVe République, n° 28, 1954.
[2] Lire à ce propos Raoul Girardet, *L'idée coloniale en France (1871-1962)*. La Table ronde 1972.
[3] Le général Leclerc estimait qu'il fallait 500 000 hommes pour mettre à genou l'armée d'Hô Chi Minh. Navarre disposait de 400 000 hommes, dont seulement 135 000 pour le corps expéditionnaire.
[4] Actes du colloque de la Commission internationale d'histoire militaire, août 1989, à Ottawa. Tome 2, pages 538-546.
[5] La Présidence du Conseil, le ministère de la Défense, le ministère des États Associés, le Secrétariat d'État à la Guerre, le Secrétariat d'État à la Mer, le Secrétariat d'État à l'Air, le Haut-Commissaire et le commandement militaire en Indochine.

canons de 75 mm, tandis qu'Isabelle fut également frappée par des obus de tous calibres. Mais l'artillerie ennemie concentra surtout ses efforts sur les batteries, la zone du PC central, ainsi que sur Béatrice. Déjà deux pièces de 105 mm avaient été mises hors de combat, malgré la protection de leurs alvéoles. Le plus grave était justement que l'artillerie française se montrait incapable de contre-battre les pièces ennemies. Il y en avait trop ! De plus, les communications malmenées rendaient difficiles l'organisation d'une riposte, alors que les artilleurs hésitaient à sortir de leurs abris devant la tempête de métal qui sévissait à l'extérieur.

À Béatrice, la situation devint vite dramatique. Le 3e bataillon de la 13e demi-brigade de la Légion étrangère passait pourtant pour être l'une des meilleures unités de la cuvette. Son défunt patron, le commandant Pégot, connaissait bien son affaire et venait de refuser de quitter l'Indochine alors qu'il arrivait en fin de séjour. Il avait souhaité rester avec ses hommes pour ce qui lui paraissait être la dernière bataille… Seule-

Un abri du camp retranché. Même un œil non averti ne peut que constater que le toit n'avait aucune chance de résister à un coup direct.

ment, Béatrice souffrait de graves défauts. Ce point d'appui était très isolé, à plus de trois kilomètres du camp principal. Aucun autre fortin ne pouvait lui apporter d'aide à proximité, à la différence des Éliane. Enfin, l'organisation du terrain souffrait d'importantes lacunes. Même si les abords immédiats des mamelons avaient été débroussaillés, les collines avoisinantes étaient encore recouvertes d'une épaisse végétation qui permettait à l'adversaire de dissimuler ses mouvements. Le bataillon avait bien tenté, quelques jours plus tôt, de monter une opération visant à reboucher les tranchées construites par les Viêts et qui enserraient son dispositif. Cela n'avait rien donné, en dehors de quelques pertes : il aurait fallu consacrer autant de temps à reboucher ces boyaux que les Viêtnamiens avaient mis à les construire… Le chef de bataillon Pégot n'avait pas voulu laisser une journée complète l'ensemble de ses hommes mener des travaux de terrassements, à distance de tir des snipers ennemis. Cette sortie avait également démontré l'omniprésence de l'adversaire et le danger d'étouffement que pouvait subir cette position éloignée en cas de siège en règle.
Giap ne voulait pas étrangler Béatrice, mais l'anéantir. Les légionnaires se relevaient à peine du matraquage de l'artillerie, qu'une immense clameur les tira de leur hébétude. Leur position fut attaquée par deux régiments viêts de la division 312, le 141 s'élançant depuis le nord et le 209 depuis le sud. Déjà très éprouvés, les légionnaires, isolés dans les réseaux de tranchées, organisèrent à la hâte leur défense. Les chefs de groupe et de section, quand ils avaient encore la chance d'avoir la tête sur leurs épaules, tentèrent d'organiser une défense concertée et de s'assurer que les armes collectives étaient bien servies. Au milieu des détonations, les hommes s'interpellaient, essayant de rassembler leurs forces. Car le tir de barrage avait vite transformé chaque soldat en un combattant individuel, assurant sa survie immédiate, mais incapable d'aider à la défense de l'ensemble. La situation était critique, les Viêtnamiens ayant bien préparé leur attaque. Dès que les légionnaires parvenaient à remettre en action une mitrailleuse, des canons sans recul de 57 mm, amenés au plus près par les assaillants, les réduisaient au silence. La pression des deux régiments ennemis était inexorable, à tel point que le lieutenant Turpin, commandant la 9e compagnie depuis la mort du lieutenant Bedeaux, se replia sur Béatrice 4, avec les hommes encore à peu près valides.
D'aucuns eurent souvent tendance par la suite à imaginer que les Viêtnamiens se lançaient en masse à l'assaut des positions françaises pour les submerger. Ce n'était pas du tout le cas. Après presque dix années de guerre contre les Français, le commandement viêtnamien savait qu'il ne pouvait pas se permettre d'envoyer un régiment complet charger, même de nuit, sur une seule ligne, à l'assaut d'une position. Les sections trop proches les unes des autres n'auraient pu se déployer, pas plus qu'elles n'auraient pu se servir de leurs armes collectives, tandis que les défenseurs pouvaient faire une véritable hécatombe.

Suite p. 28

Vue d'un point d'appui. Il s'agit sans doute d'Éliane 2 à l'est du camp. Erreur de conception, les positions étaient isolées les unes des autres et ne pouvaient que difficilement s'appuyer.

Ce document donne une idée de la façon dont étaient construite les tranchées. Ce boyau semble particulièrement bien réalisé, puisque nombre d'entre eux n'étaient pas suffisamment étayés et s'éboulaient.

Un abri pulvérisé par un coup direct. Le savoir-faire des combattants de la grande Guerre en matière de fabrication d'abri s'était perdu.

Les Thaïs noirs, dénommés ainsi en raison de la couleur de leurs vêtements. La petite fille, sur la photo de gauche, porte le costume traditionnel. Les habitants de la vallée prirent la fuite au début de la bataille.

Le général Navarre

Navarre se retrouvait dans une situation difficile. Il succédait à Salan, fin connaisseur des affaires coloniales, très apprécié par ses hommes. Vieux renard, Salan menait des opérations avec finesse, prenant des risques limités pour ses troupes. Rien à voir donc avec les généraux de la Première Guerre mondiale, peu économes de leurs hommes, alors encore présents dans toutes les mémoires. Par ailleurs, l'adjoint de Salan, le général de Linares s'était rendu extrêmement populaire auprès des jeunes officiers des bataillons parachutistes. Grand fêtard, les «dégagentes» qu'il organisait dans les tripots d'Hanoï étaient mémorables. En même temps, le système mis en place par Salan avait ses limites et ne correspondait vraiment pas à l'image qu'il est possible de se faire aujourd'hui d'opérations de guerre. Le secret n'existait pas et l'ennemi était très souvent au courant des opérations organisées. «Quand nous étions en alerte, il suffisait de demander à un marchand chinois au coin de la rue où nous allions intervenir pour obtenir le renseignement !» raconte le capitaine Lucien Le Boudec[1], alors chef de compagnie au 6e BPC. Pour les hommes du corps expéditionnaire français, Navarre était un inconnu. Pire, les mauvaises langues, qui rappelaient qu'il ne connaissait rien à l'Asie, faisaient courir le bruit qu'il avait obtenu ce poste grâce à des amitiés politiques. L'intervention de René Mayer, président du Conseil, qu'avait connu Navarrre quand il était à la tête de la région militaire de Constantine, aurait été déterminante. Par ailleurs, le nouveau général en chef (généchef) n'avait, à la différence de son prédécesseur, aucune accointance avec les médias[2]. Alors que Salan, en organisant des fuites et en multipliant les reportages exclusifs, avait su se mettre la totalité des correspondants dans la poche, Navarre les évitait comme la peste. C'était un homme de renseignement et il voulait avoir pour lui la surprise, alors que le rapport des forces ne lui était pas favorable. À cinquante-cinq ans, ce général de corps d'armée avait quasiment fait toute sa carrière dans les services de renseignement : il avait notamment été chef de la section Allemagne de 1936 à 1940, avant de servir au 2e Bureau de Weygand à Alger. Ses états de service étaient très honorables puisque, après avoir animé un réseau clandestin dans la France occupée, il avait servi sous les ordres de général de Lattre qui lui témoignait toute sa confiance. Calculateur, lucide, il avait également conservé toute la raideur du jeune officier de cavalerie qu'il était au début de sa carrière. Navarre avait tout de suite saisi que l'équation indochinoise était impossible : trop peu de troupes françaises, des éléments viêtnamiens peu sûrs, un pouvoir politique faible à Paris, face à un ennemi déterminé, soutenu par ses voisins communistes. Il savait que Paris allait chercher à négocier et René Mayer, en lui confiant ce poste, ne lui en avait pas fait mystère. Aussi, son attitude, sa distance tranchait fortement avec l'engagement passionné des plus jeunes officiers, parfois même des chefs de bataillons. Même si les premiers contacts ne furent pas bons, Navarre afficha vite un bilan remarquable : ses premières opérations, menées dans le plus grand secret, prirent le Viêt-minh par surprise. Le 14 juillet 1953, sous prétexte d'un vaste défilé, il rassembla un maximum de troupes à Hanoï, dissipant ainsi la méfiance de l'adversaire. En fait, ce groupement de parachutistes fut largué sur Lang Son, où il détruisit de vastes entrepôts logistiques ennemis, remportant un succès total[3]. De la même façon, la reconquête de la cuvette de Diên Biên Phu, en novembre 1953, fut aussi une surprise tactique et un succès même si faute de troupes en nombre suffisant, le régiment ennemi qui y était installé avait réussi à s'échapper. La vallée de DBP était un véritable grenier à riz qui échappait à l'ennemi. Le style de Navarre finissait par séduire ses plus importants détracteurs au sein du corps expéditionnaire, ravis de voir enfin un généchef faire preuve de plus de finesse que son adversaire. Ils avaient le sentiment qu'ils allaient enfin prendre un ascendant psychologique sur l'ennemi. Les mécomptes et l'échec de Diên Biên Phu allaient être d'autant plus durement ressentis.

1 Entretien avec l'auteur
2 «Les articles de presse (...) sont généralement l'œuvre de journalistes dépourvus de toute compétence et qui n'ayant aucune information propre, se sont bornés à démarquer des dépêches d'agence ou à copier leurs confrères». Général Navarre, *Le Temps de vérités*, Paris, Plon 1979. Page 420.
3 Voir à ce propos les cahiers du retex de Objectif Doctrine n° 37, consacrés aux opérations aéroportées en Indochine. Édité par le CDEF.

Stick à la main, Navarre inspectant DBP. Au fond, en calot, le colonel de Castries.

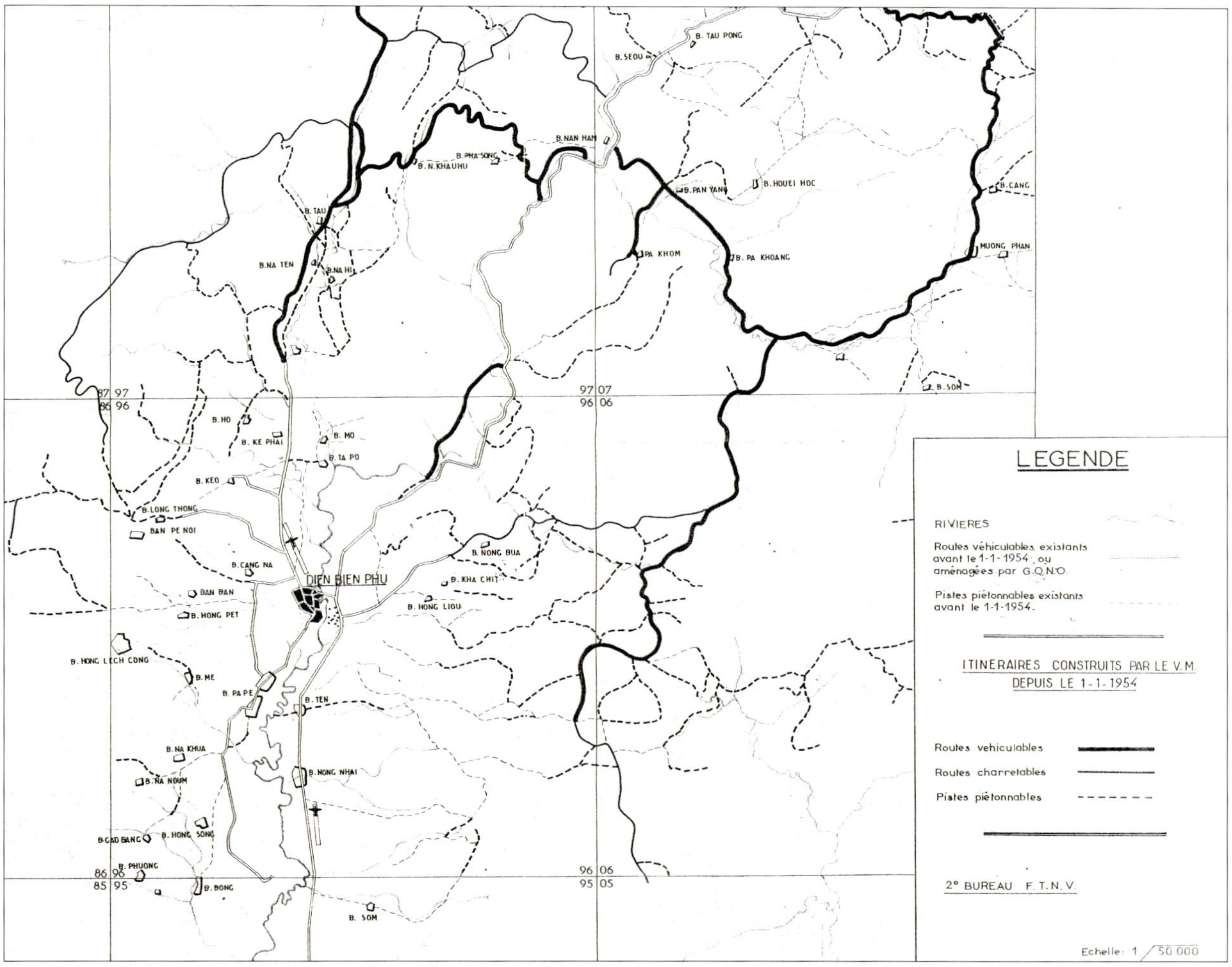

Cette carte des services de renseignement français montre les efforts entrepris par l'ennemi pour aménager les abords de la vallée, permettant d'amener son artillerie et d'importants volumes de munitions.

Des artilleurs viêts nettoyant le tube de leurs canons de 75 mm. Cette photo n'a sans doute pas été prise pendant la bataille, car les pièces étaient camouflées en raison du danger aérien.

Au début de la guerre d'Indochine, quelques petits fortins très isolés avaient résisté face à un adversaire dix fois supérieur en nombre, tout simplement parce que les Viêts avaient attaqué en masse, persuadés que leur poids suffirait à écraser les Français. Peu à peu, et sans doute avec l'aide de conseillers chinois, une doctrine d'assaut des points d'appuis avait été mise au point. Le bureau de renseignement français à Hanoï (le B2) avait mis la main sur ce document[1] et l'avait traduit dès le 17 février 1954. Celui-ci stipulait les règles d'engagement d'un régiment (environ 3 000 hommes) contre une compagnie retranchée. Il était conseillé d'attaquer le point d'appui sur trois côtés et de faire porter l'effort principal sur celui qui était le moins défendu. Après une préparation d'artillerie ou des tirs de mortier, l'assaut s'appuyait sur quelques cellules spécialisées qui devaient faciliter l'engagement des compagnies de choc du régiment. La cellule dynamitage devait faire sauter les blockhaus qui abritaient des fusils-mitrailleurs, à chaque angle de la position, tandis que des cellules de mitrailleurs arrosaient les tranchées pour obliger les défenseurs à rester terrés. L'emploi de deux paquets de 20 kg d'explosifs était recommandé pour venir à bout de ces constructions faîtes de bois et de bambou. Ensuite, la cellule grenadier, composée d'une dizaine d'hommes, devait lancer des grenades le plus loin possible à l'intérieur du point d'appui pour empêcher l'arrivée des renforts. Enfin, la cellule pont jetait des planches de bois par-dessus les tranchées et les réseaux de barbelés, afin de permettre aux compagnies de s'élancer. Il était préconisé d'utiliser les lance-roquettes de manière rapide et en tir concentré en particulier sur les blockhaus au cas où le groupe chargé de les dynamiter aurait failli à sa mission. Une fois à l'intérieur du point d'appui, le document traduit par le B2 recommandait de chercher à détruire au plus vite le poste de commandement, pour isoler le fortin des autres points d'appuis et empêcher un tir d'arrêt de l'artillerie. Le colonel commandant le régiment devait également mettre en place des sections pour empêcher ou tout au moins gêner une contre-attaque des troupes d'intervention.

À minuit le 13 mars, Béatrice 1 et 2 étaient aux mains de l'adversaire, les compagnies qui les tenaient ayant été disloquées dans la fureur de l'assaut. Le capitaine Nicolas qui commandait désormais ce qui restait du 3e bataillon de Légion, tentait de réorganiser le dernier bastion de défense. Il organisa également des liaisons avec Dominique pour tenter de bénéficier de l'appui des mortiers de 120 mm qui étaient installés sur cette position. Il n'eut pas tellement le temps de parfaire son dispositif, car l'artillerie Viêt-minh, qui s'était tue pendant l'assaut, avait repris son chant macabre. Les obus de 105 matraquaient la pente de la dernière colline, tandis que les charges de mortiers, misant sur leur courbe plus prononcée, fouaillaient les abris encore en place sur la contre-pente. Pendant ce temps, les deux régiments ennemis se préparaient à donner le coup de grâce. Les pertes n'étaient pas suffisantes pour briser leur élan, mais les soldats Viêt-minh avaient commencé le pillage des abris abandonnés par les légionnaires et raflaient tout ce qui pouvait avoir la moindre valeur, dépouillant morts et blessés de leurs montres et de leurs maigres possessions… Les officiers Viêt-minh devaient les menacer de faire usage de leurs armes pour les faire rentrer dans le rang et les préparer à prendre d'assaut le reste de la position.

Pendant deux heures, le capitaine Nicolas et les survivants du 3e bataillon de Légion étrangère menèrent un combat désespéré. Ils se doutaient qu'aucune unité ne pouvait venir à leur secours depuis le PC central : les

Ci-dessous, le barrage d'artillerie provoqua l'incendie des avions restés sur la piste.

[1] 2e Bureau des Forces Terrestres du Nord Viêtnam. Message n° 764. (SHAT 10H1162)

Estimation des effectifs VM pour la campagne

(Archives du B2. SHAT)

Unités	Zone avant	Zone arrière
Division 304	4 500	2 500
Division 308	12 000	
Division 312	12 000	
Division 316	9 000	
Division 351	12 000	
Deux bataillons du génie Thanh Hoa	1 500	
Coolies des grandes unités	10 000	
Bataillon DCA 304		500
Deux compagnies 367		300
Protection des routes		10 000
Main-d'œuvre	20 000	10 000
Total	**81 000**	**23 300**
Total général	104 300	

Viêts connaissaient suffisamment la guerre pour ne pas avoir oublié de positionner un bataillon interdisant l'usage de la RP41. De toute façon, les événements se déroulaient si rapidement que l'état-major du colonel de Castries n'avait pas eu le temps de réagir. Même si un bataillon para avait pu emprunter la RP41, le temps de parcourir de nuit les quatre kilomètres qui le séparait de Béatrice, ce point d'appui serait tombé entre les mains de l'ennemi. Les légionnaires combattirent encore pendant deux heures au coude à coude dans les réseaux de tranchées dévastés de Béatrice, position qui avait pourtant été présentée comme l'une des plus solides de DBP. Ils ne se battaient plus pour l'honneur, ni pour la patrie, mais par camaraderie, pour tenter d'aider leurs compagnons, prisonniers avec eux dans ce désastre. Béatrice complètement encerclée, il n'y avait plus de première ou de deuxième ligne, tous les survivants étaient au contact. Ils repoussèrent au moins un assaut, balançant leurs dernières grenades sur l'ennemi et tirant à bout portant sur ceux qui sautaient dans la tranchée, mais la masse des deux régiments de la division 312 écrabouilla un à un les derniers îlots de résistance. Un peu plus de soixante hommes réussirent à échapper à la capture et à rejoindre le camp retranché, au prix de mille difficultés, alors que la veille encore Béatrice alignait un effectif de 600 rationnaires...

Cette débâcle se termina par une erreur du commandement du camp retranché : en arrivant à Hanoï, le

Vue aérienne du camp principal, prise dans l'axe nord-sud. On aperçoit sur la gauche les entrelacs de la Nam Youm. Sur la droite, on remarque le point d'appui Lily 2, ceinturant la route extérieure du camp.

Deux vues des environs de Béatrice. Ces documents donnent l'impression que la position bénéficiait d'axes de tir dégagés, mais l'ennemi attaqua de nuit par des boyaux d'accès.

14 mars dans l'après midi, le général Navarre eut la stupeur d'apprendre qu'aucune contre-attaque n'avait été déclenchée au petit matin pour tenter de reprendre Béatrice. Dans ses mémoires[2], le généchef rappela qu'il avait été décidé avec Cogny qu'un assaut des bataillons paras devait être mené aussitôt, pour des raisons tactiques, mais aussi psychologiques. En fait, Giap avait berné de Castries en lui proposant une trêve pour que les Français puissent récupérer les blessés de Béatrice. Le commandement VM profita

Le 13 mars, le soir, deux régiments de la 312 écrasèrent le 3e bataillon de la 13 DBLE. Aucune contre-attaque ne fut lancée pour venir au secours de Béatrice.

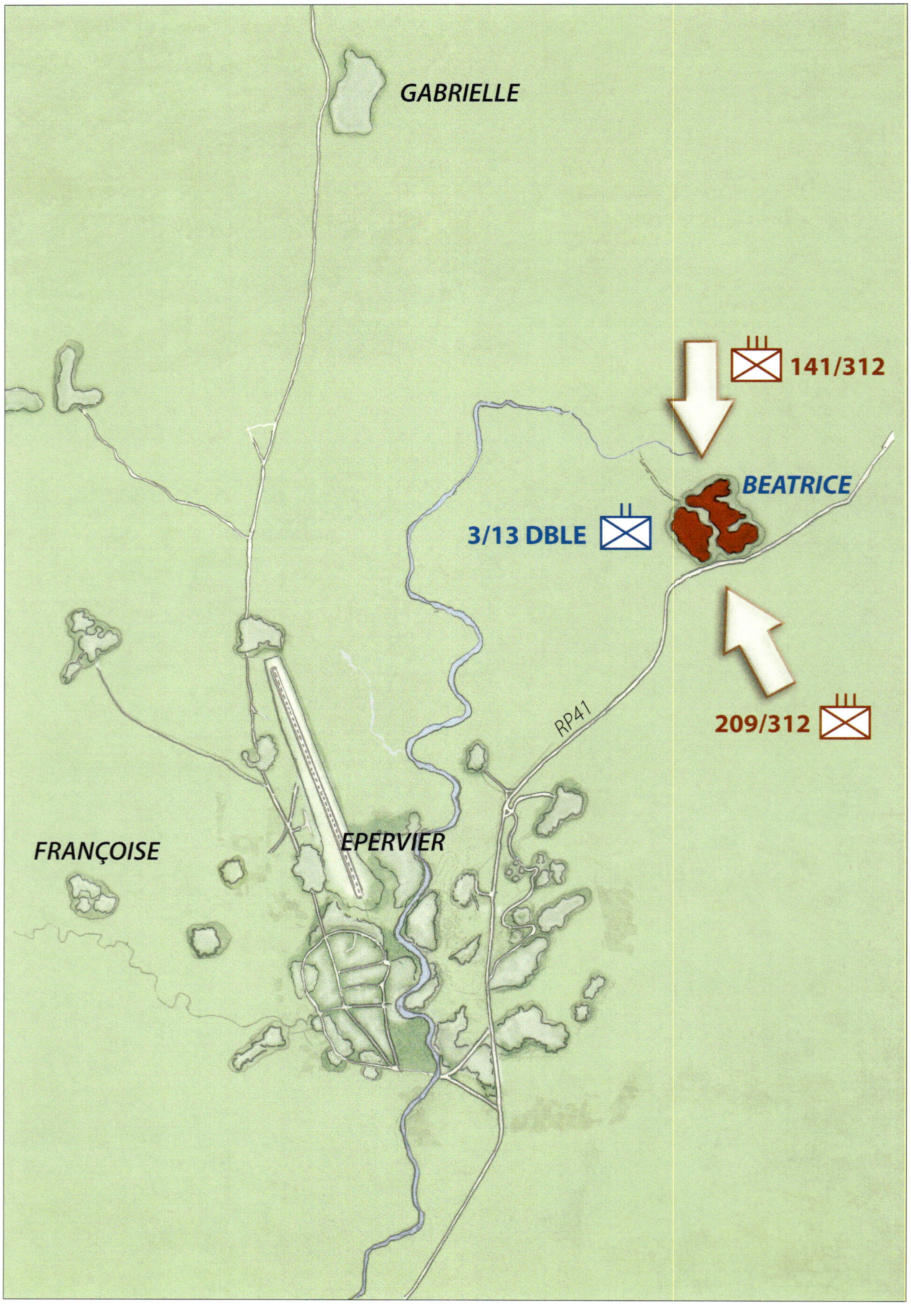

[2] Général Navarre, *Le Temps des vérités*, Plon, Paris 1979. Page 342

de cette pause pour préparer l'assaut contre Gabrielle, sûr qu'aucune contre-attaque ne serait menée, tandis que de Castries ne récupéra qu'une dizaine de blessés dans un piteux état qui n'auraient de toute façon été qu'un encombrement pour l'armée ennemie. Le fait que de Castries, qui connaissait pourtant bien les ruses des Viêts, ait accepté une telle trêve montrait à quel point les défenseurs, y compris le colonel Langlais, patron des troupes d'intervention, avaient été assommés par la perte de Béatrice ■

Ordre de bataille de la garnison de Diên Biên Phu

Centre de résistance central

- état-major du GONO colonel de Castries
- quartier général et compagnie de commandement
- état major du groupement aéroporté n° 2 lieutenant-colonel Langlais
- état-major du groupe mobile n° 9 lieutenant-colonel Gaucher
- 9e compagnie de commandement et des services
- 2e section de la 5e compagnie moyenne de réparation de la légion étrangère
- antennes chirurgicales mobiles 29 et 44
- éléments de la 342e compagnie parachutiste de transmissions
- 2e compagnie du 822e bataillon de transmissions
- antenne (S.P. 74 144) de la 403e boîte postale militaire
- détachement de la 703e compagnie de ravitaillement des essences
- détachement de la 3e compagnie de munitions
- 1er groupe d'exploitation opérationnel de l'Intendance
- détachement de la 3e légion de gendarmerie mobile
- 8e groupe de commandos du G.M.I.
- détachement de la sécurité militaire
- détachement opérations-patrouille
- escadron de marche du 1er régiment de chasseurs à cheval capitaine Hervouet

Aérodrome

- groupe de chasse 1/22 Saintonge commandant Guérin
- 21e groupe aérien d'observation d'artillerie
- 23e groupe aérien d'observation d'artillerie
- détachement de base aérienne 195
- compagnie de transmissions de l'armée de l'air 21/374

Béatrice

- 3e bataillon de la 13e demi-brigade de légion étrangère chef de bataillon Pégot

Gabrielle

- 5e bataillon du 7e régiment de tirailleurs algériens chef de bataillon de Mecquenem
- 1re compagnie étrangère de mortiers lourds

Anne-Marie

- bataillon thaï n° 3 chef de bataillon Thimonnier
- 2e compagnie mixte de mortiers lourds

Huguette

- 1er bataillon du 2e régiment étranger d'infanterie chef de bataillon Clemençon
- section d'affûts quadruples du groupe d'infanterie
- antiaérienne du corps expéditionnaire d'Extrême-Orient (GAACEO)

Françoise

- Compagnie de thaïs blancs

Claudine

- 1er bataillon de la 13e demi-brigade de la légion étrangère chef de bataillon Coutant
- batteries du 2e groupe du 4e régiment d'artillerie coloniale (8 obusiers de 105)
- 11e batterie du 4e groupe du 4e régiment d'artillerie coloniale (4 obusiers de 155)
- 1re compagnie étrangère parachutiste de mortiers lourds
- 3e compagnie du 31e bataillon du génie

Dominique

- 3e bataillon du 3e régiment de tirailleurs algériens chef de bataillon Garandeau
- batterie du 2e groupe du 4e régiment d'artillerie coloniale (4 obusiers de 105)
- section d'affûts quadruples de 12,7 du GAACEO

Éliane

- 1er bataillon du 4e régiment de tirailleurs marocains chef de bataillon Nicolas
- bataillon thaï n° 2 chef de bataillon Chenel
- 2e compagnie du 31e bataillon du génie

Isabelle

- état-major du groupe mobile n° 6 lieutenant-colonel Lalande
- 6e compagnie de commandement et des services
- 3e bataillon du 3e régiment étranger d'infanterie chef de bataillon Grand d'Esnon
- 2e bataillon du 1er régiment de tirailleurs algériens chef de bataillon Jeancenelle
- batteries du 3e groupe du 10e régiment d'artillerie coloniale (8 obusiers de 105)
- un peloton de chars du 1er RCC

Réserve

- 1er bataillon étranger de parachutistes chef de bataillon Guiraud
- 8e bataillon de parachutiste de choc chef de bataillon Tourret

Renforts parachutés

- 14 mars : 5e bataillon de parachutistes viêtnamiens chef de bataillon Botella
- 16 mars : 6e bataillon de parachutistes coloniaux chef de bataillon Bigeard et l'antenne chirurgicale parachutiste n° 3
- 17 mars : antenne chirurgicale parachutiste n° 6
- 1-4 avril : 2e bataillon du 1er régiment de chasseurs parachutistes chef de bataillon Bréchignac
- 9-13 avril : 2e bataillon étranger de parachutistes chef de bataillon Liesenfelt
- 12 avril : antenne chirurgicale parachutiste n° 5
- 3-6 mai : 1er bataillon de parachutistes coloniaux chef de bataillon de Bazin

Chapitre 2

La geste des **paras**

Une colonne de parachutistes viêtnamiens du 5e BPVN, le 14 mars, rejoignant le camp retranché. Ils furent engagés dès le lendemain dans une contre-attaque maladroite. Le para du premier plan est armé d'un Mat 49.

Au petit matin du 15 mars, en courant le long de la bordure d'une rizière, en compagnie de la section de commandement du 5e BPVN[1], le médecin lieutenant Rouault maudit le colonel Langlais. Et, il n'est sans doute pas le seul. Le nouveau commandant de la défense de DBP a décidé de lancer les paras viêtnamiens à l'aube pour reprendre Gabrielle. Seulement, parachutés la veille, les hommes connaissent mal le terrain qui a beaucoup changé depuis leur passage en novembre 1953 lors de l'opération *Castor*. Le jour tarde à se lever à cause de nuages de pluie accrochés dans les sommets avoisinants, mais personne ne se soucie du mauvais temps. Le 5e BPVN attaque, harcelé par l'artillerie ennemie, dans la plus grande confusion. Et puis, un saut sur une zone aussi difficile, salué par l'artillerie ennemie, laisse des traces : quelques morts, des blessés, quelques groupes de combat à articuler à nouveau, des sections dispersées, des gaines de matériel perdues, autant de raisons qui poussent le médecin du bataillon, le lieutenant Rouault, à déclarer l'unité inapte pour les 48 prochaines heures…

Mais juste 12 heures après leur arrivée à DBP, après une courte nuit de sommeil, les paras viêtnamiens sont engagés dans une vaste contre-attaque pour tenter de sauver Gabrielle, alors qu'il leur faut parcourir plus de cinq kilomètres avant de lancer l'assaut, depuis leur base de départ, Éliane 4. C'est une décision de Langlais, difficilement compréhensible aujourd'hui. Il a sous la main d'autres unités, notamment le 1er BEP et le 8e Choc, qui ont répété lors d'exercices des assauts pour secourir Gabrielle, tandis que le 5e BPVN connait

[1] Surnommé le Baouane, en raison de la difficulté pour les Viêtnamiens de prononcer BPVN.

« Il peut survenir une catastrophe en Indochine, il ne peut pas y surgir un miracle.»

Rapport du général de Lattre de Tassigny au gouvernement, septembre 1951.

viêtnamiens

Deux SB2-C Hellediver armés de bombes, en direction de la cuvette. Pour les pilotes, la météo était le premier adversaire.

Au milieu, à droite, instruction de cadres de l'armée viêtnamienne. Malgré tous les efforts des genéchefs, en particulier De Lattre, les Français ne parvinrent pas à vaincre les réticences de l'intelligentsia locale pour le métier des armes.

mal le terrain. Langlais, arguant qu'il a besoin des deux bataillons pour protéger le PC Central, a peut-être préféré sacrifier le 5e BPVN dans une contre attaque à laquelle il ne semble plus croire. Il est évident que l'affaire est risquée. C'est d'ailleurs l'argumentation avancée par Erwan Bergot : le 5e BPVN aurait été envoyé au secours de Gabrielle parce que Langlais n'aimait pas cette unité. S'il est sans doute vrai que Langlais avait plus confiance dans les légionnaires que dans les Viêtnamiens, il faut toutefois nuancer cette appréciation. Une autre explication peut aussi éclairer la décision de Langlais. En effet, le patron de la défense de DBP était très proche de Botella, commandant le BPVN, et celui-ci aurait donc accepté, sans mot dire, de se lancer dans cette contre-attaque. Ainsi, les relations humaines l'ont emporté sur les considérations tactiques. Tourret, patron du 8e Choc, et Guiraud, commandant le 1er BEP, deux très fortes personnalités, ont sans doute plus facilement pu défendre leur carte, évitant à leur bataillon d'être cassé dans cette affaire. Pour sa part, Botella, chef du Baouane, fraîchement nommé à la tête de son bataillon, est contraint d'obéir, ayant obtenu cette nouvelle responsabilité grâce à Langlais. Botella a remplacé Bouvery à la tête du 5e BPVN en janvier. Langlais n'aime pas franchement Bouvery et son avis pèse pour beaucoup dans la balance dès que le général Gilles quitte l'Indochine. Ainsi, d'une certaine façon, Botella ne peut rien refuser à Langlais, dont il est par ailleurs assez proche. De plus, cela convient assez bien à son caractère. Pour lui, l'obéissance aux ordres est une grande vertu. À la différence des patrons des autres bataillons aéro-

Les Chaffee étaient utilisés dans toutes les contre-attaques. Leur mobilité, leur résistance aux coups et leur puissance de feu en faisaient des atouts incomparables quand il fallait passer en force. Ils devaient toutefois être accompagnés en permanence de l'infanterie sinon ils devenaient très vulnérables aux équipes antichars ennemies armées de bazooka Skz. Les chars étaient également très utiles pour transporter des groupes de fantassins qui débarquaient au contact avec l'ennemi.

portés, et notamment Bigeard, qui tergiversent ou négocient âprement dès qu'une mission leur est confiée, Dédé, comme le surnomme affectueusement Langlais, obéit. Botella n'est pas un mauvais soldat. Au contraire, son cursus professionnel n'a rien à envier à celui des autres commandants des bataillons aéroportés. Il a fait partie des premiers parachutistes à sauter sur la Bretagne lors des combats de la libération durant lesquels il a été grièvement blessé. Avec une jambe plus courte de sept centimètres que l'autre, Botella aurait dû être inapte au saut, mais c'était sans compter sur la farouche volonté de cet officier. Il ne reste de cette infirmité que son surnom de "diable boiteux" au sein de son unité !

Revenons quelques heures en arrière avant la fameuse contre-attaque du 15 mars, pour comprendre ce qu'il s'est passé sur Gabrielle. Sur ce point d'appui, au nord de DBP, soldats et gradés savent qu'ils sont les prochains sur la liste des objectifs de Giap. Toute la nuit du 13 au 14 mars, ils restent debout dans leurs tranchées, observant avec fatalité l'ouragan de feu qui dévore Béatrice. Ils ont écouté les vacations radio et ont été surpris de se rendre compte qu'aucune contre-attaque n'a été lancée pour venir en aide au bataillon de la 13e DBLE. Les hommes de Gabrielle savent désormais qu'ils sont sur la première ligne et que, situés à plus de 5 km du centre du camp retranché, ils ne peuvent compter que sur leurs propres ressources.

Gabrielle a toutefois de solides atouts. C'est un promontoire plus élevé que Béatrice et cette position est au milieu d'une plaine bien dégagée. Les Viêts ont à courir sur le glacis, complètement à découvert, s'ils veulent attaquer. De plus, à la différence de bons nombres de points d'appui, cette colline était recouverte de nombreux arbres au moment où les Français avaient repris Diên Biên Phu, si bien que les abris et les tranchées sont profonds et bien étayés. Pas de doutes, la position ne risque pas d'être dévastée par le premier barrage d'artillerie. Surtout, les nombreuses ramifications au sein du réseau de tranchées permettent au commandement de la position de mobiliser rapidement l'une ou l'autre des quatre compagnies qui se partagent le point d'appui, si une partie du dispositif est particulièrement menacée.

En dehors de la valeur défensive de Gabrielle, les cadres du 5e bataillon du 7e régiment de Tirailleurs algériens (5/7 RTA) ont une grande confiance en leurs hommes. Présent à DBP depuis décembre, ce bataillon a l'avantage d'être assez bien encadré avec la présence de nombreux sous-officiers européens. Le 5/7 RTA a un passé à faire rougir certaines unités de la Légion. Il s'est illustré lors de la campagne d'Italie, à la fin de la Seconde Guerre mondiale et il n'est pas rare de trouver des tirailleurs qui comptent plus de dix ans de service. Le commandant Mecquenem est le chef du bataillon, mais comme il arrive en fin de séjour, son successeur, le commandant Kha, est déjà présent pour prendre les consignes.

À 19 h 45, le 14 mars, les premiers obus commencent à tomber sur Gabrielle. Au moins, l'avantage des Viêts, c'est leur ponctualité ! Les tirailleurs se terrent dans les tranchées. Même pour ceux qui ont déjà subi un tir d'artillerie, c'est toujours le même supplice : l'impression d'être exposé sans défense aux coups de l'ennemi, la peur panique d'être déchiqueté par une explosion et d'attendre la mort seul. La préparation de feu dure au moins 20 minutes, des minutes qui paraissent des heures. Lors du silence qui suit, étonné d'être encore en vie, chaque homme regarde si ses camarades ont survécu et si ses chefs sont toujours vivants. Les Viêts ne leur laissent toutefois pas le temps de se remettre de leurs émotions puisque le régiment 102 de la division 308 passe à l'assaut. Il tente d'attaquer la position à la fois par le nord, l'est et le sud pour désorienter les défenseurs. Mais ce premier assaut est un échec. Les tirailleurs, bien disciplinés, attendent le dernier moment pour tirer, si bien que c'est au moment où il

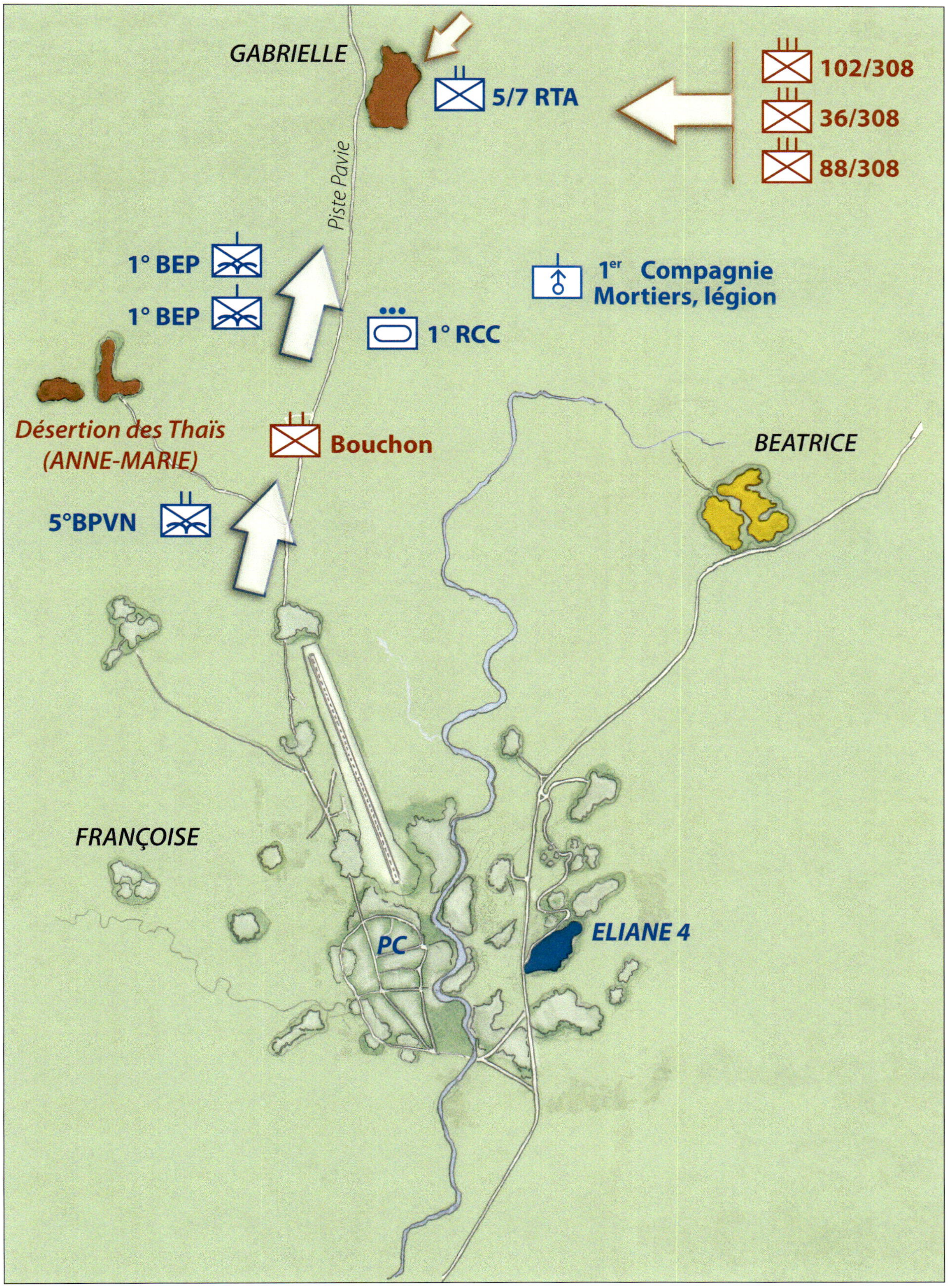

Dans la nuit du 14 au 15 mars, Gabrielle, défendu par le 5/7 RTA, fut assailli par trois régiments d'infanterie viêts, renforcés d'une compagnie d'appui. Le 15 au matin, les Français lancèrent une contre-attaque pour dégager cette position, mais si les compagnies du 1er BEP, soutenue par des Chaffee, parvinrent à s'approcher, le 5e BPVN, parti d'Éliane 4, fut bloqué par un bouchon ennemi de la taille d'un bataillon. La contre-attaque échoua donc et Gabrielle dut être abandonné.

Ces photos illustrent une contre-attaque telle celle du BPVN et du 1er BEP le 15 mai. Les groupes de combat progressaient de diguette en diguette en s'appuyant mutuellement. Le soldat debout est armé d'un fusil-mitrailleur 24/29. Sur la photo suivante, le même homme, un genou posé à terre, semble attendre des consignes de son chef de groupe.

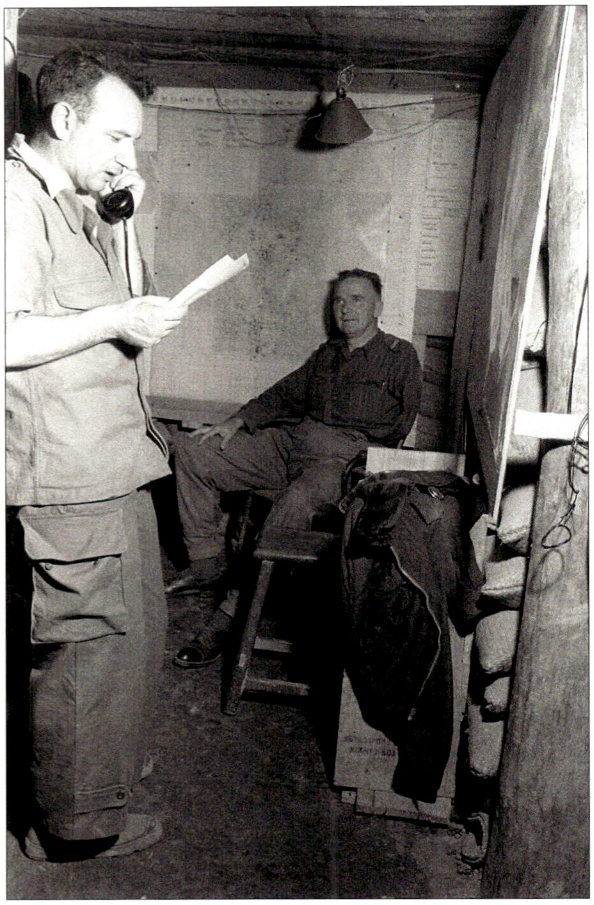

Le PC Feu de DBP. Un capitaine dicte des ordres de tirs. Au fond, adossé contre une carte, le colonel Piroth. Cet officier aux brillants états de service, qui avait perdu un bras au cours de la campagne d'Italie, se suicida quand il se rendit compte qu'il ne parvenait pas, malgré ses promesses, à museler l'artillerie ennemie.

tente d'escalader la position que l'ennemi se retrouve sous le feu, parfaitement à découvert. Les premières vagues d'assaut sont ainsi balayées. D'autant plus facilement que des Dakota balancent des lucioles au-dessus de la position pour en éclairer les glacis. L'artillerie française ne reste pas inactive et sous les indications du PC du 5/7 RTA, elle bat la plaine, coupant la première vague de ses arrières. Les tirailleurs ont l'impression de vivre l'enfer, mais lorsqu'ils voient des signes de panique chez l'ennemi, des bo-doïs refusant de traverser les barbelés battus par le feu, ils comprennent qu'ils ont obtenu un répit.

Mecquenem est confiant et le comportement de ses

L'aide chinoise

À partir de 1949, date à laquelle les troupes de Tchang Kaï-Tchek furent battues par les communistes, la guerre changea radicalement de visage, puisque le Viêt-minh se transforma peu à peu, passant d'une guérilla équipée d'un armement hétéroclite à une force très organisée, avec trois niveaux bien distincts. Le commandement ennemi conserva des unités locales, spécialisées dans le harcèlement, mais sans réelle valeur militaire. Des unités régionales étaient chargées principalement du contrôle de zone et de la sécurité des axes logistiques. Et enfin, un corps de bataille à l'occidentale, avec des moyens d'appui (génie et artillerie), avait pour principale mission la destruction des bataillons d'élite français. Les Chinois apportaient surtout leur aide à ces divisions, formant les cadres, apportant leurs conseils sur le terrain et équipant les unités de matériels soviétiques. Selon Bui Tin[1], le chef des conseillers chinois, Wei Guoqing, était présent à DBP et chaque commandant de division bénéficiait aussi des éclairages d'un conseiller. Leurs suggestions étaient prises en compte et tout était fait pour ne pas risquer leur vie et leur assurer un train de vie confortable, même en campagne. «Un conseiller chinois a plus de prix qu'un régiment», indiquait le délégué politique de la division 304[2]. Cependant, contrairement à certaines rumeurs, aucune unité chinoise ne fut engagée dans la bataille. Mais ce fut surtout dans le domaine logistique que cette aide se matérialisa. Le service de renseignement français était en mesure de chiffrer ce soutien peu de temps après la bataille[3]. Pour ne citer que quelques chiffres significatifs, signalons que les Chinois fournirent ainsi 12 orgues de Staline, 18 canons de 75 mm, 180 fusils-mitrailleurs, 36 mitrailleuses, 1 000 pistolets-mitrailleurs, des canons de DCA de 37 mm, ainsi que les munitions correspondantes : 20 000 obus de 105 mm, 15 000 obus de 120 mm, 67 000 obus de 37 mm, etc. La chaîne logistique ennemie était également bien pourvue, avec 600 véhicules, 4 400 tonnes d'essence, 1 700 tonnes de riz, 200 000 tenues, 67 000 paires de chaussures, ainsi que sept bulldozers qui permirent de creuser des pistes dans la montagne. Il va de soi que sans l'aide chinoise, jamais les divisions de Giap n'auraient été en mesure de défaire le corps expéditionnaire dans une bataille rangée.

1 Bui Tin, *From enemy to friend*, Naval Institute Press, 2002. Page 98 et 99.
2 Rapport du 2e bureau sur l'aide chinoise. Fiche n° 5000/FHTV/2 du 19 octobre 1954. SHAA, carton n° 4 C 1391.
3 Document de synthèse, le Viêt-minh et la campagne de DBP. SHAA. Carton n° 4 C1348.

Un Chaffee embossé, la calibre 50 sous une bâche. Cette photo a été prise avant le début des combats car le "Arthur" comme les autres chars a été rebaptisé assez vite avec un nom de bataille, Smolensk.

En haut à gauche, un canon de 57 mm sans recul. Cette arme d'appui était idéale pour se débarrasser des nids de mitrailleuses ennemies, quand les chars étaient absents.

Des armuriers en train d'installer une bombe de 250 livres sous un Bearcat. Ces engins n'avaient toutefois qu'un pouvoir de neutralisation réduit contre des troupes enterrées.

hommes lui montre que Giap va devoir payer cher cette position. Ce dernier, conscient du choc subit par le régiment 102, lance les régiments 36 et 88 de la division 308 en renfort vers 3 h 30 du matin, le 15 mars. La bataille dure depuis déjà sept longues heures. Après une phase intense de 45 minutes lors du premier assaut, les Viêtnamiens entreprennent un tir de harcèlement. Le sacrifice des premières unités n'a pas été complètement vain. Le commandement ennemi a pu repérer les nids de mitrailleuses et les blockhaus français, que des canons sans recul prennent à parti sans relâche pour les faire taire. Ils ont également déterminé la position du PC du commandant de bataillon, grâce à leur compagnie de guerre électronique. Le temps de se réorganiser, un deuxième assaut est mis à profit pour réduire les capacités de défense de Gabrielle. Avec succès : les chefs de section font le tour de leur position pour remplacer les servants d'armes collectives, s'assurer que des munitions ont bien été distribuées ou encore nommer chef de groupe un jeune caporal, faute de trouver un autre cadre valide. Mais surtout, les Viêts ont réussi à décapiter le bataillon : le PC a été touché de plein fouet par un obus de 105 mm, laissant Mecquenem hors de combat et Kha grièvement blessé, avec une jambe arrachée[2]. Même si le bataillon peut toujours communiquer avec de Castries, le capitaine Gendre, qui a pris

[2] Ils furent tous deux capturés par les Viêts à la chute de Gabrielle, mais le commandant Kha mourut de ses blessures en captivité. En son souvenir, le bâtiment qui abrite le bureau système d'armes à l'état-major des Armées porte son nom. Ce bureau est chargé de concevoir les matériels de l'armée de terre.

Vue intérieure du cockpit d'un C-47. Ces appareils, pas assez rapides pour échapper à la DCA, furent la cheville ouvrière des groupes de transport.

Des parachutistes blessés attendant d'être évacués. Le plus souvent les hommes atteints devaient se débrouiller pour rentrer seuls à l'antenne chirurgicale. Le cadre au premier plan porte une carabine US M-1 à crosse pliante.

Une tranchée française en bordure de piste. Elles servaient à prévenir les infiltrations de commandos ennemis qui, la nuit venue, tentaient de miner la piste d'atterrissage.

le commandement du Torpilleur, dispose de moyens réduits. Les Viêts ont réussi à s'infiltrer dans la position, profitant de l'obscurité, de la confusion et des pertes françaises. Comme la chèvre de Monsieur Seguin, Gabrielle s'est battue toute la nuit mais il est évident que sans aide, elle succombera au lever du jour. Le capitaine Gendre appelle au secours, demandant instamment des renforts. Dans les tranchées, dans les trous de combats, les tirailleurs, parfois blessés ne tiennent que parce que leurs chefs leur assurent que Diên Biên Phu ne les laissera pas tomber, qu'ils vont être relevés. Au lever du jour, le clairon de la légion étrangère résonne de collines en collines, annonçant l'assaut et provoquant le doute dans les rangs viêts.
Effectivement, à quelques kilomètres plus au sud, la contre-attaque tant attendue s'élance. Langlais a fini par décider Guiraud à lui céder deux compagnies pour guider le 5ᵉ BPVN. Trois chars Chaffee apportent également leur puissance de feu. La difficulté de rassembler les paras viêtnamiens, très dispersés à la suite de leur saut de la veille, explique pourquoi la contre-attaque commence avec du retard. De plus, l'ennemi se doute bien que les Français ne vont pas rester inactifs. Ils ont placé un bouchon, formé par l'équivalent d'un bataillon, au bout de l'aérodrome, sur la piste Pavie. Cela importe peu aux chars et aux légionnaires placés en tête de colonne, ils ont l'habitude de ce type de situation où la vitesse est le facteur clé. Les chars foncent, les légionnaires de la compagnie de "loulou" Martin accrochés à leurs chenilles… Le choc est d'une rare violence, les chars fument et crachent des obus sur les groupes de combat ennemis embusqués. Rien ne doit arrêter la contre-attaque. Les sections de légionnaires se déploient, saturant les tranchées hâtivement creusées par l'ennemi à coup de grenades. Derrière eux, les premières sections de paras viêtnamiens suivent l'allure et juste derrière encore, le PC du Baouane, et Botella, claudiquant sur la digue d'une rizière. L'artillerie ennemie et les mortiers tentent d'arrêter cette chevauchée. Des obus tombent. Pour un moment les hommes

En bas à droite, Beatrice plus rien ne pouvait être tenté pour reprendre cette position, car Langlais ne disposait plus de réserves suffisantes. Un point de vue que ne partageait pas Cogny.

La viêtnamisation de la guerre

Le 5e BPVN était sans nul doute la meilleure unité de toute l'armée nationale viêtnamienne (ANV). Sur le papier pourtant, les chiffres laissaient rêveurs : fin 1953, l'ANV comptait une centaine de bataillons légers, soit près de 156 000 hommes. Dès 1948, des compagnies furent versées dans cette armée, avec le but de donner un peu de substance au pouvoir local et montrer du même coup aux Américains que la période coloniale était révolue. Au début très mal équipée, elle bénéficia d'importants stocks de matériels, comme le corps expéditionnaire d'ailleurs, à la fin de la guerre de Corée. Les Français voyaient large puisqu'ils l'avaient conçue comme une armée à l'occidentale, avec ses différentes armes, y compris l'appui (artillerie) et le soutien (transport et matériel), une gendarmerie, mais aussi une armée de l'air (avions légers) et une marine (essentiellement fluviale). Cette armée connaîtra un véritable essor à l'instigation du général de Lattre qui avait bien compris que les Français ne gagneraient jamais la guerre sans une complète adhésion des Viêtnamiens. Cependant, sur les 149 bataillons, seuls une cinquantaine étaient véritablement opérationnels[1], avec un taux de désertion équivalent à celui du corps expéditionnaire (2 %). Faute d'encadrement, les autres unités n'étaient pas fiables. Les Français se heurtèrent ainsi au manque de considération des classes aisées de la population viêtnamienne pour le métier des armes. D'énervement devant la passivité des notables, de Lattre, à l'occasion d'une remise de prix au lycée de Saïgon, le 11 juillet 1951, interpella les élèves[2] : «Soyez des hommes ! Si vous êtes communistes, rejoignez le Viêt-minh, il y a là des individus qui se battent bien pour une mauvaise cause. Si vous êtes des patriotes, alors combattez pour votre patrie car cette guerre est la vôtre !». De même, les autorités ne parvinrent pas à décider les conscrits à effectuer leurs obligations militaires. En effet, en 1953, il manquait 53 % des appelés dans les unités. Mais ces injonctions n'eurent malheureusement pas beaucoup de succès. Certains cadres viêtnamiens laissèrent toutefois une forte impression à ceux qui eurent la chance de les connaître, notamment le lieutenant Pham Van Phu, seul commandant de compagnie viêtnamien du 5e BPVN[3]. Ce constat très mitigé ne doit toutefois pas occulter la valeur de certaines unités comme le 5e BPVN, ou l'abnégation des jeunes viêtnamiens incorporés dans les unités de l'armée régulière française.

Sur le papier, l'armée viêtnamienne était impressionnante mais dans la réalité, bien peu d'unités étaient opérationnelles. Le 5e BPVN passait pour être l'une des meilleures.

[1] Intervention de Michel Bodin sur l'armée nationale du Viêtnam, à l'occasion du colloque du CEHD consacré à DBP, novembre 2003.
[2] Georges Fleury, *La guerre d'Indochine*, Perrin, 2003, pp. 461-462.
[3] Il fut l'un des rares officiers à parvenir à échapper à la captivité après la chute de DBP. Devenu général de corps d'armée dans l'armée sud-viêtnamienne, il se suicida en 1975, quand les troupes d'Hô Chi Minh entrèrent dans Saïgon.

se jetent par terre. Certains restent couchés, parfois à jamais, mais les autres se relèvent pour se relancer dans cette cavalcade désespérée. Seulement, cette contre-attaque manque d'hommes, de souffle…

Une grande partie du 5e BPVN, retardée par son éloignement et son manque de connaissance du terrain, est restée bloquée en bout de l'aérodrome par le bouchon ennemi. Celui-ci, un moment défoncé par les chars, s'est reformé, interdisant le passage. Le gros du Baouane ne peut plus avancer et soutenir l'élément de tête. Le commandement s'en rend bien compte et cette situation met Langlais hors de lui. Sur le terrain, les événements condamnent la contre-attaque. La 3e compagnie des tirailleurs, commandée par le capitaine Gendre, qui effectue également les vacations radios,

Suite p. 42

Colisage de rations de combat pour DBP. Si les combattants ne souffrirent pas vraiment de la faim, les colis étant largués en nombre suffisant, ils eurent du mal à disposer d'eau fraîche dans le dernier mois de la bataille tant, l'étau ennemi se rapprochant, les points d'appuis devinrent de plus en plus isolés.

Les blindés en action

Le camp retranché disposait d'un escadron dix chars, composé d'un peloton du Régiment d'Infanterie Coloniale du Maroc et de deux pelotons du 1er Régiment de Chasseurs à Cheval, qui avaient été amenés complètement démontés depuis Hanoï dans des avions Bristol[1]. L'histoire de cet acheminement constituait déjà en soi un morceau de bravoure : déplacer un char de ce type représentait une capacité de transport de deux Bristol (un pour la tourelle et l'autre pour la caisse) et de six Dakota ! Le Chaffee était un char moyen de 20 tonnes parfaitement adapté à un emploi outre-mer. Ses larges chenilles et son train de roulement, largement inspirés du T-34 russe, lui offraient une excellente mobilité. D'ailleurs, ceux qui étaient en service dans le Delta s'en rendaient compte tous les jours, ce blindé étant très à l'aise dans un mètre d'eau. L'équipage de cinq hommes comprenait le chef d'engin, le tireur, le radio-chargeur, le pilote et l'aide-pilote. Lors de la bataille, ils étaient rarement cinq à bord, en raison des pertes, mais aussi pour améliorer les capacités de combat du char : la soute à munitions de 48 obus, dont 20 directement accessibles par le tireur, était un peu juste. En une journée de combat, il n'était pas rare de voir les chars vider intégralement leur soute deux fois. Aussi, lors de la bataille, les équipages préférèrent remplacer l'aide-pilote par une trentaine d'obus plutôt que de risquer de se trouver à court de munitions. L'armement du Chaffee, composé d'un canon de 75 mm et de trois mitrailleuses (une 7,62 mm au niveau du pilote, une 7.62 coaxiale et une calibre 50 sur la tourelle) donnait une puissance de feu appréciable jusqu'à 200 mètres, suffisante au moins pour casser net l'élan de l'assaut d'une compagnie viêt. De plus, les obus explosifs de 75 mm pouvaient être réglés pour sauter avec un coup retard d'une fraction de seconde. Ce dispositif était fréquemment employé pour détruire une mitrailleuse dans un blockhaus ou réduire des fantassins dissimulés dans une tranchée.

Surtout, les équipages se sentaient en parfaite sécurité dans ce char, grâce à un blindage très correct. Un seul engin fut en effet perdu au combat. Pourtant, lorsqu'ils étaient dé-

Des légionnaires de la compagnie du matériel assemblant un Chaffee. Habitués à la complexité des Panzer, les légionnaires firent merveille avec ces mécaniques américaines. En trois jours, un char était remonté. Le portique, indispensable pour les opérations de manutention lourdes, devint vite un repère aisé pour les artilleurs viêts.

[1] Cet encadré s'inspire largement d'une excellente interview du général Préaud et du colonel Mengelle, qui ont été chefs de peloton à DBP, réalisée par l'École d'Application de l'Arme Blindée Cavalerie et du livre de Mengelle, *Des chars et des hommes*, Lavauzelle.

ployés pour des contre-attaques, leur silhouette bien visible en faisait naturellement des cibles idéales. Seulement, l'ennemi ne disposait pas de moyens antichars suffisants. Les lance-roquettes d'origine tchèques, baptisés Skz, arrivaient parfois à percer le blindage, mais la charge était rarement suffisante pour endommager vraiment le char. Il fallait toutefois que le combattant viêt ait assez de cran pour se glisser derrière le char, pour le tirer trois-quarts arrière, là où le blindage était le moins épais, pour avoir une chance de percer. Dans les combats de jour, quand les blindés étaient entourés de fantassins amis, c'était difficilement réalisable. Mais de nuit, dans la confusion de la bataille, un groupe muni d'un Skz conservait toutes ses chances. Le *Bazeilles* avait été détruit dans ces conditions sur Éliane 4 par un coup direct qui avait provoqué un incendie du compartiment moteur, mais ce fut un cas isolé. Les autres chars furent souvent également percés, mais jamais détruits. Le *Mulhouse* avait été atteint presque au même moment que le *Bazeilles*, mais la charge creuse avait blessé trois membres de l'équipage et détruit la radio, sans pour autant le mettre hors de combat. Ce type de mésaventure refroidissait tout de même l'enthousiasme des tankistes du camp retranché. Aucun d'entre eux n'ignorait que si les charges creuses atteignaient les soutes de munitions, l'ensemble du char, équipage compris, se transformerait en chaleur et lumière. De même, les chars étaient protégés des coups directs de 105 mm de l'artillerie ennemie, aussi incroyable que cela puisse paraître. Bien sûr un impact direct assourdissait l'équipage et faisait trembler l'ensemble du blindé, mais le blindage résistait au choc. Les dégâts concernaient surtout des éléments placés à l'extérieur : les épiscopes, les antennes et aussi la calibre 50. Même l'impact qui avait tué le tireur du Douaumont, le 29 avril, en traversant la trappe de tourelle, ne fut pas suffisant pour le détruire complètement. Le lendemain, sommairement réparé, il participait à nouveau à la défense de DBP. L'inconvénient d'un tir d'artillerie était qu'il créait un phénomène de surpression dans le char, avec l'irruption immédiate de kilos de poussière à l'intérieur donnant ainsi l'impression à l'équipage qu'il allait étouffer. Le pilote était alors obligé de lancer les moteurs à plein régime pour faire fonctionner les ventilateurs. Une autre qualité du Chaffee concernait son habitabilité, alors que les équipages restaient parfois plus de douze heures à bord. C'était un char suffisamment spacieux pour s'allonger et dormir à tour de rôle dans le fond de la caisse, permettant ainsi aux hommes de durer.

Parmi les détails pratiques, signalons que le danger provoqué par les *snipers* et les tirs d'artillerie conduisait les équipages à se servir de la trappe de secours sur le plancher de la caisse et sortir du char quand celui-ci était arrêté au-dessus d'une tranchée. De même, pour éviter d'avoir à s'exposer, le chef de char disposait d'une excellente vision en laissant l'écoutille rabattue, mais non fermée. Généralement, il valait mieux se servir des épiscopes, mais il arrivait fréquemment que ces derniers soient hors d'usage ou trop sales. À la fin de la bataille, les chars étaient devenus méconnaissables, couturés de cicatrices laissées par la dizaine de projectiles de toute sorte qu'ils encaissaient tous les jours et renforcés par des plaques de blindages soudées pour cacher les trous.

Les équipages avaient également souffert puisque sur les 23 chefs de chars qui se sont succédés, quatre d'entre eux étaient morts au combat et 15 autres avaient été blessés. Le *Mulhouse* n'avait par exemple eu pas moins de six chefs successifs ! Mais le véritable point faible des Chaffee ne fut pas les hommes, mais les chenilles. Très exposé, le train de roulement des engins devait faire l'objet de longues réparations, d'autant que l'ennemi utilisait des mines sur les itinéraires des contre-attaques. La compagnie du matériel chargée de l'entretien était très sollicitée. Elle n'était pas non plus à l'abri des coups d'autant que le portique de manutention constituait un repère facile pour les artilleurs ennemis. Les obus qui frappèrent le *Douaumont*, tuant le tireur, massacrèrent également trois mécaniciens. Cette unité de soutien avait eu plus de perte que l'ensemble de l'escadron. Si bien qu'à la fin de la bataille, faute de main d'œuvre et de pièces de rechange, sur les six chars qui restaient autour du camp principal, seuls deux d'entre eux pouvaient encore rouler. Les quatre autres avaient été transformés en blockhaus statiques. Les trois chars d'Isabelle n'étaient pas dans un meilleur état.

Assemblage du train de roulement des Chaffee. La projection de char de 20 tonnes, en pièces détachées et à plus de 350 km des bases arrières, était une bonne illustration des capacités d'adaptation du corps expéditionnaire.

décroche : un malentendu avec le PC de Langlais qui parle de recueillir et non de secourir Gabrielle, constitue l'explication la plus plausible, mais un début de panique chez les tirailleurs, à cran après une nuit intense de combat, n'est pas non plus à exclure. Voyant la victoire leur tendre les bras, les Viêtnamiens redoublent d'ardeur, se jetant dans la fournaise sans la moindre précaution. Les Français n'ont plus le choix, Gabrielle est perdue, faute de moyens et faute de vitesse. Les deux compagnies qui ont réussi à percer et les trois chars constituent un môle de défense pour laisser le temps aux tirailleurs de s'échapper. Les blessés et les morts sont chargés à l'arrière des chars, ce qui n'est pas l'endroit le plus sûr de la bataille, même masqué par la tourelle. Le chef du char *Ettlingen*, le maréchal des logis chef Guntz, est tué à son poste. Ce n'est malheureusement pas la seule victime puisque le BEP compte neuf tués. Environ 147 tirailleurs, ainsi que cinq officiers et dix sous-officiers, ont pu s'échapper de l'enfer et être envoyés sur Isabelle. Mais 350 autres, dont sans doute un certain nombre de blessés, ont été capturés. Au moins 80 tirailleurs auraient été tués lors des combats[3]. De leur côté, les Viêts auraient perdu entre 1500 et 3000 hommes, selon les différentes estimations.

Une fois le repli effectué, ce qui ne se fait pas sans mal puisque les Viêts accompagnent les Français jusqu'au terrain d'aviation, l'heure est aux règlements de compte. Les compagnies du BPVN qui n'ont pas réussi à rejoindre la bataille du fait de leur lenteur d'exécution sont désarmées et transformées en coolies, par mesure disciplinaire. Certains indiquent que 30 % de l'effectif du bataillon aurait alors été désarmé. Un chiffre qui paraît grossièrement surestimé pour le médecin du bataillon, le lieutenant Rouault[4] : «À peine une dizaine de cadres furent sanctionnés. Et encore, ils revinrent très vite dans leurs unités pendant le courant de la bataille, où ils réintégrèrent leur poste sans difficulté».

C'est surtout parmi les plus hauts gradés du camp retranché que le ménage est nécessaire. Gaucher tué, Langlais devient le véritable numéro deux de DBP, cumulant pour ainsi dire la direction de la défense de l'ensemble hors Isabelle et le commandement des troupes d'intervention. Ce rôle convient à son caractère, mais il n'a sans doute pas cherché tant d'influence. Elle lui vient naturellement, d'autres faisant défaut. De nombreux officiers qui, quelques jours auparavant, plastronnaient en expliquant qu'ils allaient casser du Viêt, sont devenus complètement dépressifs. Pourtant, même après la chute de Gabrielle, tout espoir de remporter la bataille, ou au moins d'arriver à un statu quo, ne s'est pas envolé. De Castries lui-même estime à ce moment-là que le pire n'est pas évident. Toutefois de nombreux cadres sont littéralement hors de combat. Le chef d'état-major du PC, le lieutenant-colonel Keller est évacué. De même, Langlais écarte du commandement le lieutenant-colonel Gaston Ducruix, pourtant un de ses camarades de promotion de Saint-Cyr, qu'il juge inapte. Enfin, le commandant de l'artillerie du camp, le colonel Piroth, qui a affirmé qu'il ferait facilement taire les canons ennemis, se suicide. Dans son abri personnel, ce survivant des combats de la Seconde Guerre mondiale, qui effectue alors son troisième séjour en Indochine, parvient à dégoupiller une grenade et à la serrer contre lui... Dans de telles conditions, Langlais, dont le caractère tempétueux suscite de nombreuses incompréhensions, est obligé de porter sur ses épaules un fardeau énorme, qui renforce son côté cassant et autoritaire. Ses relations avec de Castries s'enveniment si bien que lors de sa déposition pour l'enquête officielle de Diên Biên Phu, il n'hésite pas à déclarer que de Castries se bornait à rédiger des télégrammes pour le commandement à Hanoï, quand lui dirigeait la bataille... Ambiance !

Il faut dire que Langlais parvient à mettre de son côté les commandants de bataillon paras, Bigeard, Botella, Guiraud et Tourret, ce qui lui donne les coudées franches pour s'organiser. À côté, de Castries donne l'impression d'être plus isolé, soutenu seulement par quelques officiers de son entourage et relativement peu connu par les troupes qui tiennent les points d'appui à la périphérie du camp. C'est d'ailleurs au PC de Langlais que se tient chaque matin la réunion des chefs de bataillon. Langlais et de Castries n'ont de toute façon pas la même culture. Le second, cavalier, se sent mal à l'aise dans ce camp retranché et n'a sans doute pas une grande expérience de telles situations. À l'inverse, Langlais, sans doute plus à son aise, a la même conception du combat que les chefs de bataillons paras, dont il partage les valeurs. Si Langlais considère que de Castries est trop passif, ce dernier estime improductives et coûteuses les contre-attaques à répétition des unités parachutistes. Il ressort de cette confrontation une situation étrange et sans doute peu propice à la cohérence de l'ensemble. Langlais commande la tactique du camp et de Castries s'occupe surtout des relations avec Hanoï. Ce dernier n'est pas très présent. Il n'inspecte pas les points d'appui pendant la bataille, ne serait-ce que pour remonter le moral des combattants. De même, il ne se rendra à l'infirmerie pour voir les blessés qu'à la fin de la bataille, le 5 mai. De Castries a tout de même une certaine influence en faisant courir des rumeurs pour maintenir le moral des défenseurs. Le lieutenant Rouault se souvient que lors d'une de leur rencontre, de Castries aborda la possibilité d'un bombardement par les appareils de l'US Air Force, la fameuse opération *Vautour*, alors qu'il n'en avait jamais entendu parler dans le camp. De même, le commandant de DBP organisa des fuites pour entretenir l'idée qu'une armée, la fameuse colonne *Crèvecœur*, arrivait à leur secours. Pour sa part, le lieutenant de vaisseau Bernard Klotz, abattu fin avril au-dessus de DBP, avait beaucoup travaillé avec le commandant Guérin. Il était donc bien placé pour mesurer les interactions entre les plus hauts responsables du camp, notamment Langlais et de Castries. Il nuance[5] également la «passivité» de Castries : «Il estimait qu'une fois qu'il avait délégué une mission à un subordonné, il lui faisait confiance et ne voulait pas être derrière son dos. Cela dit, cela pouvait donner l'impression d'être détaché de la réalité. D'autant que, happé par l'ampleur de la tâche, il n'a pas toujours su donner un visage humain à son commandement». ■

[3] Télégramme n° 86/05 du GONO le 21 mars.
[4] Entretien avec l'auteur.
[5] Entretien avec l'auteur.

Vue générale du réduit central. Cet ensemble, principalement constitué d'abris et de dépôts souterrains, avait repris les tracés des anciennes routes du village de Diên Biên Phu.

Chapitre 3

Le 6 arrive

La veille, au séminaire de Hanoï qui sert de casernement au 6, Bigeard rassemble l'ensemble du bataillon : «Demain, nous sauterons sur Diên Biên Phu, et nous en rentrerons certainement à pied». Le patron du 6e BPC choisit de ne pas dissimuler à ses hommes, avec lesquels il guerroie depuis plus de deux ans, que la partie ne sera pas facile. Nul n'ignore que la garnison retranchée a subi en quelques jours de sérieux revers, perdant deux points d'appuis, Béatrice et Gabrielle. Les paras du 6 forment une troupe extrêmement soudée, une véritable famille. Ils ont appris à mesurer les qualités de leur adversaire lors des combats qu'ils ont menés. Ils savent qu'une fois descendus dans la cuvette, ils seront coincés avec des troupes, tirailleurs nord-africains ou légionnaires, dont ils ont, à maintes reprises, décrié la lenteur. Eux, depuis l'affaire de Tu Lê où ils ont échappé à l'étau de deux divisions viêts, savent qu'un de leurs avantages réside dans leur mobilité. Une fois au fond de la cuvette, cette mobilité qui les a si souvent sauvés, ils ne l'auront plus.

Pour autant, même si tous se doutent que l'affaire ne sera pas facile, l'ambiance est plutôt au travail. Les paras savent que le commandement confie des missions délicates à leur bataillon, mais ils ont confiance en leurs chefs. Les officiers ont tous une solide expé-

Un para devant un Douglas C-47 Dakota. Les très nombreuses opérations et la permanence du danger firent des unités paras les bataillons les plus fiables du corps expéditionnaire.

rience de la guerre. Le lieutenant Trapp, commandant la 12e compagnie, a été parmi les S.A.S qui se sont illustrés dans des coups de main en Méditerranée pendant la Seconde Guerre mondiale. Les commandants de compagnie et Bigeard réglent les derniers détails du largage, s'assurant notamment que les hommes seront disposés correctement dans les avions. Les compagnies sont en effet répartis dans les travées des Dakota afin qu'une fois au sol, les unités puissent se regrouper plus rapidement. Si les sections embarquent ensemble, elles seront alors dispersées tout au long de la zone de saut. Pour les hommes, c'est également une veillée studieuse. Même si le bataillon est déjà en alerte depuis plusieurs jours, il y a toujours des vérifications nécessaires : les gaines sont déroulées pour s'assurer que rien ne manque. Chacun vérifie également le mince contenu de sa musette : rations de combat, un pull-over, une paire de chaussettes et la toile de tente. Les mieux organisés – il s'agit alors du dernier chic au 6 – ont acheté avec leurs deniers personnels un sac de jungle qui permet d'emporter quelques effets personnels supplémentaires. Enfin, un grand nombre de parachutistes écrivent à leur famille, sachant que l'occasion ne se représentera pas forcément dans les prochains jours.
Le lendemain matin, à l'aube, les camions chargés des parachutistes du 6 quittent le séminaire, situé à l'est de Hanoï, pour se diriger vers l'aéroport. Les paras n'ont pas de de regrets : en plus de deux ans de présence, ils ont passé moins d'un mois dans la capitale. Et encore, quand ils étaient au séminaire, ils étaient souvent d'alerte. Une fois sur le tarmac, les hommes s'équipent de leurs parachutes, en prenant soin de bien accrocher leurs fusils Mas 36 à crosse repliable ou leur pistolet mitrailleur Mat 49 sous le ventral. Bien qu'ils aient fait ces gestes des dizaines et des dizaines de fois, chacun vérifie que son voisin a bien installé son «pépin», afin qu'aucune sangle mal placée ne gêne l'ouverture.
Puis c'est l'attente sur le tarmac. Il faut que les conditions météo permettent le largage. On signale alors une amélioration dans l'après-midi. Lourdement chargés, les parachutistes restent au pied des avions, discutant en petits groupes. L'ordre d'embarquer dans les Dakota tombe en début de matinée. Même s'il ne peut garantir l'absence de DCA viêt, le PC de de Castries envoie un message à 9 h 28, indiquant que l'opération aéroportée peut avoir lieu et que la zone de saut n'est pas sous le contrôle de l'ennemi. Le vol, qui dure à

Le général Gambiez, alors chef d'état-major du général Navarre, perdit son fils dans la bataille : l'hélicoptère qui évacuait celui-ci, blessé, fut frappé par des obus de 105 mm. Le sous-lieutenant Gambiez périt carbonisé dans l'épave de l'appareil.

Le sergent-chef Pierre Flamen, chef de section à la compagnie Trapp du 6e BPC, avait déjà effectué un séjour en Indo, auprès des maquis thaïs. À la chute du camp, il tenta de se faire la belle, parcourant seul plus de 300 km en territoire ennemi, mais il fut repris.

Des parachutistes arrivant au sol. Le 6e BPC fut accueilli par l'artillerie ennemie. Les hommes avaient reçu l'ordre de ne pas se regrouper et de rejoindre au plus vite un arroyo.

Légionnaires et parachutistes

Ces deux spécialités, de nature très différentes, formaient l'ossature des troupes de choc du camp retranché. La Légion étrangère est devenue au fil des ans un véritable mythe. Étranger volontaire pour servir la France, le légionnaire devient français après cinq années de service. Cette formation a pris part à toutes les actions les plus difficiles depuis sa création en 1831 par Louis-Philippe. La légende est née le 30 avril 1863, à Camerone, au Mexique, quand une soixantaine de légionnaires, commandés par le capitaine Jean Danjou, résista pendant une journée complète à plus de 2000 Mexicains, refusant obstinément de se rendre. Les Mexicains relevèrent à peine une dizaine de survivants à la fin des combats. «La vie plutôt que le courage abandonna ces soldats français» rappelle la stèle de Camerone. Depuis, les actions d'éclats se sont succédés, même dans les plus sombres périodes, comme à Bir Hakeim où une brigade française contrecarra quelques semaines les plans du maréchal Rommel. En 1954, la Légion passait pour être l'une des troupes les plus solides du corps expéditionnaire. Elle comptait dans ses rangs des étrangers fuyant la misère ou à la recherche d'aventures que la vieille Europe ne pouvait plus leur procurer. Il y avait encore parmi l'encadrement quelques sous-officiers de la Wehrmacht survivants des durs combats de la Russie ou des Républicains espagnols. Un mélange détonnant, mais très efficace, d'hommes qui pratiquaient la guerre depuis parfois 15 ans et avaient connu, sur le front de l'Est notamment, des situations souvent désespérées. Certains d'entre eux fuyaient un passé honteux tandis que d'autres cherchaient une camaraderie qu'ils ne trouvaient pas dans une Europe en quête de paix et de stabilité. La Légion s'est aussi forgée une légende grâce à des personnalités remarquées qui ont servi dans ses rangs. Le peintre Andreas Rosenberg, l'écrivain Blaise Cendrars, le compositeur de jazz américain Cole Porter ou encore le prince géorgien Amilakvari, lieutenant-colonel tué à El-Alamein. De nombreuses anecdotes entretiennent également cette culture très forte. Le livre de Paul Bonnecarrère[1] met très bien en lumière ce nihilisme, allié à une forte dose d'humour, qui permit à ses soldats de combattre face à un ennemi très supérieur en nombre pendant les premières années de la guerre d'Indochine. La Légion apparaît ainsi telle une famille à part entière avec ses coutumes, ses secrets jalousement gardés, son sens inné de la débrouillardise, souvent assimilé à du chapardage en bande organisée, et son propre régime de punitions.

Le mythe Légion n'a comme seul équivalent l'aura dont bénéficiaient à l'époque les troupes aéroportées. La Deuxième Guerre mondiale donna à ce mode d'action toute son ampleur tant du côté allemand, avec la prise de Crête par les paras, que lors des grandes opérations anglo-américaines, à la fin de la guerre, à l'occasion du débarquement et de *Market Garden*. D'emblée, les troupes parachutistes se sont caractérisées par un esprit de cohésion, un entraînement et un allant qui en faisaient des troupes autonomes et très efficaces. Si elles rencontrèrent des difficultés à neutraliser un adversaire équipé de blindés, comme ce fut le cas face à la Wehrmacht, elles firent merveille dans des opérations face à la guérilla viêt-minh. À la différence des unités de la Légion, les paras avaient la réputation d'être très manœuvriers et très mobiles. En effet, dans une troupe constituée d'étrangers, y compris chez les sous-officiers, les ordres devaient être répétés plusieurs fois afin d'être compris, alors que chez les paras, l'esprit d'initiative était toujours cultivé. Il en ressort que si la Légion était redoutée par l'adversaire pour sa solidité, le commandement préférait toutefois engager des parachutistes dans des actions où la vitesse d'exécution était primordiale. Ainsi, lors de la conquête de DBP, en novembre 1953, les 6e BPC, puis 2/1 RCP et 8e Choc sautèrent avant le 1er BEP. De même, lors du raid aéroporté de Lang Son, les paras du 6 et du 8 menèrent le coup de main, tandis que les légionnaires étaient chargés d'établir des positions en retrait pour recueillir les bataillons chargés de l'assaut quand ils se replieraient. La conception de la discipline était également très différente. Pour demander des volontaires afin de mener une action audacieuse, à la Légion, il faut réunir toute l'unité et dire «Nous cherchons des volontaires…» L'esprit de la Légion fait que tous les hommes vont avancer d'un pas ! À la Légion, tous les hommes sont toujours volontaires… La discipline y est imposée. Chez les paras, la culture est très différente et la discipline est avant tout consentie. Le chef n'a pas besoin de demander qui est volontaire, un seul regard suffit. «Un jour, se souvient le sergent-chef Pierre Flamen, nous étions sur Éliane 10 et le commandement voulait que l'on détruise un nid de mitrailleuses ennemi situé le long de la RP41. Le lieutenant Trapp ordonna de porter un bambou rempli d'explosif faisant ainsi office de bengalore. Les deux premiers hommes ont très vite été tués, mais spontanément, deux autres paras ont rampé jusqu'au morceau de bambou, l'ont récupéré et ont pu faire sauter la position ennemie…» La rugosité et la solidité des légionnaires firent toutefois merveille sur les pentes d'Éliane 1 et le 1er BEP écrivit alors quelques-unes des plus belles pages de l'histoire de la Légion. Ces différences, consubstantielles mais aussi parfois encouragées par le commandement, suscitaient alors un esprit de compétition entre les troupes de choc, chacun voulant prouver que son bataillon était le meilleur. La première victime de ce challenge permanent fut naturellement le Viêt-minh !

[1] *Par le sang versé*, Fayard, 1968.

Les 45 paras dans la carlingue du Dak attendant le feu vert. Les sourires ont l'air un peu forcés ! Après deux heures passées bringuebalés dans un avion qui sentait le kérosène, la plupart des hommes avaient le cœur au bord des lèvres !

Ci-contre, un parachute portant des médicaments arrivant dans le petit cimetière improvisé sur la berge est de la Nam Youm, à côté d'Éliane 12.

À gauche, le largage du 6e BPC. Malgré les tirs ennemis qui saluèrent son arrivée, le 6 ne dénombra que cinq blessés.

Le commandant Guérin chef du PCIA (à droite) aura la difficile mission de faire coïncider les exigences de l'armée de terre et les contraintes de l'armée de l'air.

Une pièce d'artillerie pointée face au nord. En haut à droite, on aperçoit le pont Bailey qui enjambait la Nam Youm.

Le petit lac d'Hanoï. Cette ville un peu féerique enchanta les parachutistes entre deux missions. Les hommes du 6 n'eurent toutefois pas beaucoup le temps de profiter de ses charmes, puisqu'en deux ans de présence sur le théâtre, ils y passèrent moins d'un mois.

Erwan Bergot conserva un souvenir ému de son passage à la tête d'une section du 6. À DBP, il servait au 1er BEP.

peine deux heures, se déroule sans encombre, si ce n'est que les vents secouent la carlingue des appareils. Difficile de discuter avec son voisin dans un tel brouhaha. La plupart des hommes, vautrés dans leur siège baquet, se concentrent pour essayer de ne pas être malade. Ceux qui sont placés à côté des hublots peuvent apercevoir, au travers des nuages, des rizières et des petits hameaux, mais il leur est difficile de connaître le trajet qu'emprunte l'appareil.

Vers 11 h 00, les Dakota se présentent sur la zone de saut à 250 mètres d'altitude environ, séparés d'une minute les uns des autres, afin de rendre le travail plus ardu à la DCA ennemie. Dans chacun des avions, les 45 parachutistes se lèvent en repliant leur siège baquet pour dégager le couloir central de l'appareil. « Debout, accrochez ! » hurle le largueur pour se faire entendre. Les hommes crochètent le mousqueton de leur sangle d'ouverture automatique sur le câble et essayent de se maintenir debout, malgré les embardées du Dakota. Le largueur a ouvert la porte, située à l'arrière gauche de l'appareil, projetant un halo de lumière à l'intérieur. Un courant d'air glacé s'engouffre dans la carlingue et rend impossible toute conversation entre les paras. Même s'ils ont parfois déjà près d'une centaine de sauts à leur actif, l'heure est à la concentration et pour ceux qui sont malades, la délivrance est proche. Le largueur est informé par la radio du bord que la zone de saut est proche ; il fait avancer le premier parachutiste, qui se met en position, prêt à sauter. Moins d'une minute plus tard, la lampe passe du rouge au vert et le klaxon

L'équipement du Viêt-minh

Comme leurs adversaires du corps expéditionnaires, les équipements des Viêts s'uniformisèrent peu à peu[1]. Au début, l'essentiel de l'armement provenait des stocks laissés par les Japonais ou des armes volées aux troupes françaises, qui dataient pour la plupart d'avant la guerre. Lors des opérations, les Français retrou-vaient alors dans les bilans, des sabres japonais, des fusils Asiraka Modèle 1938 de 6,5 mm, des fusils Mauser, des pistolets Nambu type 14 et des fusils de tirailleur modèle 1902. La puissance de feu des unités françaises était alors bien supérieure. Les uniformes viêts étaient disparates, les hommes portant principalement des vêtements civils. Les cadres accrochaient une étoile rouge sur un casque colonial de récupération, quand ils allaient dans un village se livrer à des actions de propagande. Les difficultés de logistique pour approvisionner en munitions des armements si divers, conduisirent le Viêt-minh à créer des ateliers de fabrication d'armement. Très artisanaux, ils n'en réalisaient pas moins des copies honorables du pistolet mitrailleur britannique Sten et des lance-roquettes antichars, baptisés tuyaux de poêle par les équipages de blindés français. Des armes notamment américaines (Thompson, Calibre 30) étaient également achetées au marché noir à Hong-Kong, mais la plupart des armes européennes avaient été récupérées sur des unités françaises, lors des revers du corps expéditionnaire. Avec le soutien de la Chine communiste, à partir de 1949, les Viêts bénéficièrent d'un armement soviétique de très bonne qualité. Cette manne profitait surtout aux unités régulières, les milices et les troupes régionales continuant d'être équipées de bric et de broc. Les réguliers portaient à DBP des uniformes vert clair, des casques en latanier recouverts d'une toile de parachute et des sandalettes ou des chaussures basses en toile verte. Il faut ajouter le coupe-coupe, indispensable pour cheminer en brousse, et une toile cirée, roulée sur le sac à dos, pour se protéger des intempéries. Chaque homme disposait d'une pelle, d'un petit sac à dos contenant notamment le bol de riz en métal. Enfin, les cadres avaient presque tous conservé (ou il s'agissait de répliques) le porte-cartes japonais. L'armement était constitué des stocks pris aux Français (Mat 49, Calibre 30 et Mas 36 principalement), mais le gros de la troupe bénéficiait des transferts de la Chine : le célèbre Ppsh-41 de 7,62 mm, arme redoutable à courte portée, qui ne valait toutefois pas l'excellent Mat 49, des fusils mitrailleurs tchèques Brno ZB Modèle 1925 de 7,9 mm ou encore des mitrailleuses de 12,7 Dshk (Modèle 1938). Les Français, après la chute de DBP, purent se rendre compte du caractère encore très hétéroclite de l'armement ennemi, même si comme nous l'avons souligné, celui des unités de première ligne s'uniformisait[2]. L'ennemi était également muni de grenades chinoises à manche en bois, rappelant la célèbre «presse-purée» de la Wehrmacht. La version chinoise, avec un manche plus court, projetait surtout des éclisses, provoquant des blessures légères. En revanche, les grenades à fusil étaient utilisées en grand nombre : «Plusieurs blessés font état d'une grenade à fusil très efficace par sa portée, sa précision et sa puissance ; de forme biogivale, peinte en blanc, longue de 25 à 30 centimètres, comportant fusées et ailettes, elle était remarquable par un important méplat à l'avant». Soulignons que l'identification des unités pendant la bataille de DBP suscita de nombreuses difficultés, car les Viêts ne portaient ni insignes d'unité, ni grade. Seule l'interrogation d'éventuels prisonniers permettait d'obtenir des renseignements.

[1] Militaria magazine, n° 177 (avril 2000) et n° 180 (juillet 2000).
[2] Note n° 2284/EMIFT/2/S, Saïgon, le 22 juillet 1954. Synthèse des renseignements recueillis sur l'ennemi auprès des blessés libérés. (SHAA, carton n° 4 C 870)

Figurine en bois, sculptée par Pierre Flamen, représentant un combattant viêt.

retentit . Le largueur pousse le premier homme, ses camarades le suivent. Les hommes sautent à un rythme rapide, deux parachutistes toutes les secondes. Parfois, dans la précipitation, deux petits paras viêtnamiens sautent en même temps !

Les parachutes américains, utilisés alors, sont à ouverture «voile d'abord» et non «suspentes d'abord», comme ceux d'aujourd'hui. Résultat, la toile se déploie d'un coup sec et le choc de l'ouverture est particulièrement violent, d'autant que les Dakota larguent à plus de 250 km/h. Les élévateurs claquent sur les épaules des parachutistes, laissant de profonds bleus qui mettent parfois plus de quatre jours à s'estomper. Une fois en l'air, le parachutiste n'a guère le temps de se soucier du paysage ou des tirs de l'adversaire. Il doit d'abord vérifier que la coupole de son parachute est claire. Ensuite, chargé comme il l'est en armes et munitions, sans parler des tireurs FM qui ont une lourde gaine de jambe, la descente dure moins de deux minutes. Il n'y a d'ailleurs que très peu de blessés lors du saut proprement dit : réussir à toucher un parachutiste qui dérive dans le vent en se balançant au bout de ses suspentes, à plus de 300 mètres de distance, est un coup du hasard.

En revanche, la situation au sol est assez préoccupante, la zone de saut étant battue par l'artillerie ennemie. Des premiers coups de mortiers allument les paras au sol, suivis, vers 12 h 15, par de l'artillerie de 105 mm. «Contrairement à ce que nous faisions d'habitude, où nous nous regroupions autour des gaines de notre compagnie, la consigne avait été passée de se diriger vers un arroyo qui bordait le long de la zone de saut», souligne Pierre Flamen, alors chef de la 3e section de la 12e compagnie[1]. Cette mesure de précaution ne suffit pas à empêcher quelques pertes dès l'atterrissage, d'autant que le largage se poursuit jusqu'en fin d'après-midi, vers 17 h 00. L'arrivée d'un nouveau bataillon encourage les Viêts à faire donner leur artillerie, mais le 6 ne dénombre que cinq blessés sur les 613 hommes qui rejoignent ce jour-là la cuvette de DBP.

Néanmoins, le 6 ne traîne pas sur la zone de saut et, guidés par leurs chefs, les parachutistes prennent la direction du camp retranché. Les unités sont installées pour renforcer des zones où les défenses sont faibles et où le commandement s'attend à voir l'ennemi attaquer. La 12e compagnie s'installe au pied des Éliane, dans des positions de fortune. Il y a là des alvéoles pour garer des véhicules le long de la route qui servent de camp pendant quinze jours à cette compagnie et dans les parois desquelles les hommes creusent de véritables terriers où, tassés à deux ou trois, ils prennent un peu de repos. Les parachutistes, habitués à constituer à la hâte des abris, sont frappés par la pauvreté des tranchées sur les Éliane. N'étant pas étayées par de solides fascines en bois, elles ont tendance à s'ébouler très rapidement sous les coups de l'artillerie ennemie. Au moment de leur installation, une batterie de pièces d'artillerie de 155 court est encore à l'ouest de la Nam Youm. Ces derniers sont retirés peu de jours avant

[1] Entretien avec l'auteur

L'équipement des paras français

Au début du corps expéditionnaire, les moyens étaient assez hétéroclites et provenaient principalement des stocks de la Seconde Guerre mondiale : le pistolet allemand P08 Luger, le pistolet mitrailleur Sten britannique et le PM Thompson américain… De même pour l'équipement, les unités recevaient les surplus des différentes armées. Un ancien, qui participa à l'encadrement de partisans thaïs à la fin des années quarante, se souvient avoir reçu, par colis parachutés, des uniformes d'apparats de marines. Pas très utile pour le combat dans la jungle. Au moment de la bataille de Dîen Biên Phu, l'armement s'était peu à peu uniformisé. Les unités utilisaient presque exclusivement le Mat 49, fabriqué en France, qui avait peu à peu éclipsé tous les autres pistolets mitrailleurs. Cette arme, fiable et robuste, était capable de tirer un grand nombre de munitions de 9 mm. Les voltigeurs regrettaient parfois la célèbre Thomson, à chargeur à bandes, dont ils avaient été au départ équipés : malgré son poids et son encombrement, gênant dans les opérations aéroportées, la munition de 11,43 avait un pouvoir d'arrêt très appréciable dans les combats à courte portée. Les cadres, chef de section et commandant de compagnie, disposaient tous de la carabine US M1, à crosse pliante. Cette arme peu encombrante était principalement utilisée de manière défensive. L'énergie développée par les munitions de calibre 30 était trop faible. Même sur une cible de faible corpulence, comme un combattant viêt, il était souvent nécessaire de placer plusieurs balles au but pour avoir la certitude que la cible avait bien été neutralisée. Le fusil de base était le Mas 36, à crosse pliante dans les unités paras. Pour les armes collectives, là également l'uniformisation était en marche : la mitrailleuse FM 24/29 équipait toutes les sections tandis qu'au niveau de la compagnie, la section lourde était munie de FM calibre 30 (7,5 mm) d'origine américaine. Les mortiers de 50 mm d'origine française avaient également remplacé les petits 40 mm japonais ou les armes allemandes de même calibre. Les sections lourdes des bataillons disposaient de mortiers de 81 mm et de canons de 57 mm ou 75 mm sans recul. En revanche, l'anarchie la plus totale régnait dans le domaine des pistolets automatiques, des grenades à main et des poignards, avec une diversité qui reflétait les engagements de l'armée française des vingt dernières années[1]. Pour les brelages, les cartouchières, les ceinturons, les casques, la plupart provenaient des surplus de l'armée américaine, mais les unités paras surent utiliser les ressources des artisans locaux : des étuis mixtes pistolet dague, des porte-grenades en cuir, des housses de protection des appareils radio et même éventuellement des porte-chargeurs, tout était bon pour combler les déficits de l'intendance, à des prix très accessibles[2]. Pour les uniformes, les commandants de bataillon, imitant alors ce qu'avait entrepris Bigeard avec le 6e BPC, prirent soin de faire tailler les tenues qui leur étaient fournies, pour les rendre plus pratiques, mais aussi pour améliorer l'image de leur unité. Les survêtements (vestes et pantalons) d'origine britannique, surnommés «peau de saucisson», équipaient alors toutes les unités paras. Mais la capuche et la fermeture éclair avaient été retirées, inutiles par les chaleurs d'Extrême-Orient, et remplacées par un col ouvert et des boutons. Les patrons des bataillons essayaient de distinguer leurs unités les unes des autres. Si Bréchignac (2/1 RCP) affectionnait le chapeau de brousse, Bigeard (6e BPC) faisait porter des chapeaux camouflés en peau de saucisson ou des casquettes avec un couvre-nuque en pointe. Pour sa part, Tourret (8e Choc) avait sélectionné la casquette, avec ou sans protège-nuque carré, pour distinguer ses hommes. Ces petites coquetteries faisaient intégralement parti de l'esprit para.

Deux paras marquant une pause, pendant que leurs camarades ramènent un blessé. Ces deux hommes portent le célèbre smoke britannique en «peau de saucisson». Celui de droite dispose du pantalon camouflé en même toile.

[1] La gazette des uniformes, hors série n° 17. 3e trimestre 2004.
[2] Militaria magazine, n° 220. Novembre 2003.

la grande offensive viêt et remplacés par des mortiers de 120 mm du 1er BEP, commandés par le lieutenant Erwan Bergot.
Selon lui[2], l'arrivée du 6 change radicalement le moral des hommes du camp retranché. Bigeard avait la réputation d'être un vainqueur et de ne pas engager à la légère son précieux bataillon. La puissance de l'artillerie ennemie, les premiers revers, avec la perte de Béatrice et de Gabrielle, le manque de réactions des troupes de chocs françaises minent quelque peu les espoirs des combattants. Cela dit, les paras du 6 n'ont pas le sentiment d'être des sauveurs. Les unités forment alors des chapelles soudées, ayant peu de contacts avec l'extérieur. Au sein même d'un bataillon les éléments d'une compagnie ne connaissent pas bien ceux des autres. D'ailleurs, à leur arrivée dans la cuvette, les contacts avec les autres unités sont extrêmement limités car les compagnies du 6 sont aussitôt incorporées au périmètre extérieur, à l'est du camp retranché, autour des Éliane.
Pour l'heure, c'est plutôt la face ouest du camp qui est la plus préoccupante. Cependant, il est impensable d'envoyer les paras du 6 à peine arrivés se positionner dans cette direction, en pleine nuit, alors que le camp a beaucoup changé, depuis l'opération *Castor* en novembre. Quel va être le prochain objectif de Giap, après Béatrice et Gabrielle ? Les Viêts multiplient les reconnaissances, essayant de déterminer quels sont les points faibles du camp retranché. Contrairement à ce que redoute l'état-major, Isabelle, située au sud, ne semble

Des pilotes de la flottille 11F de l'aéronavale pendant un briefing. De gauche à droite : Violot, Roulleaux-Dugage (le second), Robert, Lichty et le LV de Castelbajac, patron de la 11F.

Accompagnés de leurs radios, des commandants de compagnies donnant leurs ordres. Ces communications étaient facilement interceptées par l'ennemi.

[2] E. Bergot, *Les 170 jours de DBP.*

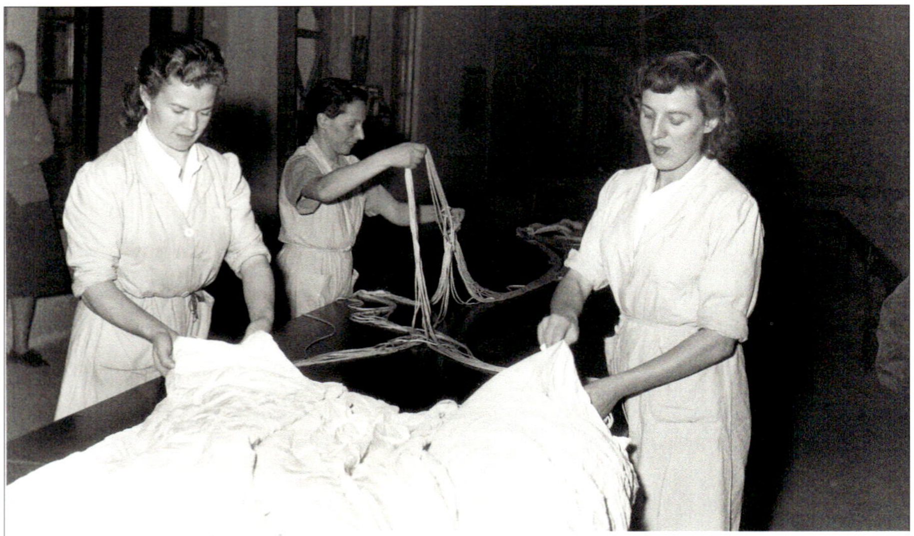

Outre les convoyeuses de l'Air, rendues célèbres par Geneviève de Galard, saluons au passage le dévouement des télégraphistes des PC et des plieuses de parachutes. Malgré une chaleur étouffante, celles-ci préparèrent les quelque 76 000 parachutes qui permirent d'alimenter, en hommes et en matériel, la bataille.

Guerre psychologique, guerre révolutionnaire

Dessin de propagande ennemie montrant des soldats français massacrés par de valeureux combattants viêts. L'action psychologique ennemie savait également jouer sur un registre plus subtil ! (ECPAD)

Il apparut assez vite que faire du bilan et accumuler des cadavres ennemis n'étaient pas suffisants pour gagner la guerre. Il fallait vaincre les cœurs et s'opposer à la politique de séduction du Viêt-minh. Chez l'ennemi, la guerre révolutionnaire était en marche et visait des cibles clairement identifiées : l'objectif était de faire adhérer les populations réticentes, de renforcer le moral de ses troupes et si possible inciter celles du corps expéditionnaire à la désertion. Tout était bon pour arriver à ces fins : les Viêts utilisaient des affichettes pour encourager les troupes supplétives à se rendre, mais ils n'hésitaient pas non plus à mutiler des cadavres pour frapper d'effroi les assiégés. De leur côté, les Français, qui connaissaient l'organisation et le mode de fonctionnement de leur adversaire, ne surent pas toujours exploiter toutes les ficelles de l'action psychologique[1] : «Si l'état d'esprit et la spécificité organisationnelle témoignent d'une incontestable volonté de contrer l'adversaire sur son propre terrain, les actions restent limitées à un niveau tactique et les méthodes conservent un caractère très classique (...)». Il manquait aux Français, entre autres, la dimension stratégique, alors que le Viêt-minh, grâce à l'Union soviétique, disposait avec le parti communiste de précieux relais en France. Toutes les occasions étaient bonnes pour rappeler le caractère colonial de la guerre d'Indochine et couper de ce fait l'opinion publique du corps expéditionnaire. Même si celui-ci était composé de volontaires et non d'appelés, les provocations des communistes étaient vécues comme de terribles injustices et les blessaient profondément. Les manifestations de dockers à Marseille, qui insultaient les blessés à leur retour, faisaient partie de cette propagande. En revanche, les actes de sabotage menés par les communistes français étaient extrêmement rares. Il y a bien eu l'affaire Henri Martin, mais cet événement doit être minoré : «Les appareils que nous recevions après leur passage à la DCAN de Hyères, entre les mains d'ouvriers civils, portaient tous des petites tares. Rien qui aurait pu provoquer un accident mortel. Mais des rivets mal serrés obligeaient nos mécanos à réviser intégralement les avions, ce qui réduisait notre efficacité opérationnelle», se souvient Bernard Klotz[2]. Des petits détails qui démontraient au corps expéditionnaire qu'il n'avait pas le soutien de la nation.

[1] François Géré, *La guerre psychologique*, Economica, 1997. Pp. 116-126.
[2] Entretien avec l'auteur.

pas tellement intéresser Giap, alors que ce réduit, trop éloigné du camp pour être secouru, pourrait très bien subir le sort des deux autres excroissances. Seulement, le groupe mobile n° 6, situé à Isabelle, ne gêne pas vraiment les mouvements des assaillants. Giap pourrait en venir à bout en une nuit de combat, s'il y consentait les moyens, mais cette conquête risquerait de lui coûter cher. À la différence de Gabrielle ou Béatrice, cette position abrite deux bataillons, dont un de légion, et elle est placée le long d'un coude de la Nam Youm, ce qui oblige l'adversaire à attaquer par l'ouest. Tenter de traverser une rivière, même peu profonde, avant d'aborder une position retranchée, équivaut à un suicide.
Aussi, le commandement viêtnamien décide-t-il de s'attaquer directement au retranchement principal, en continuant à grignoter les points d'appuis situés à la périphérie. Des patrouilles ennemies sont aperçues aux alentours des Dominique, alors qu'une soixantaine d'obus de mortier tombent en début de soirée sur Anne-Marie 1 et 2. Le commandant Thimonnier et son bataillon thaï n° 3 sont en première ligne depuis la chute de Gabrielle. Excellents combattants dans la jungle, les Thaïs ne supportent pas la guerre de tranchées qui est en train de se dessiner à DBP. Leur tactique préférée demeure l'embuscade, suivie d'un prompt repli. L'idée de rester coincé dans sa tranchée sous un déluge d'obus leur sape le moral. Ils ont vu disparaître en quelques heures de combat des unités qui avaient la réputation d'être indestructibles. La confiance qu'ils ont dans les Français est de fait sérieusement mise à mal. De plus, avec les premières pertes, l'encadrement européen s'est encore réduit et Thimonnier rend compte à plusieurs reprises qu'il est de moins en moins sûr de la loyauté de ses troupes. Ces dernières sont d'ailleurs en permanence au contact avec la propa-

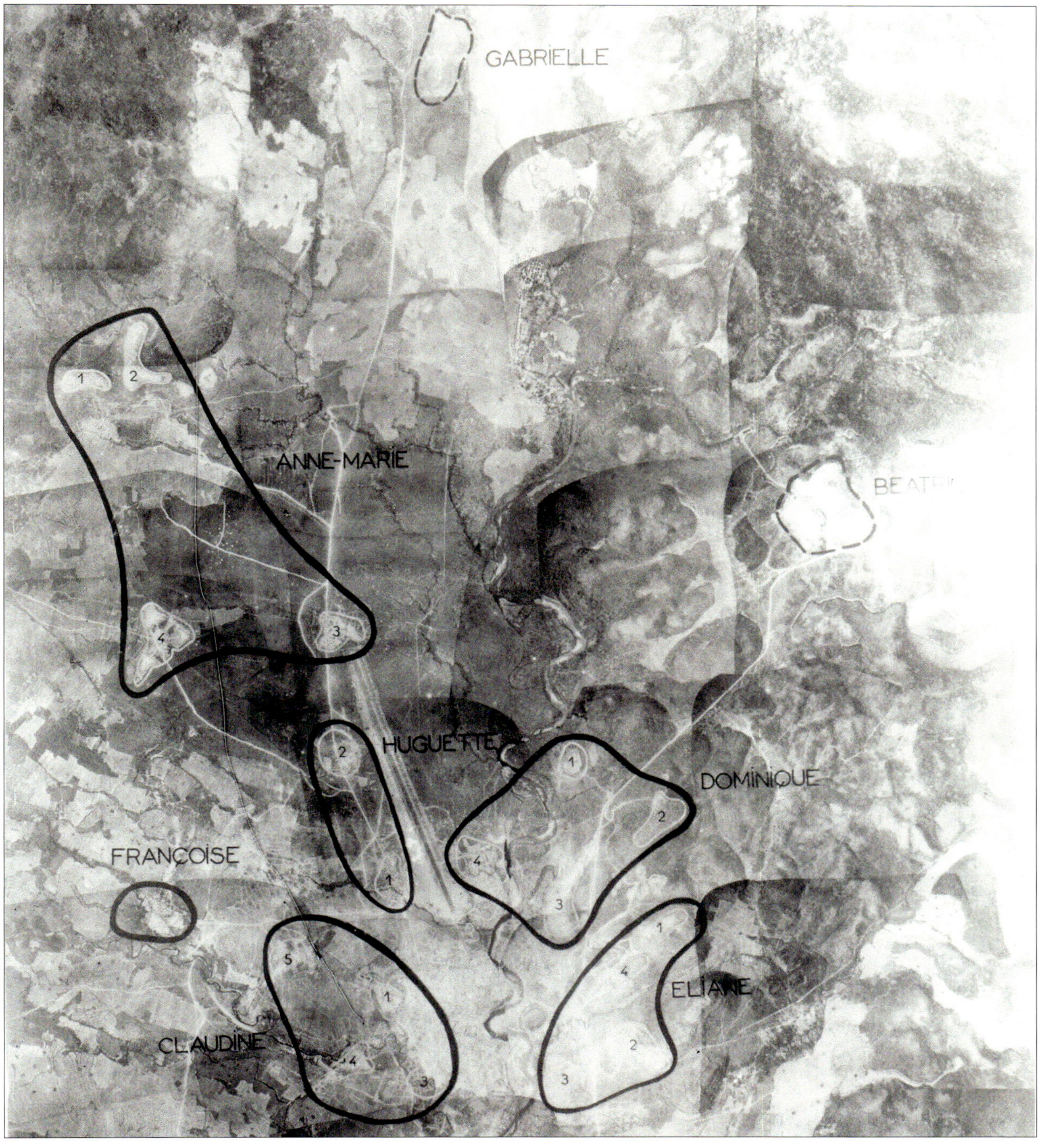

Vue aérienne du champ de bataille. Il ne manque qu'Isabelle, située à une dizaine de kilomètres au sud. On distingue clairement les différents points d'appui, en particulier ceux les plus au nord, Béatrice et Gabrielle, perdus dans les premiers jours des combats.

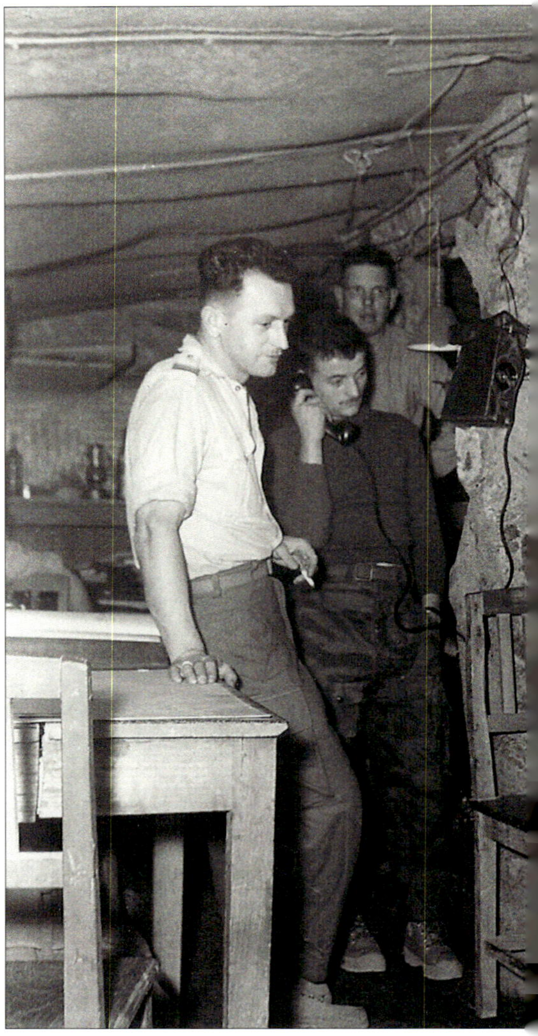

Le lieutenant Lecoq devant son appareil. On aperçoit distinctement l'insigne du Groupe de chasse 1/22 Saintonge.

Au milieu, à l'intérieur du PC, un des seuls endroits à bénéficier de matériaux de construction conséquents. Il doit s'agir du petit état-major du Groupement aéroporté n° 2, sous les ordres de Langlais au début de la bataille, car on aperçoit sur le tableau d'affichage la liste des unités paras.

gande viêtnamienne qui les enjoint de déserter. Des hauts-parleurs diffusent des nouvelles de leurs villages, tandis que des éclaireurs dispersent des tracts vantant les vertus du régime communiste et les «crimes» des coloniaux... Malgré ces avertissements, Anne-Marie n'est pas renforcée. De Castries explique dans un message radio envoyé le 17 mars à 14 h 02[3] qu'il est impossible de les soutenir sans compromettre la solidité du réduit central. Rétrospectivement, il aurait sans doute mieux fait d'abandonner ses positions et transformer ces déserteurs potentiels en terrassiers. En effet, déjà, huit Thaïs désertent, certains avec leurs armes, dans la nuit du 16 au 17. L'hémorragie empire en cours de journée et l'ensemble du bataillon se débande. Dans ses mémoires[4], le colonel Langlais en tira un jugement très sévère : «Et pour combler les vides du combat, on fit appel à de médiocres mercenaires, auxiliaires, partisans, bataillons légers, sectes armées, qui se volatilisaient, trahissaient, faisaient soumission et trahissaient à nouveau indéfiniment, livrant les malheureux cadres français à la mort ou aux geôles VM et tout l'armement à l'arsenal adverse». Fort de l'expérience de Gabrielle, de Castries décide de ne pas tenter de récupérer Anne-Marie 1 & 2 et de rattacher les deux autres fortins (Anne-Marie 3 & 4) aux positions du commandant Clemençon, patron de la face ouest du camp, et qui deviennent Huguette 6 & 7. ■

[3] Message du Gono, n° 44/40. (SHAT)
[4] Colonel Pierre Langlais, *Diên Biên Phu*, Éditions France Empire, 1962. Page 259

La prière du para

Je m'adresse à vous, mon Dieu, car vous donnez
Ce que l'on ne peut obtenir que de soi.
Donnez-moi, mon Dieu, ce qui vous reste.
Donnez-moi ce que l'on ne demande jamais.
Je ne vous demande pas le repos
Ni la tranquillité
Ni celle de l'âme, ni celle du corps.
Je ne vous demande pas la richesse,
Ni le succès, ni même la santé.
Tout cela, mon Dieu,
On vous le demande tellement
Que vous ne devez plus en avoir.
Donnez-moi, mon Dieu, ce qui vous reste,
Donnez-moi, ce que l'on vous refuse.
Je veux l'insécurité et l'inquiétude.
Je veux la tourmente et la bagarre.
Et que vous me les donniez, mon Dieu,
Définitivement.
Que je sois sûr de les avoir toujours,
Car je n'aurai pas toujours
Le courage de vous les demander.
Donnez-moi ce dont les autres ne veulent pas,
Mais donnez-moi aussi
Le courage et la force et la foi
Car vous êtes le seul à donner
Ce que l'on ne peut obtenir que de soi.

Aspirant Zirnheld (France Libre), tué en juillet 1942, en Libye.

Deux pilotes devant un Helldiver. La 3F perdit deux appareils au cours de la bataille.

"Bruno"

Le commandant Bigeard (main levée) en train de donner des ordres.

Sur les ondes radio, «Bruno» désignait Bigeard. Le patron du 6 s'était rendu célèbre lors de son second séjour en Indochine, en 1949, quand il créa le 3e bataillon thaï. Cette unité, pourtant appelée à rester à une dimension locale pour faire du contrôle de zone, devint rapidement un petit empire[1]. Cinq compagnies régulières et neuf compagnies de partisans, soit près de 2 500 hommes, faisaient alors la loi sur 10 000 km², au sud de la rivière Noire. Marcel Bigeard développa alors un style de commandement que l'on retrouvera plus tard au 6e BPC : indépendance, forte cohésion, des ordres directs et précis, un réseau radio partagé par l'ensemble des unités, le goût de la manœuvre et une forte mobilité. Quand, pour son troisième séjour, il prit le commandement à Saint-Brieuc du 6e bataillon de parachutistes coloniaux, il adopta les mêmes méthodes. Sa manière d'agir agaçait ses supérieurs et provoquait de nombreuses jalousies chez ses pairs. Son style détonait par rapport à la raideur assez empruntée des officiers d'état-major, qui étaient pour la plupart des purs produits de l'arme blindée cavalerie. Il tranchait également par rapport aux autres officiers de la coloniale, car s'il en avait le côté hâbleur, il savait également être un fin politique et manœuvrer pour obtenir des états-majors tout ce qui était nécessaire à son bataillon. Ses détracteurs disaient que Bigeard faisait du cinéma, qu'il courrait derrière les médailles et les citations, qu'il se prenait pour une star… Cependant, les résultats étaient là. Le 6e BPC devint en deux ans de présence sur le théâtre l'une des meilleures unités aéroportées, capable de mener des raids dans la profondeur du dispositif ennemi et d'en revenir[2]. Ses succès se lisaient dans les états de service et les bilans de Viêts tués. Mais sa valeur pouvait se mesurer autrement : des anciens se souviennent de longues marches de nuit du bataillon au grand complet en territoire ennemi, sans un seul bruit. Une performance qui exigeait une discipline et un esprit de corps extrêmement soudé.

[1] Georges Fleury, *La guerre en Indochine*, Perrin 2003. Pp. 379-380.
[2] Lire à ce propos *Bataillon Bigeard* d'Ewan Bergot Presses de la Cité, 1977.

Chapitre 4

Verdun sans **la voie**

sacrée

Le 13 mars, les salves d'artillerie marquent la fin de la base aérienne de Diên Biên Phu. La piste, constituée de plaques PSP (Perforated Steel Plate) assemblées, résiste en fait assez bien aux coups de l'artillerie. Il suffit de remplacer les plaques détruites par de nouvelles, les impacts formant des pétales aux bords tranchants qui crèvent les pneumatiques des avions… En revanche, les appareils, malgré les alvéoles de terre en bout de piste, sont très mal protégés. La veille de l'offensive ennemie, le commandement a replié sur Xieng Khouang l'escadrille du *Saintonge* qui était stationné à DBP, mais une dizaine de Bearcat ont dû rester sur le tarmac à cause d'incidents techniques. Le sergent Barteau a fait demi-tour à cause de claquements secs dans son moteur : les mécaniciens découvrirent de l'eau dans l'essence qui a fini par encrasser les bougies ! Étonnamment, les basiers du 1/22 de l'escadrille n'ont pas pas évacué le 12 mars et sont restés pendant toute la bataille à DBP. L'entrée en scène de l'artillerie le 13 mars surprent le sergent Claude Barteau dans les feuillées, un endroit pas très digne pour mourir en héros ! S'interrompant prestement, il se précipite vers la piste où l'attend son appareil. Deux de ses camarades ont eu le même réflexe et leurs moteurs sont déjà en marche. Ils ont déjà décollé dans l'urgence, mais jamais dans de

Comparaison des mécaniciens français et américains

	Équipe française	Équipe américaine
Révision de 200 heures	4 jours	8 à 12 jours
Révision de 65 heures	2 jours	4 à 4,5 jours

Un hélicoptère posé à Isabelle. Pour évacuer les blessés de ce point d'appui, les appareils basés à Xieng Khouang étaient alors sollicités.

À gauche, un Dakota, immatriculé 292457 et appartenant au GT 2/62 Franche-Comté, *au roulage, encadré par des tirs d'artillerie. Ce document montre explicitement que les Viêts ne respectaient pas les accords internationaux et tiraient sans remord sur les avions avec des croix rouges pourtant très visibles.*

L'évacuation des blessés fut vite impossible en raison du danger de l'artillerie. L'armée de l'air tenta avec succès l'expérience de nuit.

Des blessés qui n'ont pas pu être évacués, faute de place dans l'avion, regagnent rapidement leurs abris.

Des règles très strictes furent édictées pour le personnel navigant afin d'éviter toute panique, bousculade ou bagarre au pied des appareils.

telles conditions. Au roulage, les appareils remontent la piste pour décoller. Pris par une bonne intuition, le leader ne fait pas de point fixe et pousse à fond la manette des gaz, tout en lâchant les freins dès qu'il est dans l'axe. Le deuxième appareil le suit de très près. Par la force de l'habitude, Claude Barteau marque un temps d'arrêt en bout de piste, le temps de lancer à plein régime le gros Pratt & Whittney de son F-8F, mais il a pris un peu de retard sur ses camarades. Ils sont en train de prendre de l'altitude quand il lance son appareil sur la piste. «A mi-parcours, le souffle de trois coups de 105 mm déporte mon avion sur le côté. Je me dis qu'il faut absolument que je coupe le moteur et que je m'arrête, persuadé que je vais m'écraser ou me faire couper en deux par une bombe. Mais mon instinct est plus fort que ma volonté. L'appareil n'a pas trop souffert et malgré le poids des bombes embarquées, il répond sans difficulté à mes sollicitations quand je tire sur le manche», raconte le dernier pilote de chasse à avoir décollé de DBP[1]. Claude Barteau bombarde l'objectif que lui assigne le PC aérien, indicatif *Torri Rouge*, au nord de Gabrielle, avant de ramener son appareil à Xieng Khouang, où il retrouve ses camarades. Les avions restés au camp retranché sont condamnés : l'un est atteint de plein fouet dans ses réservoirs par un obus, tandis qu'un obus au phosphore carbonise l'arrière d'un autre. Les quatre autres F-8F sont criblés d'éclats. Ils sont sans doute réparables si les bombardements ennemis ne duraient qu'une seule nuit. Mais leur état va s'aggraver, avec le harcèlement quotidien de l'artillerie.

Dans ses pires pronostics, l'état-major des Forces Terrestres du Nord Viêtnam estimait que jamais la piste ne serait hors d'usage plus de 48 heures. Les points d'appui Gabrielle et Béatrice devaient servir à empêcher l'ennemi d'amener des pièces d'artillerie de 75 mm à portée de tir. Seulement, le commandement n'a pas prévu que les Viêts réussiraient à installer des canons de 105 mm, capables de tirer depuis des abris sur l'aérodrome et les Français n'ont jamais cru qu'ils

[1] Entretien avec l'auteur.

La coordination au-dessus de DBP

Les appareils étaient guidés depuis le sol. Le commandant Guérin avait été détaché du Groupe de chasse 1/22 *Saintonge* pour diriger le poste de coordination des interventions aériennes (PCIA), qui dépendait directement du responsable des appuis feu de DBP, le colonel Piroth. Cette structure devait permettre d'améliorer la coordination entre les interventions de l'aviation et les barrages d'artillerie. Guérin était également le conseiller Air du colonel de Castries. Dans la pratique, et on aura l'occasion d'y revenir, les relations entre les deux fonctions furent plutôt tendues. Dans son rapport après la bataille, Guérin indiqua qu'il ne se passait pas une journée sans qu'il subisse les railleries ou des commentaires désobligeants des officiers de DBP sur les performances de l'armée de l'air[1]. De plus, la conduite des opérations d'appui feu n'était qu'une facette du contrôle aérien nécessaire au-dessus de DBP. Avant même le début de la bataille, il paraissait évident que *Toricelli Rouge* (l'indicatif radio du PCIA de DBP, baptisé couramment *Torri Rouge*[2]) était très sous-dimensionné par rapport aux besoins. Aussi, dans un courrier[3] daté du 21 janvier 1954 adressé au général Dechaux, commandant le GATAC Nord, le général Cogny, patron des FNTV, demandait la création d'un Dakota PC volant pour renforcer *Torri Rouge* dans toutes ses missions, que ce soit l'attaque au sol, les évacuations sanitaires ou les largages de matériel et de parachutistes. Selon ce document, l'appareil devait être équipé d'un poste radio SCR 609 fourni et servi par l'artillerie des FNTV, d'un poste SCR 300 pour la liaison avec le commandement, ainsi que d'un poste ANGRC 9 pour traiter en direct avec Hanoï des missions d'appui feu. La liaison avec le sol s'effectuait avec le poste 193 organique du Dakota. En plus de l'équipage habituel, l'appareil devait embarquer un officier de l'état-major des FNTV, un officier de l'armée de l'air qui serait alors le chef du PCIA, un officier et un sous-officier pour diriger les missions d'appui feu, un officier d'artillerie, ainsi qu'un officier des transmissions et des opérateurs. La formule se révéla payante puisque tout au long de la bataille trois Dakota se relayèrent en permanence à haute altitude pour remplir cette mission.

[1] Rapport du commandant Guérin. SHAA, carton n° 4 C 849.
[2] L'indicatif du GATAC à Hanoï était Toricelli et un nom de couleur était ajouté pour chacune de ses antennes.
[3] SHAA. Carton n° 4 C 1346

Le navigateur d'un Privateer. On aperçoit affiché à la cloison le plan d'évacuation de l'appareil.

Les évacuations de jour en hélicoptères depuis Isabelle cessèrent à la mort du sous-lieutenant Gambiez. Au premier plan, la morgue.

perdraient aussi vite ces deux points d'appui. La perte de la piste sera à l'origine de la défaite de Diên Biên Phu. Aucune unité, et en particulier un lourd convoi logistique, n'est en mesure de rallier DBP par la route, cette partie du territoire étant intégralement sous le contrôle de l'ennemi. L'artillerie du camp retranché n'a pas non plus réussi à écraser la DCA de Giap, qui est la cause de très nombreuses pertes aériennes. Ajoutons à ces difficultés le fait que les états-majors ne sont pas intégrés au sens où nous le comprenons aujourd'hui. Le GATAC (Groupement Aérien Tactique) du Nord n'est pas sous les ordres des FNTV. Il en résulte un grand nombre d'incompréhensions de part et d'autres à tous les niveaux. Ces malentendus n'ont pas non plus amélioré l'efficacité de la chaîne opérationnelle et laissent bien des ressentiments entre l'armée de terre et l'armée de l'air.

Pourtant, tout avait très bien commencé. À son arrivée en Indochine, en juin 1953, le général Charles Lauzin, commandant les forces aériennes en Extrême-Orient, avait noué d'excellentes relations avec le général Navarre. Il faut dire que l'adjoint du généchef, le général Bodet, était lui-même un ancien commandant de l'aviation en Indo de 1947 à 1950. Navarre avait travaillé, à la fin de la Seconde Guerre mondiale, au sein d'états-majors alliés et connaissait l'avantage qui pouvait être tiré de la puissance aérienne si celle-ci était étroitement associée à l'action des forces terrestres. Preuve de ce souci de coordination, Navarre organisa très vite des cellules communes de planification entre l'armée de terre et l'armée de l'air. Ce nouveau dispositif fonctionna à merveille, notamment lors de l'opération *Castor* (reprise de DBP) durant laquelle l'armée de l'air réussit à mobiliser la totalité de son dispositif de C-47 Dakota, soit 69 appareils. Seulement,

Très studieux, des officiers mariniers de l'aéronautique navale entre deux missions.

Un américain débarquant un Bearcat. Heureusement pour les aviateurs et les marins, la plupart des appareils en service en Indochine provenaient des stocks de l'US Navy et disposaient de ce fait d'un bon rayon d'action.

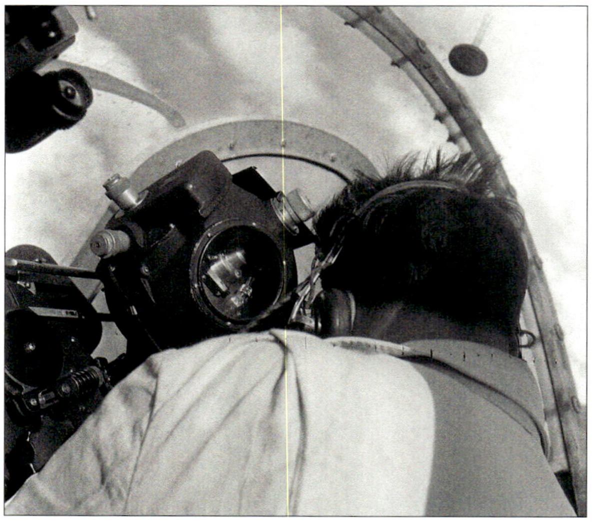

Le viseur Norden était un système de visée très fiable pour les B-26 et les Privateer, à condition d'être utilisé à plus de 4 000 pieds.

ces performances dissimulaient les profondes lacunes de l'armée de l'air en Indochine : le manque de personnels navigants, mais surtout les problèmes de maintenance et la difficulté de trouver des mécaniciens qualifiés. Lauzin disposait de 11 000 hommes en novembre 1953 et il estimait qu'il lui en fallait au moins 4 000 supplémentaires. Au moment où avait été lancée l'opération *Castor*, le patron des forces aériennes en Extrême-Orient était à Paris pour tenter de réclamer des effectifs supplémentaires au général Fay, chef d'état-major de l'armée de l'air. Seulement, vu de Paris, Hanoï, c'est loin ! Surtout, Fay était obnubilé par l'intégration de son armée dans l'Otan et les efforts de modernisation de la chasse, avec l'arrivée des premiers appareils à réaction. Ce manque de moyens allait handicaper cruellement l'aviation quand au plus fort de la bataille de DBP, elle devrait fournir un effort acharné. Lauzin avait toutefois réussi à obtenir quelques appareils supplémentaires, pour faire passer sa capacité de transport de 3 800 par mois à plus de 10 000, en portant la flotte de C-47 à plus de 100 appareils. Il avait fixé avec Navarre un contrat «terre-air[2]», avec un objectif de livraison de 100 tonnes de fret par jours. De son côté, l'armée de terre s'engageait à maintenir disponible la piste d'atterrissage et à tenir éloigné la DCA ennemie. Par ailleurs, début janvier 1954, le GONO devint prioritaire pour les missions d'appui feu.

Dès le premier jour de la bataille, les appareils de chasse et de bombardement furent sollicités. La date et l'heure de l'offensive de Giap étant connues, de nombreux appareils avaient été placés en alerte. Les F8F de l'armée de l'air, ainsi que les Hellcat et les Helldiver de l'aéronautique navale, se relayèrent au-dessus de DBP, tentant de neutraliser l'artillerie ennemie. Dans la soirée et au cours de la nuit, deux Privateer et six B-26 assurèrent des missions d'appui feu, attaquant au napalm les positions de départ supposées des régiments viêts. Et en permanence, toute la nuit, des Dakota lancèrent des fusées lucioles pour éclairer le champ de bataille. Dès les premières missions, les pilotes se rendirent compte des difficultés de leur tâche. Rallier

[2] InfoCotam n° 64, article de Patrick Facon (1990)

Le porte-avions **Arromanches**, *cédé par la Royal Navy. Ce bâtiment de 14 000 tonnes, long de 211 mètres et large de 24,5 mètres, pouvait embarquer 24 appareils et se déplacer à la vitesse de 23 nœuds. Pour le servir, il fallait 42 officiers et 777 officiers mariniers et matelots, auxquels se joignait le groupe aérien embarqué de 200 personnels.*

DBP n'était pas une mince affaire. Plus de 300 km, avec des conditions météorologiques très défavorables. Un rapport du commandant du sous-groupement bombardement, le lieutenant-colonel Dussol, citait[3] le facteur météo, avant même la DCA, comme la plus forte contrainte pour les appareils français : «Mars, avril, toujours du crachin dans le delta, mais sur le relief une brume sèche excessivement dense, réduisant la visibilité à moins d'un kilomètre ; fin avril début mai, fin du crachin et changement de mousson, sur la haute région, régime d'instabilité donnant de grosses masses nuageuses, de nombreux cumulo-nimbus ; les fortes

Procédures à tenir si votre avion est touché...

L'hécatombe au-dessus de DBP avait conduit le GATAC Nord à multiplier les notes d'information[1] pour les pilotes sur les procédures à observer si leur appareil était touché : il fallait s'éloigner de la DCA, rendre compte par radio, puis tenter de prendre de l'altitude, direction Hanoï. Il était alors conseillé de faire une série de tests pour évaluer l'ampleur des dommages : estimer la vitesse en dessous de laquelle l'appareil risquait de décrocher, observer le comportement de l'avion sur trajectoire (dérapage ou glissade) puis varier le volume moteur pour voir comment l'appareil évoluait. Là, le pilote, en fonction des résultats, avait trois options : l'atterrissage en catastrophe, l'éjection ou l'atterrissage classique. Ce dernier était naturellement la méthode la plus sûre, à condition bien entendu que l'avion ne dérape pas. Il était conseillé d'effectuer une approche à 2 000 pieds (610 m) avec un peu de moteur (300 ou 400 tours) pour s'assurer du meilleur contrôle de l'appareil. Le document citait alors l'exemple du lieutenant Roy de l'Escadrille de Reconnaissance d'Outre-mer 80 qui aurait omis de faire des tests moteur avant de tenter de se poser. Résultat, au moment de l'approche, son F8F s'était écrasé en flammes, après avoir brutalement décroché. Poser un avion endommagé restait toujours une épreuve : le second maître Berger, dont le Corsair avait des volets arrachés, avait dû contrôler son atterrissage exclusivement avec les freins, éclatant un premier train puis un second, avant d'arrêter sa course à moins de 200 mètres de la fin de la piste. Si l'option de l'éjection était retenue, l'idéal était d'éviter les grands axes et les zones de rizière, alors aux mains de l'ennemi. Il fallait essayer de repérer un sommet herbeux dont les pentes boisées formaient un excellent isolant contre la présence des Viêts. Si l'avion était encore maniable, il fallait larguer la verrière puis faire un demi-tonneau à 170 nœuds (315 km/h) et déboucler la ceinture de sécurité. Là, il ne restait plus qu'à se laisser glisser. Ce procédé n'était toutefois pas sans risque : le sergent Galini, sur F8F, avait eu la mauvaise surprise de rester quelques instants accroché à une pièce de blindage derrière le siège, avant de se heurter la tête à l'antenne radio, au moment où il avait été enfin séparé de l'avion. Heureusement son casque le protégea efficacement. La dernière option consistait à crasher l'appareil, mais elle n'était pas recommandée par le GATAC qui estimait qu'il valait mieux s'éjecter, en raison du relief (montagnes, zones marécageuses) et de la végétation. Enfin, pour les pilotes dont l'appareil était mortellement touché au-dessus de DBP, il était conseillé de tenter de se rapprocher de la zone amie, tout en convertissant la vitesse résiduelle en altitude pour s'éjecter dans de bonnes conditions.

[1] Note non datée dans les archives du GATAC. Carton n° 4 C 1334

Le sergent Claude Yves Barteau inspectant l'aile du Bearcat de son camarade De Somow, endommagée par un obus de 37 mm. Cette photo illustre la capacité à encaisser des chasseurs fabriqués par Grumman.

Un Helldiver de l'aéronautique navale venant d'accrocher le brin d'arrêt. L'équipage du pont se dépêchait, dans un ballet bien réglé, de libérer l'avion, pour faire de la place pour l'avion suivant.

[3] SHAA. Carton n° 4 C 1346

Comme tous les appareils de l'aéronautique navale, les ailes du F6F se repliaient pour gagner de la place. On aperçoit, au bout du pont d'envol, l'hélicoptère «Pedro» qui servait à récupérer les pilotes tombés à la mer en cas de crash.

En haut au milieu, la météo conduisit rapidement l'état-major à baser à terre les flottilles de l'aéronautique navale, provoquant des encombrements sans fin sur les bases déjà saturées de Bach Mai et Gia Lam.

Au début de la bataille le contrôle aérien avait compartimenté l'espace aérien pour faciliter le trafic au dessus de DBP.

pluies qui en résultent chassent la brume sèche». Piloter dans ces conditions était une épreuve pour les nerfs : «La brume sèche est très particulière car si elle ne permet pas de voir devant soi ou sur les côtés, elle offre une bonne visibilité verticale. Mais quand on ne voyait pas à 200 mètres, il valait mieux savoir où étaient vos ailiers. Nous naviguions donc à vue, en suivant les cours d'eau ou les routes. À la fin de la bataille, nous connaissions le relief par cœur, nous n'avions plus besoin de cartes», raconte Bernard Klotz. Aborder DBP n'était pas non plus une entreprise aisée. Le relief qui entourait la cuvette, les vallées où des bouchons de DCA avaient été formés constituaient autant de pièges pour les appareils égarés. D'autant qu'en terme d'aide à la navigation, l'aérodrome de DBP offrait des moyens de guidage extrêmement réduits. Le rapport cité plus haut indiquait : «Le goniomètre de DBP était audible à trois minutes de la station, il fut quelque peu perturbé au cours de l'attaque du camp retranché, mais a fonctionné jusqu'au dernier jour et a permis l'exécution de nombreuses missions. Du point de vue de l'efficacité du bombardement, son aide n'était qu'illusoire ; dans l'exécution de la mission psychologique de permanence du bombardement de nuit, il rendit d'excellents services». Deux ou trois percées de la couche nuageuse étaient souvent nécessaires pour retrouver son chemin. Bernard Klotz se souvient de ces derniers kilomètres avant DBP : «Il fallait slalomer entre les cumulo-nimbus, alors que le relief était élevé et mal cartographié. Le gonio de DBP n'était pas suffisamment précis pour nous diriger quand le temps était bouché». Après la mission, le chemin du retour n'était pas moins éprouvant d'autant que pour les derniers raids de la journée, tout se déroulait de nuit. Inutile de préciser que les pilotes qui avaient été touchés et tentaient de ramener à bon port un appareil endommagé vivaient alors une expérience très désagréable. D'autant que les terrains de dégagements les plus proches, notam-

Probabilité d'atteinte (en %) d'une bombe de 130 kg

Distance (en mètres)	Personnel dans trous d'hommes	Personnel à découvert
6	100	100
9	70	100
12	50	100
15	40	70
18	25	50
21	25	40
24	25	25
27	25	20
30	10	15

(source Notice du choix des armes et fusées. SHAA, carton n° 4 C 920)

Vue du pont d'envol de l'Arromanches. On aperçoit en arrière plan l'îlot du porte-avions. Les retours à bord étaient parfois épiques avec la fatigue d'une longue mission : « Un jour je me suis présenté trop incliné. L'officier d'appontage m'ordonne de remettre les gaz, mais j'ai compris que je devais les couper ! Je me suis retrouvé face aux encorbellements bâbords. J'ai remis à fond les gaz, mais j'ai accroché le brin d'arrêt sur le côté qui a cassé et je me suis retrouvé à nouveau dans les airs» raconte le lieutenant de vaisseau Bernard Klotz.

Un Bristol. Ces avions permirent, avant le début des combats, d'amener des matériels lourds à DBP dès lors que la piste était en service.

Un colis pour DBP, avec son parachute replié dessus. La couleur du parachute permettait d'identifier la nature du chargement : blanc pour les médicaments, jaune pour les munitions, etc.

Ces rouleaux de fils de fer dans la carlingue d'un Dak étaient balancés sans parachute et rebondissaient en roulant sur plus d'une centaine de mètres en touchant le sol. Ce procédé causa tant d'accidents que le largage de rouleaux fut interdit de nuit.

ment Luan Prabang à 180 km, étaient difficiles d'accès par mauvais temps. Les conditions météo allaient d'ailleurs rapidement mettre hors-jeu le porte-avions *Arromanches* qui opérait depuis la baie d'Along. En rentrant de leur première mission sur DBP, un raid de Hellcat fut surpris par le mauvais temps, un fort crachin qui réduisait considérablement la visibilité. Une partie des appareils avait pu être déroutée sur Bach Mai ou sur Cat Bi. À 19 heures, quatre appareils manquaient toujours à l'appel, alors que leurs jauges d'essence avaient dû passer au rouge. Leurs camarades et les personnels du groupe aérien attendaient dans l'anxiété, d'autant qu'ils ne pouvaient pas faire grand-chose pour aider les pilotes égarés. Au dernier moment et les réservoirs à secs, trois pilotes parvinrent à apponter, un coup de chance. Mais le quatrième appareil, piloté par le lieutenant de vaisseau Doé de Maindreville, ne donna plus jamais signe de vie. Le lendemain, les bâtiments de la marine fouillèrent les îlots de la baie d'Along, espérant que le pilote ait réussi à amerrir. En vain. Ce furent des pêcheurs qui signalèrent un avion écrasé sur l'île des Merveilles : le pilote faute de visibilité avait heurté un sommet en cherchant sa route.

Le 14 mars, le commandement décide de baser les appareils à terre, la 11F à Cat Bi et la 3F à Bach Mai. Les pilotes courent suffisamment de risques au-dessus de DBP pour ne pas en plus leur faire affronter les affres de l'appontage, avec une météo qui est particulièrement défavorable. cela a pour corollaire d'un peu plus surcharger les bases aériennes de Cat Bi et Bach Mai, ce qui engendre des problèmes d'organisation et de logistique. Les appareils doivent attendre parfois 20 minutes sur le tarmac le temps que la piste se libère.

Très rapidement, l'aviation enregistre ses premières pertes : le 14 mars, un B-26 du Groupement de bombardiers 1/22 *Gascogne*, chargé d'appuyer le parachutage du 5e BPVN, disparaît sans laisser de traces. L'appareil a sans doute été touché, lors de son retour de mission, par un bouchon de DCA posté en embuscade dans une vallée. La 11F est à nouveau endeuillée le 15 mars en début d'après midi par la perte du lieutenant de vaisseau Lespinas[4] lors d'une mission d'attaque de l'artillerie ennemie au nord du camp retranché. Giap a bien protégé ses artilleurs par un rideau dense de DCA. L'appareil, sans doute frappé par plusieurs obus, alors qu'il était en piqué, n'a laissé aucune chance à son pilote. La série continue dans l'après-midi, quand un raid de Bearcat du Groupement de Chasseurs 2/22 *Languedoc* se fait surprendre par la DCA au-dessus de Béatrice. Mal briefés, les pilotes ignorent que ce point d'appui est aux mains de l'ennemi[5]. Ce déficit d'information illustre à quel point les relations entre les états-majors des deux armées fonctionnent en circuit fermé. Cependant, à la décharge des FNTV, le terrain de Xieng Khouang, d'où est partie cette patrouille, est considéré comme un aérodrome très secondaire, avec sans doute des équipes de renseignements très réduites. Seulement cette méconnaissance se révéle fatale pour le sergent Ali Sahraoui. Son F8F, criblé de projectiles, part dans une vrille mortelle. Le pilote aurait, dit-on, réussi à

[4] Surnommé Achille. Tous les pilotes de la 11F avaient un surnom tiré de la mythologie. Le commandant de l'escadrille, le lieutenant de vaisseau de Castelbajac était Ulysse et son adjoint, le lieutenant de vaisseau Roulleaux Dugage, Pénélope ! Bernard Klotz était Diomède.
[5] *Aviateurs en Indochine*, Patrick-Charles Renaud, Éditions Grancher. Pp. 151 et 152

s'éjecter, mais serait toutefois mort de mauvais traitements sur la route des camps.

L'exposition de la piste aux coups de l'artillerie ennemie rend également extrêmement hasardeuses les évacuations sanitaires. Avant même le début de la bataille, deux vols sont organisés tous les jours pour évacuer les blessés. Avec l'offensive ennemi, cette mission devient d'autant plus impérieuse que les rangs des blessés grossissent. Le 17 mars, un Dakota parvient à se poser à la surprise de l'ennemi et à embarquer 32 blessés. Seulement, cet exploit ne se reproduit pas. Le 18 mars, trois autres appareils sont programmés, mais un seul parvient à se poser au milieu des tirs d'artillerie. Il est touché à plusieurs reprises, la convoyeuse de l'air et le médecin du bord sont blessés et l'appareil décolle à vide. Le lendemain, trois autres Dakota tentent à nouveau leur chance. Seul l'un d'eux parvient à se poser et à emmener 21 blessés. Il apparait clairement que les Viêts ne reconnaissent pas les conventions internationales en ouvrant le feu sur des appareils marqués de la croix rouge. De ce fait, il paraît suicidaire de continuer à tenter le diable de jour… Aussi, le sous-groupement des moyens militaires de transport aérien (S/GMMTA) décide de réaliser l'opération de nuit, tous feux éteints et sans balisage. Le lieutenant-colonel Descaves, commandant la base de Gia Lam, mène l'opération pour la première fois, dans la nuit du 20 au 21 mars. L'appareil est un Dakota du Groupe de Transport *Béarn* avec à son bord Geneviève de Galard. Une note[6], rédigée le 19 mars, fixe le mode opératoire : «Aux ordres du Dakota PC à 6 500 pieds [1980 m], commencer la procédure : tous feux de bords et de position éteints, descendre en spirale le train sorti, 1/4 volet à la verticale du terrain sud [Isabelle] jusqu'à 2 500 pieds mer[7] [762 m]. S'aligner sur les trois feux d'entrée et sortir les volets. Survoler les feux à 100 pieds [30 m]. Atterrir en s'alignant sur les feux nord et sur l'épave du Curtiss. Laisser l'avion rouler environ 3/4 de la piste jusqu'à la hauteur du Dakota partiellement détruit. Maintenir les moteurs tournants. Attendre les ambulances qui arriveront tous feux éteints. Les faire stopper hors de la bande. Charger rapidement toujours moteurs tournant. Dès chargements effectués, tourner l'avion face au sud. Une fois aligné, pousser les gaz sur freins jusqu'à 30 à l'admission. Décoller en maintenant l'alignement sur les feux sud. Éviter d'utiliser les phares de bord. Après le décollage, à 100 pieds [30 m] virer lentement à droite, prendre le cap 190 jusqu'à la verticale du terrain sud. Monter en spiralant sur ce point. À 4 000 pieds [1220 m], prendre contact radio avec le Dakota PC et suivre ses instructions». Sur le papier cela a l'air très simple, mais dans une zone aussi mal pavée que DBP, chaque «poser» est un exploit. Il faut non seulement posséder des qualités de pilotage et un sang-froid hors du commun, mais être aussi assez malin pour déjouer la DCA ennemie. Pour tromper leurs adversaires, les Français sortent le grand jeu : quand le Dakota s'approche moteurs au ralenti, un autre appareil passe au-dessus de la piste à plein régime. De même, au moment du décollage, l'artillerie du camp retranché ouvre le feu pour tenter de couvrir le bruit et désorienter les Viêts. Sur les sept vols programmés, cinq parviennent à se poser et à ramener en tout 96 blessés. La première nuit ces évacuations sanitaires sont un grand succès. Surpris, les Viêts, pour qui la prise d'initiative n'est pas une valeur du Parti, ne réagissent que mollement. Dans son compte rendu[8], le général Lauzin indique à Navarre que «l'atterrissage de nuit sans balisage a été étudié par le lieutenant colonel Descaves, commandant la base aérienne de Gia Lam, qui a exécuté lui-même la première mission». Cette phrase n'est pas anodine

Un matelot armurier en train d'approvisionner avec des obus de 20 mm les canons d'un Helldiver.

Le général Lauzun (à droite), patron des forces aériennes en Extrême-Orient, lors d'une visite à bord du porte-avions, en compagnie du capitaine de vaisseau Patou, pacha de l'Arromanches.

[6] Note N° 58. SHAA. Carton n° 4 C 1346

[7] Les appareils référençaient leurs altimètres sur Hanoï, faute de moyens disponibles à DBP pour les recaler.

[8] N°113 du 20 mars 1954. SHAA. Carton n° 4 C 1346

Le général Bodet, adjoint du général Navarre, permit d'améliorer les relations entre son chef et Lauzun, patron de l'armée de l'Air. Seulement, celles-ci se dégradèrent rapidement au cours de la bataille.

Le nez d'un B-26 « Straffer » avec ses huit mitrailleuses de 12,7 mm. Cet armement était en mesure d'enrayer l'assaut d'une compagnie viêt.

Un bel alignement de B-26. La bataille de DBP révéla les carences de l'armée de l'air en matière d'appui au sol. Les archives montrent qu'il fallut en urgence recueillir de l'information auprès des Américains lors des engagements face aux Japonais ou en Corée pour traiter efficacement la DCA.

alors que le généchef veut sanctionner Descaves pour avoir laissé sa base sans défense, quand, début mars, un commando viêt attaqua de nuit les avions au sol. Il avait fallu déployer des unités parachutistes pour assurer la sécurité des terrains. Cette première affaire avait jeté une ombre sur les relations entre les forces aériennes et les FTNV.

Mais les évacuations suivantes ne donnent pas les mêmes résultats. Les Viêts ont compris la manœuvre et arrosent la piste avec leur artillerie dès qu'ils ont le moindre doute. Le comportement des blessés n'aide pas non plus les évacuations. Devant la porte de certains Dakota, la bousculade tourne à la bagarre et les plus affaiblis restent sur la piste. La nuit du 21 au 22 mars, un Dakota réussit à se poser, mais l'équipage est blessé. Ce n'est que la nuit suivante que les avions de transport parviennent, avec un poser réussi, à arracher 25 blessés à leur sort. Les appareils sont extrêmement vulnérables au moment où, arrêtés sur la piste, les blessés sont chargés. Des consignes sont rédigées le 24 mars[9] pour tenter d'améliorer le chargement des blessés : «Équipage à quatre plus une convoyeuse. Nombre de blessés 19, six couchés et treize assis. LE SPÉCIFIER A *TORRI ROUGE*. Au départ d'Hanoï ne prendre que six brancards et les installer en position n° 1 et 2 côté droit de l'avion. Laisser le maximum de place dans la carlingue. Enlever la porte avant l'atterrissage, ne pas mettre en place l'échelle. Donner des ordres aux infirmiers au sol pour que le camion transportant les blessés se gare à l'écart de la dérive de l'avion de façon à laisser au pilote toute facilité de manœuvre en cas d'urgence. Le radio, le navigateur et la convoyeuse sont à la porte prêts à charger. Deux d'entre eux hissent les blessés assis et les brancards. Le troisième fait avancer le chargement à l'avant du cargo. Décollage dès que le chargement est terminé. En cas d'urgence : coup de sonnette du pilote, arrêt immédiat du chargement ; les membres de l'équipage crient au personnel à terre de dégager immédiatement le champ de manœuvre de l'avion en s'aplatissant par terre au besoin. N'allumer aucun feu, même dans le cargo, sans autorisation du navigateur». Toutefois, ces

[9] N°61 du S/GMMTA, SHAA, Carton n° 4 C 1346

mesures ne réduisent que faiblement l'exposition aux coups. Dans la nuit du 25 au 26 mars, trois Dakota parviennent à atterrir, mais sont aussitôt encadrés par des tirs d'artillerie. Ils décollent sans avoir pu embarquer le moindre blessé. Dans cette affaire, tout dépend de l'appréciation du pilote et de son estimation du danger. La nuit suivante, un seul avion parvient à déjouer l'artillerie ennemie suffisamment longtemps pour embarquer une poignée de blessés. Ces évacuations sont d'autant plus importantes que depuis le 23 mars, date à laquelle un hélicoptère H-19 a été détruit par l'artillerie lors d'une évacuation en plein jour à Isabelle, elles sont le dernier moyen disponible pour évacuer des blessés[10]. Mais les succès sont de plus en plus rares. Dans la nuit du 27 au 28, un Dakota emmène 19 blessés, mais un autre, en évoluant sur la piste, embroche l'un de ses moteurs dans un piquet de barbelés, ce qui le contraint à rester au sol. L'équipage, dont Geneviève de Galard fait partie, espère bien décoller après avoir effectué quelques réparations. C'est sans compter sur l'artillerie ennemie qui achève le Dakota au lever du jour. La nuit suivante, une dernière série de tentatives est effectuée, mais au-delà de cette date, la deuxième offensive de Giap, le 30 mars, fait tomber la

Au centre, en tenue bleue marine, le général Dechaux, commandant le Gatac Nord, venu saluer des parachutistes s'équipant pour sauter au-dessus de Diên Biên Phu.

Un Privateer de l'aéronautique navale, commandé par l'enseigne de vaisseau Le Mentec (casquette), à un retour de mission. Deux bombardiers lourds de ce type furent abattus par la DCA pendant la bataille.

Disponibilité des appareils et des pilotes de transport pour DBP

(source Le Fana de l'aviation *mai 1994)*

Date	C-47 Dakota		C-119 Packet	
	Nombre d'appareils	Nombre d'équipages	Nombre d'appareils	Nombre d'équipages
20-nov-53	69	68	5	5
déc-53	91	60	15	10
jan-54	94	60	15	NC
fév-54	90	74	15	4
mars-54	88	76	24	6+12*
avr-54	101	55	29	5+12*
mai-54	103	49	29	10+12*

* Équipage civil, principalement des Américains de la CAT

[10] Il se révéla impossible de mettre en place des évacuations de nuit par hélicoptère. Les tests tournèrent à la catastrophe. Lire à ce sujet *Aviateurs en Indochine*, Patrick-Charles Renaud, pp. 197-199

Un bulldozer en train d'être embarqué pour être parachuté sur DBP. Ce largage a lieu avant le début des combats mais il illustre les connaissances du corps expéditionnaire en matière d'aéromobilité.

La situation au Tonkin. L'offensive principale de Giap trouvait DBP sur sa route. Cette carte illustre aussi le défi que représentait DBP en terme logistique pour les Français, cette base étant très éloignée. En bleu, les principales pistes d'aviation françaises

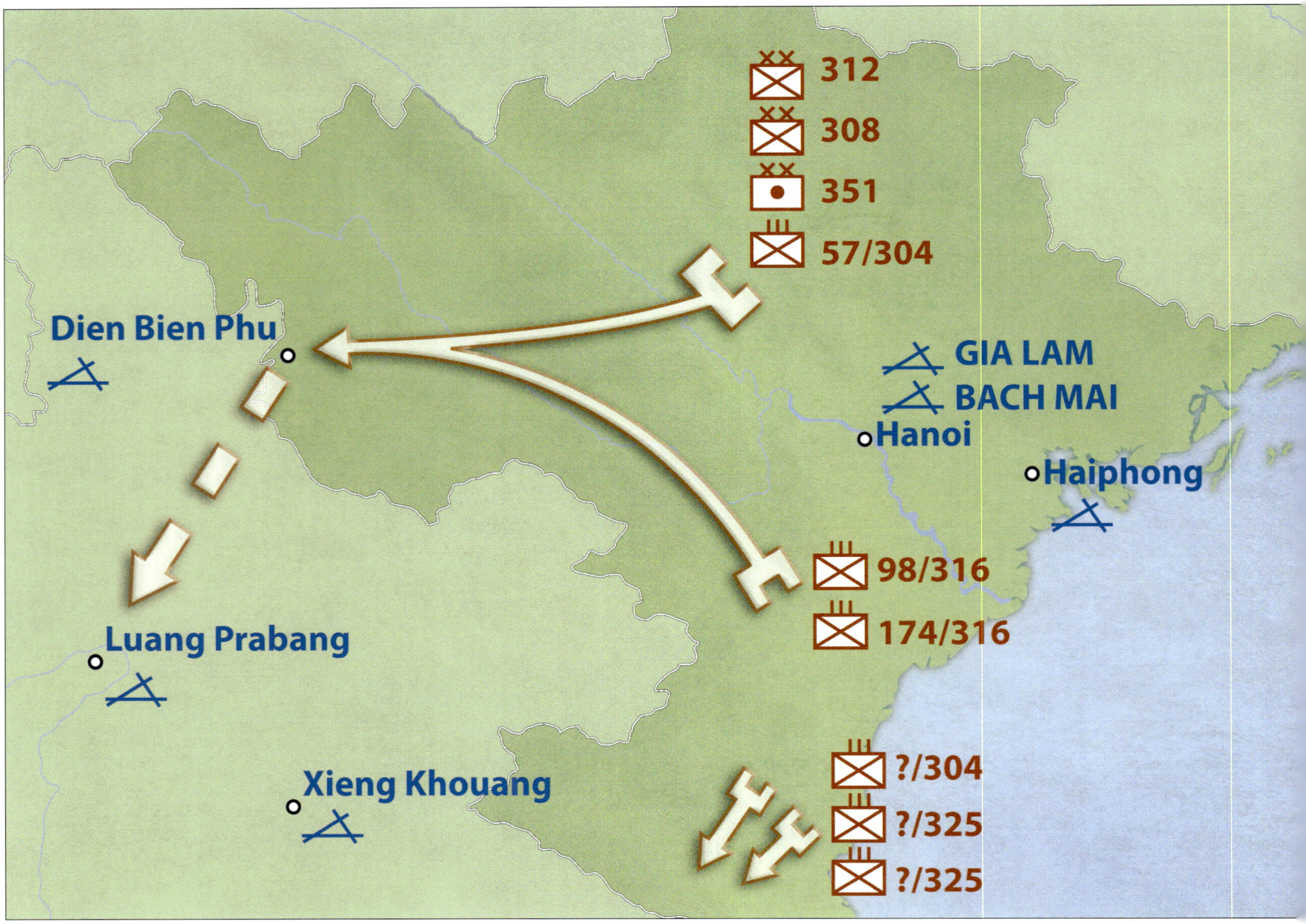

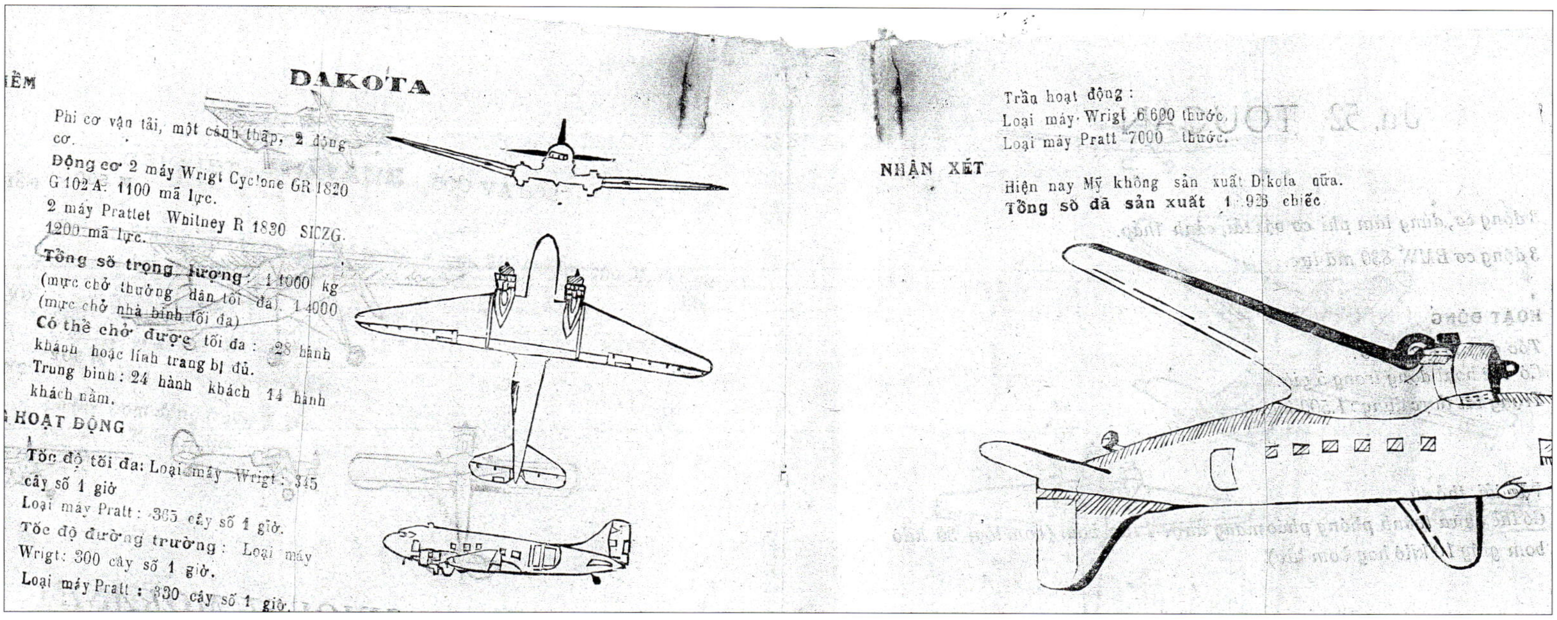

Descriptif d'un Dakota issu d'un carnet d'identification des Viêts. Ce document permettait surtout aux guetteurs d'identifier les appareils qu'ils apercevaient, car les artilleurs de DCA n'avaient pas trop de questions à se poser, tout ce qui volait étant ennemi.

piste aux mains des Viêts.
Pendant la période du 13 au 30 mars, les parachutages de matériels ne posent pas trop de difficultés car DBP dispose de six zones de largage et Isabelle une. Si bien que Dakota ou Packett peuvent se relayer toutes les dix minutes pour délivrer leur cargaison. Mais au niveau supérieur, les relations entre Navarre et Lauzin se dégradent fortement. Le catastrophisme prévaut alors à Hanoï au sein des états-majors. On commence à rechercher des boucs émissaires. Navarre ouvre le feu le 16 mars dans un courrier adressé au commandant des forces aériennes en Extrême-Orient, dans lequel il reproche à l'aviation de transport d'afficher un déficit de capacités par rapport au contrat prévu. Il propose par ailleurs, injure suprême, de transférer un certain nombre de Dakota de l'armée de l'air à des compagnies aériennes civiles. Ses propos sont particulièrement blessants[11] : «Je vous demande en outre de bien vouloir pénétrer les états-majors de formations basés à terre placées sous vos ordres d'un esprit qui leur fasse voir les questions sous l'angle de la priorité de la mission à remplir avant tout, quelques soient les fatigues, et leur fasse affronter les difficultés de la même manière que leurs camarades de l'armée de terre qui se battent sans répit depuis plusieurs mois». Lauzin se défend sur la forme dès le 18 mars : «Le manque de confiance qui semble se manifester à l'égard de ces personnels n'est de nature ni à accroître leur rendement ni à favoriser la cohésion des armées, indispensables au succès. Par ailleurs, il ne m'apparaît pas que le personnel des états-majors des services de l'air ait besoin, pour mieux remplir sa mission, d'aller chercher en dehors de sa propre armée l'exemple et l'inspiration que donnent les efforts et les sacrifices des combattants». Le 19 mars, le patron des forces aériennes en Extrême-Orient récuse les accusations sur le fond[12], rejetant la faute sur les FTNV : «Les 367 heures non effectuées ne constituent pas un déficit. Les missions correspondantes n'ont pas été exécutées par les GATAC parce que les Territoires et en particulier les FNTV, gros consommateurs de potentiel, n'ont pas demandé aux GATAC l'exécution des missions correspondantes au crédit journalier accordé». Le patron des forces aériennes rappelle que deux éléments nouveaux ont pu gêner les 7 500 heures de potentiel prévues par le S/GMMTA : «Tous les moteurs [des Dakota du groupe *Béarn*] ayant atteint un nombre d'heures de fonctionnement compris entre 800 et 1 200 heures se sont mis à lâcher systématiquement avant d'arriver à la limite officielle prévue de 1 200 heures». Un imprévu qui allait occasionner «dix mille heures de travail de mécanicien en plus de ce qui était prévu». L'autre souci provient des équipes de maintenance américaine détachées auprès du groupe de transport *Sénégal*, dont la productivité est 50 % plus faible que les mécaniciens français : «Les Américains ont un horaire impératif : 48 heures de présence au travail par semaine, repos intégral le dimanche. Ils refusent de faire des heures supplémentaires», déplore Lauzin, alors que les Français sont beaucoup plus disponibles : «L'horaire officiel est passé depuis le 10 novembre 1953 (...) de huit à dix heures par jour. Quatre demi-journées sont accordées par mois au personnel mécanicien pour se détendre, ce qui donne 65 heures de travail par semaine» ! Sa conclusion démontre sa volonté d'apaiser les relations entre les forces aériennes et Navarre : «Notre ambition est moins de fournir 7 600 heures de vol de transport que de satisfaire à toutes les demandes formulées par vous-même et par l'armée de terre en cette période de crise. Depuis l'ouverture de la bataille de DBP, le transport a toujours proposé plus de missions que ce qui a été réclamé». Cependant, ce différend laisse des traces. Sur le plan humain, tout d'abord, le patron du transport en Indochine (le S/GMMTA), le colonel Nicot, estimant ne plus avoir la confiance du généchef, demande à être relevé de ses fonctions dès la fin de la bataille. Un beau gâchis d'autant que, et les chiffres le prouvent, le transport est loin d'avoir démérité. ■

[11] Cité dans InfoCotam n° 64 (1990). Article de Patrick Facon
[12] Courrier n° 109/Air/EO/CAB. Carton n° 4 C 1346

Chapitre 5

Giap change de tactique

Les premiers jours des combats tournent en faveur des Viêtnamiens puisqu'ils ont réussi à arracher deux points d'appui aux Français. Ces derniers y ont perdu deux bataillons, un de la Légion et un autre de tirailleurs algériens. Mais les Viêts ont sans doute 4 000 combattants hors de combat, une addition très lourde, même pour une armée où la main d'œuvre n'est pas considérée comme une ressource rare. Seulement, Giap sait qu'il ne peut pas se permettre de perdre trop de troupes bien formées, car il en a besoin pour l'exploitation de cette campagne. Rien n'indique que les Français abandonneront l'Indochine, même s'ils perdent DBP. Il va avoir besoin de troupes solidement entraînées pour occuper le Laos, ou s'en prendre au delta. Dans la doctrine communiste qui inspire alors l'armée populaire viêtnamienne, la formation revêt une importance particulière. Surtout pour les cadres, qui doivent apprendre par cœur un grand nombre de procédures, leur laissant d'ailleurs peu d'initiative, ce à quoi il faut ajouter l'endoctrinement marxiste léniniste. Giap ne peut pas se permettre de sacrifier son armée à DBP, faute d'être privé de moyens offensifs pendant deux ans. Il faut également marquer une pause dans la consommation de munitions pour laisser le temps à la chaîne logistique de reconstituer les stocks. Aussi, la tactique des Viêts change du tout au tout. Le harcèlement, notamment à coups de mortiers ou de tirs d'artillerie, ne s'interromp pas, pour empêcher les opérations aériennes sur la piste de DBP, mais il n'y a plus de préparation massive d'artillerie. De sauterelles, les Viêts se transforment en fourmis : finis les grands assauts meurtriers, place aux travaux du génie. Les fantassins troquent le fusil contre la pelle. Ils commencent à creuser un réseau de tranchées pour leur permettre d'attaquer les points d'appuis en débouchant directement

Un B-26 «leader» reconnaissable à son nez vitré entame un bombardement. Toute la science du bombardement résidait en la formation adoptée par l'escadrille au moment où les bombes étaient larguées. Cela permettait d'adapter la densité ou la taille de la surface traitée en fonction de la nature de l'objectif.

« Giap ne sort pas de l'École de Guerre. Il a une mentalité de braconnier. »

Général de Lattre de Tassigny

dans les tranchées sans avoir à s'exposer sur le glacis. Cette technique permet également d'isoler les points les plus avancés en empêchant toute colonne de ravitaillement de les rejoindre. Ces tranchées peu profondes, parfois de seulement un mètre, obligent l'assaillant à progresser accroupi. Fin mars, ce réseau s'étend sur 100 km et fin mai, sur 400 km. Le GONO suit jour après jour ce titanesque encerclement[1] : «Les reconnaissances poussées vers le sud-ouest, l'ouest et le nord-ouest détectent tranchées d'assaut passant par Ban Ong Pet, Ban Ne, Ben Comy (...) – Une tranchée est découverte sur piton 948/669 – Au nord-est Dominique 1», etc. Une nouvelle forme de combat commence et de Castries réclame instamment de l'aide dans ce domaine à l'état-major : «Manquons totalement spécialistes et moyens génie pour guerre de sape[2]» et «vous demande me parachuter en quatre exemplaires règlement sur organisation du terrain et documents sur la guerre de

Le lieutenant de vaisseau Jacques Andrieux, pacha de la flottille 3F, perdit la vie le 31 mars, quand son Helldiver fut abattu par la DCA.

Le cœur opérationnel de DBP : autour du lieutenant-colonel Langlais (en chemisette), on reconnaît, à gauche, le commandant Botella, patron du Baouane, puis le commandant Bigeard (6e BPC) et le capitaine Tourret (8e Choc). À droite, au premier plan, le lieutenant-colonel de Seguin-Pazzis.

[1] Message 14/40 du GONO, reçu le 22 mars 1954 à 14 h 00. (SHAT)
[2] Message 3/01 du GONO, reçu le 22 mars 1954 à 16 h 40. (SHAT)

DIEN-BIEN-PHU: Premières photos prises dans la bataille

L'AURORE

XIIIe année. — N° 2.865 (5 h. du matin) LE PAYS 9, rue Louis-le-Grand - PARIS-2e FRANCE LIBRE Mercredi 24 mars 1954 15 FRANCS

DULLES (qui a reçu le général ELY) DÉCLARE

"Les U.S.A. - annonce le secrétaire d'État - enverront tout le matériel nécessaire pour assurer la défaite des communistes"

LES HÉROÏQUES DÉFENSEURS DE DIEN-BIEN-PHU écrivent un magnifique chapitre de l'histoire MILITAIRE FRANÇAISE

Leurs difficultés de ravitaillement pourraient inciter les Viets à précipiter leur nouvel assaut

En page 5 : L'Indochine au premier plan des délibérations du Conseil des ministres ce matin

ON A découvert l'autre soir en bordure du champ de courses d'Auteuil

LE CADAVRE D'UN LYCÉEN (fils d'un riche industriel parisien) la tête trouée d'une balle à bord d'une VOITURE VOLÉE

Il semble qu'il se soit tué par désespoir d'amour pour une jeune "vamp" DE SAINT-GERMAIN-DES-PRÉS

Mais plusieurs énigmes se posent aux policiers dont l'enquête pourrait réserver des surprises

Médecins et fossoyeurs ont déposé hier au procès Marie BESNARD OU VA S'ENGAGER aujourd'hui LE DÉBAT décisif sur l'arsenic

PIERROT LE FOU n° 2 A SAUVÉ SA TÊTE : bagne à vie

VERS L'INNOCENCE

DEMAIN : Jules ROMAINS de l'Académie française

En dernière page : la suite des images de DIEN-BIEN-PHU ASSIÉGÉ

La presse nationale, qui ne s'intéressait que très rarement à l'Indochine, commença à prendre en compte l'intensité dramatique de la bataille. Les manchettes insistaient sur l'héroïsme des défenseurs, face aux hordes hurlantes des combattants viêts, drogués pour aller à l'assaut. Les descriptions frisaient la caricature, car même les correspondants à Hanoï percevaient difficilement la gravité de la situation.

sape[3]». L'absence de moyens élémentaires du génie permet d'ailleurs de mieux comprendre la surprise des parachutistes arrivés à DBP devant la médiocrité des ouvrages défensifs.

Le camp retranché connaît donc une période de calme relatif, du 15 au 30 mars, date de la seconde offensive. Pendant ce laps de temps, une sorte de répit est offert aux combattants des deux bords. Au petit matin, avec la gueule de bois d'une nuit sans beaucoup d'heures de sommeil, occupés à surveiller l'arrivée de l'ennemi, les hommes s'offrent un brin de toilette dans la Nam Youm ou descendent au point d'appui central, essayer de récupérer des vivres, un peu de d'alcool ou des cigarettes, bref tout ce qui manque en première ligne. Fait significatif, les quelques véhicules du camp, jeeps et camions, resurgissent alors des alvéoles, pour des petites missions de liaison ou de transport. On peut alors sortir le bout du nez sans crainte de s'attirer un déluge d'obus d'artillerie. L'après-midi, après une courte sieste, il n'est pas rare de voir quelques oisifs, torse nu, prendre un bain de soleil, une cigarette aux lèvres, sur le bord d'un parapet en regardant sécher leur linge hâtivement étendu. Il y a bien sûr des corvées de tranchées. Un peu partout, les combattants, qui ont sous-estimé la puissance de feu de l'ennemi, tentent de consolider leurs abris. La plupart en effet ont bien peu de chances de résister à un coup direct de 105 mm. De même, les tran-

Des F6F Hellcat armés, en alerte. L'aéronautique navale se tailla vite une place à part dans le cœur des défenseurs de DBP, qui estimaient que l'armée de l'air les avait abandonnés.

[3] Message 26/40 du GONO, reçu le 23 mars à 10 h 20. (SHAT)

Le point d'appui Isabelle, blotti dans une coude de la Nam Youm, représentait un bloc défensif assez compact.

Les unités françaises menaient constamment des raids pour aérer le camp retranché. Ces opérations étaient d'envergure variable, Bigeard engageant un effectif allant d'une section à plusieurs bataillons en fonction de la nature de l'objectif.

Une pièce de 155 mm court dans son alvéole. À en juger par l'apparence soignée de la position et le fait que les soldats ne portent pas de casque, cette photo a sûrement été prise avant le début des combats.

chées sont à nouveau creusées pour améliorer les réseaux de défense. Cependant, ces travaux de terrassement sont d'une efficacité réduite, vu le manque de matériaux de construction. Les défenseurs en sont réduits à remplir de terre des caisses de munitions pour consolider leurs abris. Des poutrelles de bois sont introuvables pour effectuer ces travaux. Le seul élément disponible en quantité, que les avions larguent même sans parachutes, sont les rouleaux de fils de fer. Par exemple, la compagnie Trapp du 6e BPC, installée entre Éliane 1 et Dominique 5, met en place, en quelques nuits, un réseau bas de barbelés, destiné à empêcher l'ennemi de s'infiltrer en rampant. Pour traverser un tel ouvrage, il faut se mettre debout, sous le feu des mitrailleuses. Un piège mortel d'ailleurs bien camouflé par les paras qui l'ont recouvert d'une fine couche de terre sèche afin de mieux le dissimuler aux yeux de l'ennemi. De la terre retournée, plus sombre, aurait clairement désigné la présence d'une nouvelle implantation. Cette période est marquée également par un début de fraternisation entre les unités qui viennent d'être parachutées, le 5e BPVN et le 6e BPC, et celles qui occupent le camp depuis décembre. Un peu partout naissent des popotes dans les abris les plus vastes, notamment ceux qui servent d'infirmerie. À ce stade de la bataille, ces centres de soin ne sont encore pas trop bondés. Et puis les médecins sont des gens débrouillards qui ont à cœur d'entretenir le moral de la troupe. Alors qu'il était sur Éliane 4, le lieutenant Rouault, toubib du 5e BPVN, se souvient avoir réussi à récupérer du rhum médical, rapidement détourné de son usage initial. Ces petits moments de détente sont également l'occasion, pour les militaires du rang, de glaner des informations.

Au sein de l'état-major, deux personnalités aussi fortes que Langlais et Bigeard risquent de se braquer, gênant la conduite des opérations. Théoriquement, il ne doit pas y avoir de difficultés sachant que Langlais, alors lieutenant-colonel, est plus gradé que Bigeard, à ce moment simple chef de bataillon. Seulement, c'est mal connaître l'armée que de croire que tout est décidé uniquement dans le sens de la hiérarchie. Un brillant officier subalterne peut avoir plus d'influence dans un QG qu'un colonel un peu effacé. À DBP, deux fortes têtes se retrouvent face à face. Bigeard refuse d'obtempérer aux ordres ou argumente sans cesse, provoquant de vives engueulades avec Langlais. Parfois il s'agit de questions importantes, comme la décision d'une contre-attaque à tel endroit. Mais plus souvent, pour des questions d'ego, Bigeard refuse d'engager une compagnie du 6e BPC sous les ordres d'un autre chef de bataillon. Une situation qui paraît sans issue, mais que Langlais ordinairement froid et cassant débrouille avec beaucoup d'humour[4]. Montrant un pilier de son abri, il apostrophe Bigeard : « Vous êtes Lorrain, je suis Breton. Frappons là-dessus avec nos têtes, nous verrons bien qui de vous ou de moi a le crâne le plus solide ! ». Ce trait d'esprit déclenche l'hilarité et brise la glace entre les deux hommes. À partir de cet instant, ils travailleront ensemble en toute intelligence.

[4] Colonel Pierre Langlais, *Diên Biên Phu*, éditions France Empire, 1963, Paris.

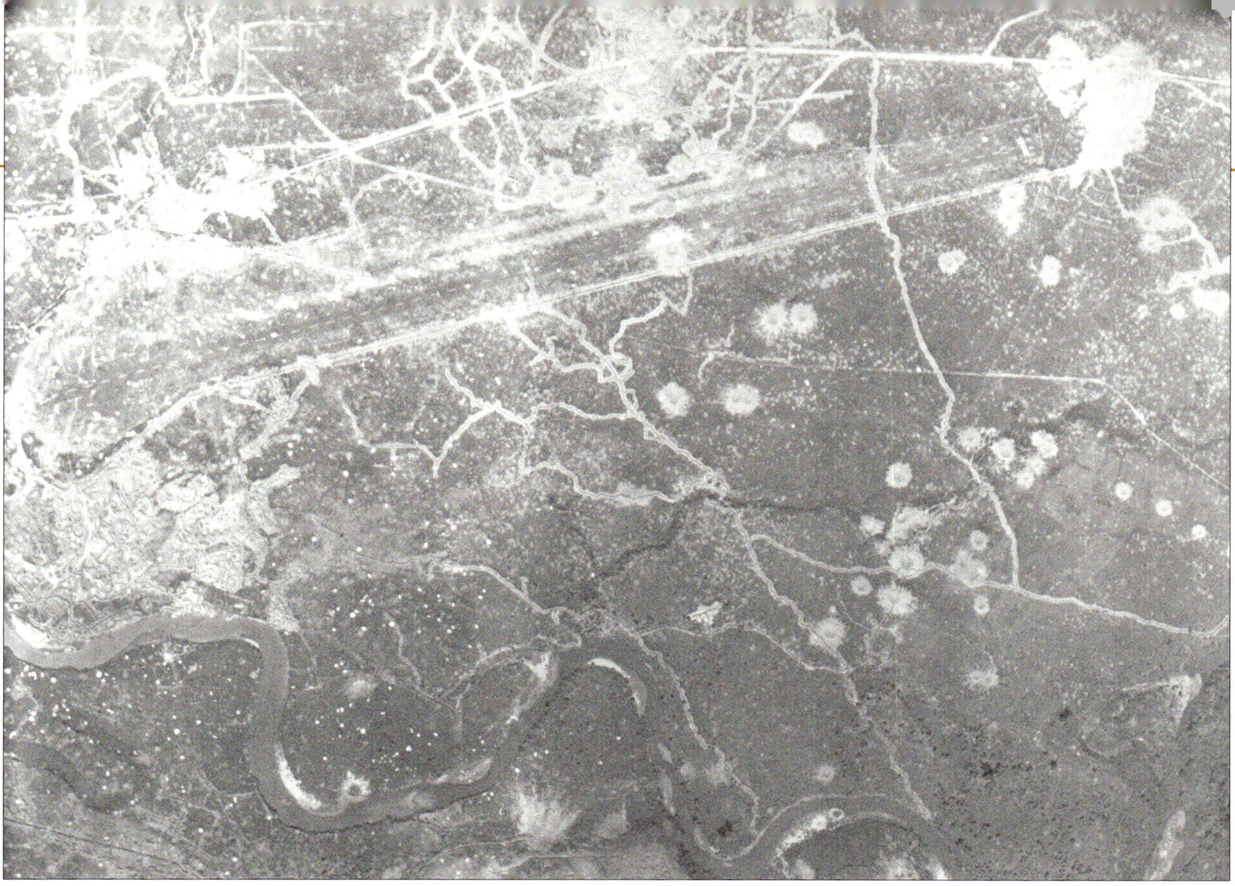

Vue aérienne de la piste d'atterrissage à la fin de la bataille. Ce document permet de mesurer l'ampleur du réseau de tranchées ennemies.

Et les raisons de plancher sur les cartes ne manquent pas au sein du petit état-major.
Il faut donner de l'air au camp retranché, menacé d'asphyxie. Les Viêts, profitant de la chute des points d'appui qui fermaient la vallée au nord, commencent à se répandre dans la vallée. Ils ont entrepris leurs importants travaux de tranchées et mènent régulièrement des coups de main, la nuit, pour tester la qualité du dispositif français. Des embuscades sont régulièrement montées contre les liaisons réalisées quotidiennement avec Isabelle. Ces opérations, de routine au départ, deviennent de plus en plus musclées. Et il faut bien souvent engager un bataillon appuyé par des chars Chaffee pour dégager la voie. Elles sont nécessaires pour maintenir un contact physique avec Isabelle, mais sont de plus en plus coûteuses. Le compte rendu de la sortie du 22 mars[5], menée par le 1er BEP et un peloton de chars, est éloquent : «Ouverture route Isabelle n'a pu être maintenue au trafic après liaison des éléments d'ouverture doivent se replier avant la nuit – Elle a donné lieu à de sérieux combats dans région Ban Mho Lai contre un ennemi enterré dont une compagnie renforcée est anéantie par action combinée des chars de l'infanterie et de l'artillerie». Les Viêts ont eu de la casse comme le prouve le bilan des armes récupérées : 16 fusils, 15 pistolets-mitrailleurs, 4 mitrailleuses légères, deux bazookas, deux mortiers de 60 mm et les 175 cadavres retrouvés sur le terrain. Mais cette action fait 8 tués au BEP, dont les sous-lieutenants Bertrand, Raynaud et Lecoq, et de nombreux blessés. L'ennemi est imprévisible ; il arrive que certaines patrouilles aient de bonnes surprises. La liaison du 24 mars avec Isabelle se déroule sans difficulté[6] : «L'ouverture de route vers Isabelle n'a donné lieu jusqu'ici qu'à des harcèlements lointains de l'ennemi. Elle a été effective jusqu'à 16 heures, permettant le trafic prévu». Le PA central et Isabelle échangent des documents, des munitions, des vivres, des médicaments ou des pièces de rechange. Occasionnellement, des unités sont transférées d'un secteur à un autre. Les survivants du bataillon

Des jerrycans de napalm prêts à être balancés de nuit sur les positions ennemies. Compte tenu de l'absence de moyens de visée et du manque de fiabilité du gonio de DBP, ces bombardements étaient très peu précis et relativement dangereux pour les équipages.

Ouverture de route en direction d'Isabelle. Jusqu'au 30 mars, la garnison de DBP parvint à maintenir des liaisons quotidiennes avec la position la plus au sud.

[5] Message 16/40 du GONO. (SHAT)
[6] Message 71/01 du GONO (SHAT).

En bas a droite, des blindés de reconnaissance AM-8 dans un dépôt de matériels. Au début, l'état-major voulait envoyer ces blindés à DBP car ils étaient plus faciles à transporter que les Chaffee. Cependant, leur blindage léger les rendait trop vulnérables.

Lors du raid lancé contre les batteries de Ban Ong Pet, les soldats français progressaient dans les boyaux construits par l'ennemi. De jour, les Viêts n'insistaient généralement pas, mais de nuits ces tranchées grouillaient d'ouvriers et de soldats ennemis. À noter, la façon dont les soldats français portaient leur pelle-bêche repliée dans leur brelage.

de tirailleurs algériens, très affaiblis après les combats pour Gabrielle, sont ainsi «évacués» sur Isabelle, jugée moins exposée.

En outre, l'ennemi commence à installer dans la vallée, dans l'axe des zones de parachutages, des nids de mitrailleuses Dshk qui saluent les Dakota et les Packet à chaque passage, comme le démontre la perte d'un Dakota, abattu en flamme, le 24 mars, au sud-est d'Éliane. Cette DCA participe également, en gênant le ravitaillement, à l'asphyxie du camp retranché. De même, pour entraver les évacuations sanitaires, les Viêts envoient des petits détachements qui font le coup de feu la nuit, le long de la piste d'atterrissage, tirant sur les avions à croix rouge, au mortier et à la mitrailleuse. Les comptes rendus[7] témoignent de cette activité nocturne assez intense : «Embuscade du 1/2e REI nord-est terrain d'aviation – Échange de coups de feu entre 23 h 30 et 1 h 30 avec VM venant du nord – stop – Dakota sanitaire se pose à 23 h 45 – touché pendant le

Suite p. 79

Le mythe des maquis

Parmi les nombreuses rumeurs qui bruissaient au sein de la garnison de DBP, il y avait la perspective d'un large soulèvement des maquis sur les arrières de divisions de Giap. Dès le début de la guerre d'Indochine, le SDECE avait constitué des zones de résistance encadrées par des cadres français[1]. En jouant sur les rivalités ethniques, alors que la base de recrutement du Viêt-minh était annamite, des tribus montagnardes, dont les Mans, les Thaïs, les Méos ou encore les Nungs, acceptèrent de prendre les armes. Il faut dire que les communistes, avec leur méthode d'endoctrinement et d'organisation très structurée de la vie sociale, venaient bouleverser les traditions séculaires de ces peuplades. Organisées en petites unités très mobiles baptisées centaines, les troupes du GMCA[2] (groupement de commandos mixtes aéroportés) menaient des raids contre les lignes logistiques de l'adversaire. Elles évitaient de se frotter aux unités régulières ennemies, car elles n'avaient aucune chance de résister à leur puissance de feu. Le général Navarre, qui était, rappelons-le, un homme du renseignement, utilisa beaucoup ces unités spéciales, aussi bien lors de l'évacuation de Nasan que lors de l'occupation de DBP, en novembre 1953. Conscient du danger, Giap avait d'ailleurs mobilisé plusieurs bataillons pour assurer la sécurité de ses approvisionnements et faire le ménage sur ses arrières. Le potentiel finit ainsi par s'user : le 17 novembre 1953, le maquis Colibri, situé le long de la rivière noire, cessa d'émettre. La perspective d'une bataille à DBP, acceptée à partir de décembre par Navarre, allait peu à peu drainer l'ensemble du potentiel vers la cuvette aux dépens des maquis. Faute d'avoir été entretenus, avec des cadres et des ravitaillements, ils se retrouvèrent dans l'impossibilité de jouer un rôle stratégique dans cet affrontement de grande ampleur. Une carte que l'état-major n'a pas su jouer, faute de confiance en ces maquis[3]. En janvier 1954, le généchef décidait[4] la création de près de 50 unités des GMCA, dont plus de trente centaines pour les FTNV. Mais à cette date, il était déjà trop tard pour espérer qu'elles soient opérationnelles pour la bataille de DBP.

Un commando de maquisards. En dépit de leurs mines farouches, ces combattants n'avaient aucune chance de survivre face aux divisions de réguliers de Giap.

[1] Lire à ce propos *Commandos de choc en Indochine*, Erwan Bergot, Grasset, 1975.
[2] Structure créée en 1951 par le général de Lattre, puis rebaptisées GMI (groupement mixte d'intervention) en décembre 1953.
[3] Intervention du lieutenant-colonel David, lors d'un colloque du CEHD en novembre 2004.
[4] Documents de l'EMIFT. SHM carton n°UUFT45.

Ces deux photos ont également été prises pendant le raid contre la DCA. Sur celle de gauche, le cadre qui observe à la jumelle, a une carabine US M1 à crosse pliante en bandoulière. Au premier plan, le tireur FM a certainement posé son arme sur le parapet pour se reposer. L'ennemi semble alors assez loin. Sur la photo de droite, un groupe de combat en train de regagner une nouvelle tranchée au pas de course. Pour ce raid d'une journée, les soldats ont juste pris leur musette.

[7] Message 34/40 du GONO (SHAT).

Photos prises pendant l'accrochage de Ban Ong Pet. Le terrain compartimenté obligeait les chefs de section à prendre beaucoup d'initiatives. Sur le document de droite, à l'arrière plan, un Chaffee en train de couvrir la progression des unités chargées de l'assaut. De jour, encadrés par l'infanterie, les chars étaient virtuellement indestructibles.

Tuer l'artillerie ennemie

Au cours de cette période, les batteries d'artillerie françaises eurent un peu de temps libre pour tenter de faire la chasse aux pièces adverses. Le jeu était difficile, mais le nouveau patron de l'artillerie, le commandant Vaillant, parachuté à DBP le 20 mars, eut la rude tâche de reprendre en main les artilleurs. Ses personnels étaient démoralisés après le suicide du colonel Piroth et les lourdes pertes subies suite au harcèlement des pièces ennemies. Vaillant devait également démontrer aux autres officiers l'importance qu'il y avait à préserver une capacité de feu, s'il voulait obtenir des approvisionnements suffisants en munitions. Aussi, il entreprit, en coordination avec le commandant Guérin qui était le chef du PCIA, de relever très précisément les coordonnées estimées des pièces adverses. En croisant les informations des artilleurs et celles des aviateurs, ils purent se lancer dans une traque difficile des pièces ennemies. Giap avait dispersé ses canons et les avait enterrés dans de profondes casemates pour mieux les protéger. Résultat, seul un coup au but avait une chance de mettre définitivement hors de combat une pièce. Depuis les airs, il n'était pas toujours évident de reconnaître les coups de départ, d'autant que les Viêts étaient devenus maîtres dans l'art de la simulation. Ils allumaient des fumigènes dans un secteur isolé pour faire croire qu'il s'agissait de la position de la pièce. Souvent, les obus français avaient dû labourer en vain des hectares de jungle. Mais à force d'observation et surtout en utilisant toutes les sources de renseignement disponible, le commandant Vaillant finissait par pouvoir mener des actions de contre batterie. «Zone artillerie six pièces de 105 et quatre pièces de 75 en lisière forêt sur axe 900/680 et 925/697. Positions ne peuvent être données façon plus précise par prisonniers» signalait ainsi un message[1] envoyé le 29 mars. C'était ensuite au tour des avions d'observation de valider la qualité de cette information. Une fois la batterie ennemie détectée, l'artillerie du GONO ou un B-26 la traitait. Sans possibilité d'aller se rendre compte directement sur place, alors que l'efficacité des tirs restait aléatoire, il était difficile de dire quelles avaient été les pertes de l'adversaire : «Notre artillerie prend à parti les batteries ennemies repérées sur la face nord, nord-est et est, ainsi que les observatoires. Trois pièces semblent moins actives à la suite de notre action» signalait un compte rendu[2]. Même si la pièce n'était pas détruite, les Français pouvaient espérer avoir mis hors d'état de nuire des servants ennemis ou les avoir obligés à déménager leur canon. De cette façon, le camp retranché gagnait quelques heures de répit... Seulement, après le 30 mars, quand Giap lança sa seconde offensive, le potentiel de l'artillerie du camp retranché était presque complètement mobilisé pour frapper les concentrations de troupes ennemies. Le commandant Vaillant et ses hommes n'allaient plus avoir le temps de partir à la chasse.

[1] Message n° 9/24 du GONO (SHAT).
[2] Message n° 1/01 du GONO, le 28 mars. (SHAT)

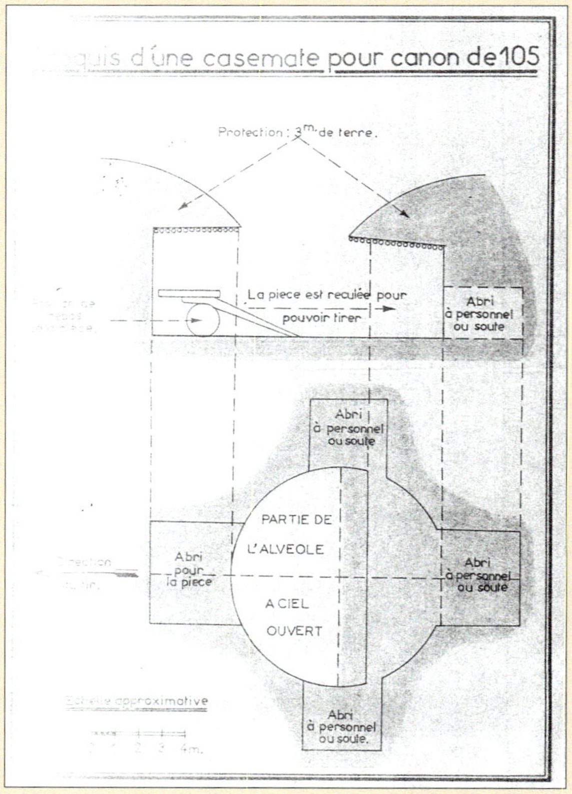

chargement – décolle sans avoir emporté de blessés – stop – se repose à 0 h 30 touché par armes automatiques VM – pilote et mécanicien blessés – décollage 7 h 10 – sans les blessés – avec lieutenant-colonel Keller[8]». Le 25 mars, à 2 h 00 du matin, les sapeurs ennemis parviennent à faire exploser une charge au milieu de la bande. Les pistes, constituées de plaques PSP, ont été conçues pour être employées sous le feu de l'ennemi et sont donc très faciles à réparer puisqu'il suffit de changer les plaques. Le 25 mars au soir, la piste est à nouveau opérationnelle. Le plus grand danger vient en fait des mines antichars qui peuvent être dissimulées sous la piste. Leur explosion est catastrophique pour un avion au décollage ou à l'atterrissage. Les légionnaires du lieutenant-colonel Clemençon doivent tous les jours inspecter la piste pour s'assurer qu'elle n'a pas été minée pendant la nuit.

Langlais et Bigeard ignorent si Giap va continuer son offensive ou s'il se contentera, comme les rumeurs qui courent au sein des popotes l'évoquent, de bloquer à DBP les meilleures unités du corps expéditionnaire, pour laisser la voie libre à ses divisions. Quelque soit l'option que Giap retiendra, la garnison ne doit pas perdre l'initiative. Il convient également, après la perte de deux points d'appui, de remonter le moral des combattants de DBP, en engageant des troupes solides sur un objectif limité. Un succès, même réduit, apporterait du baume au cœur des combattants. Si le moral reste excellent dans les troupes les mieux structurées, comme les paras et la Légion, certains bataillons de tirailleurs ou de Thaïs, ont perdu la foi.

Il faut également envoyer un signal fort à Hanoï pour montrer que la volonté de se battre est toujours là. Depuis le 15 mars, le général Cogny[9] émet des doutes sur la combativité du colonel de Castries et propose à demi-mot à Navarre de lui trouver un successeur. Même si ces secrets d'alcôves évoqués à l'état-major n'arrivent pas jusque dans le fond de la cuvette, de Castries comme Langlais savent qu'il est nécessaire de convaincre l'arrière que le front tiendra. Sinon, il risque de ne plus recevoir aucun renfort et les efforts du Gatac Nord et des Forces Terrestres du nord-Viêtnam se porteront ailleurs. Dans un message du 23 mars, de Castries rend compte à Cogny des mesures prises pour lutter contre l'étouffement[10] : «Au point de vue tactique guerre de tranchées j'ai prescrit poste de guet relié par boyaux, réseaux de communication entre différents points d'appui et centre de résistance, boyaux de mise en place des réserves de contre-attaque, reconnaissances légères de nuit à l'intérieur du dispositif ennemi et je prépare des coups de main de va et vient». Ces décisions se traduisent par des opérations ponctuelles, menées par des compagnies pour dégager les secteurs les plus menacés, Dominique 1 à l'est ainsi que Huguette 6 et 7 à l'ouest, qui se trouvent maintenant en première ligne après la chute de Béatrice et Gabrielle. Elles visent à perturber le travail des coolies ennemis, en comblant partiellement les tranchées et en enfouissant des mines. C'était un travail assez ingrat, mené de jour comme de nuit, qui laisse les unités françaises à la merci des *snipers* ennemis. On se croirait revenu plusieurs

Le légionnaire Des Flanches de la 3e compagnie du 1er BEP, armé d'un Mat 49, attendant l'ordre de passer à l'assaut.

Le capitaine François Xavier Pichelin, commandant la 2e compagnie du 8e Choc. Cet officier perdit la vie lors de la contre-attaque lancée le 31 mars pour tenter de reprendre Dominique 1 & 2.

Naturellement la propagande ennemie tenta également de jouer sur la carte de «tous contre le grand capital». Si cet argument pouvait avoir une influence sur les troupes indochinoises, il ne touchait que très modérément le corps expéditionnaire et absolument pas les légionnaires.

8 Cet officier, chef d'état-major du colonel de Castries, était tombé en état de dépression depuis le début de l'offensive.
9 Général Navarre, *Le temps des vérités*, Plon, Paris, 1979. P. 345.
10 Message 23/40 du GONO. (SHAT)

mois en arrière, entre décembre et janvier, avant la grande offensive. Ces missions ne laissent pas forcément de bons souvenirs : «Ma section avait été désignée pour attaquer au milieu de la nuit une tranchée dans le secteur des Dominique, se souvient le sergent-chef Pierre Flamen du 6e BPC[11]. Mon groupe de tête a balancé des grenades sur les ouvriers, mais des mortiers nous ont vite pris à parti. Les Viêts avaient calculé à l'avance les coordonnées de leur tir pour riposter très vite si la tranchée était attaquée. Nous avons rapidement battu en retraite et je doute que cette sortie ait réellement perturbé le travail des sapeurs ennemis». Comble de malchance, la section du 5e BPVN en recueil était partie sans demander son reste, si bien que Flamen et ses paras durent se débrouiller tout seul pour retrouver leur chemin dans l'obscurité !

Vue d'Hanoï, toutefois, la situation des défenseurs de DBP semble s'améliorer. La directive que le général Cogny envoie au colonel de Castries le 24 mars témoigne de cet optimisme[12]. Selon le bilan dressé par le patron des FTNV, l'ennemi, qui a subi de lourdes pertes, «éprouve des difficultés à recompléter ses unités ; ses services logistiques n'arrivent pas à assurer convenablement ni son approvisionnement en munitions, ni son ravitaillement en riz», tandis que la situation du GONO s'est améliorée : «Vos effectifs ont été ramenés à leur niveau initial grâce aux renforts que j'ai pu vous envoyer». Il estime par ailleurs que le ravitaillement, de même que les évacuations sanitaires, pouront être poursuivies à un niveau satisfaisant, même si les dangers restent élevés. Il insiste sur la nécessité de conserver une liberté d'action et ordonne de mener des raids contre la DCA. La saison des pluies prochaines ne manquera pas, selon lui, de peser encore contre les lignes de communication ennemies et remplira d'eau ses organisations enterrées. Cette directive se termine sur une note presque lyrique : «Il est clair que cette lutte sévère nécessite de la part des troupes placées sous vos ordres – les chefs comme l'homme du rang – un moral à toute épreuve. Votre influence personnelle est d'un prix inestimable. Vous saurez faire mesurer à tous l'importance d'un enjeu qui n'est rien moins que l'Indochine, et s'étend bien au-delà… Vous l'emporterez donc. Vous retarderez l'attaque, vous

Le général Vo Nguyen Giap

Vêtu de noir, au centre, le général Giap en train de décrire une manœuvre à ses adjoints. Cette photo aurait été prise à son QG, non loin de DBP.

En 1954, Giap connaissait les Français, même s'il n'avait jamais mis les pieds en France. Né en 1912 à An Xa, au centre du Viêtnam, fils de mandarins, il fut élevé au lycée français de Hué, avant de se lancer dans des études d'économie politique et d'histoire à Hanoï. À l'université, il adhéra au parti communiste. Il n'enseigna pas longtemps puisque dès mai 1940, persuadé que Français et Japonais allaient s'entendre sur le dos des Viêtnamiens, il s'enfuit en Chine et devint un proche de Hô Chi Minh. Il profita de son passage dans les rangs de l'armée populaire pour apprendre les arcanes de la guerre révolutionnaire, expérience dont il tira un livre, *Les affaires militaires chinoises*. Il occupa l'autre partie de son temps à cultiver des réseaux au Viêtnam pour préparer la révolution. Revenu en Indochine après le coup de force des Japonais en 1945, Hô Chi Minh le chargea d'abord de réorganiser la base arrière du Viêt-minh. Il fut nommé ministre de l'intérieur dans la toute nouvelle République Démocratique du Viêtnam, proclamée à Hanoï le 2 septembre 1945. Mais après l'échec de la conférence de conciliation de Dalat en avril 1946, Giap était persuadé que les Français allaient choisir la manière forte. Aussi, sortant du gouvernement, il prit la présidence du conseil militaire du VM et employa toute son énergie à bâtir une armée capable de s'opposer au corps expéditionnaire. Au début, conscient de la faiblesse de ses moyens, il mena surtout une guérilla avec des troupes incapables de s'opposer aux actions de l'armée française. La situation changea radicalement avec l'avènement de Mao en Chine, en 1949. La rébellion disposait désormais de bases logistiques importantes, de conseillers militaires et surtout d'armes modernes. Le désastre de Cao Bang en 1950, où la division 308 anéantit deux colonnes françaises, démontra que le rapport de force était beaucoup plus équilibré… Hô Chi Minh avait une grande confiance en Giap, puisque ce dernier disposait d'une grande latitude pour l'organisation de l'armée. L'approche des dirigeants VM était très pragmatique : les campagnes étaient décidées avant tout en fonction des moyens. Giap disposait d'une grande influence puisqu'il obtint de repousser de janvier à mars l'assaut sur DBP, estimant qu'il n'avait pas les moyens suffisants à cette date pour détruire à coup sûr la garnison. Ce chef de guerre avisé se souvenait aussi qu'il avait une solide culture politique : il n'hésita pas à sacrifier des milliers de ses soldats pour donner une victoire à sa cause, à la veille de la conférence de Genève. Pour Bui Tin[1], observateur privilégié des guerres viêtnamiennes, Giap avait atteint, à Diên Biên Phu, le sommet de son génie militaire.

[1] Bui Tin, *From enemy to friend*. Naval Institute Press, Annapolis 2002. Pp. 22-23

[11] Entretien avec l'auteur
[12] N°126/FTNV/GENE/TS. (SHAT)

gagnerez la bataille et vous dégagerez Diên Biên Phu. Vous passerez alors à l'exploitation ou, tout au moins, vous pourrez assurer l'allégement de votre dispositif et la relève des troupes qui l'auront bien gagnée. Signé : Cogny». Rétrospectivement, connaissant aujourd'hui l'issue du combat, cette directive ferait presque sourire si le bilan n'avait pas été aussi tragique. Elle reflète fidèlement l'état d'esprit de l'état-major des FTNV

Ci-contre, les prisonniers ennemis de gauche et de droite portaient la version sans manche de la veste matelassée chinoise, preuve de leur appartenance à unité régulière.

À gauche, le lieutenant médecin Patrice de Kerfort du 8e Choc soignant des blessés. Cette photo a été prise, au tout début de la bataille, quand les unités du camp retranché pouvaient encore mener des sorties pour tenter d'aérer le dispositif.

Le nord de la vallée de DBP. On aperçoit, juste devant le C-47, la colline sur laquelle étaient installés les points d'appui Anne-Marie 1 & 2. Les Thaïs qui l'occupaient désertèrent dès qu'ils comprirent qu'ils étaient en première ligne, après la chute de Gabrielle.

qui considère que l'arrivée du 5e BPVN et du 6e BPC compense largement la perte des bataillons de Béatrice et de Gabrielle. De plus, même si Giap lançait une seconde offensive, le dispositif plus resserré du camp retranché opposerait alors une défense plus cohérente et plus soudée.

Il reste donc au colonel de Castries à suivre les ordres de son chef. Il commence par ordonner la création d'un point d'appui supplémentaire, baptisé Opéra, au nord-ouest d'Épervier. Situé à l'est de la piste d'atterrissage et occupé par une compagnie du 8e Choc, cet ouvrage sert à empêcher les infiltrations ennemies jusqu'à la piste. Seulement, cela condamne une compagnie, qui aurait été très utile en réserve d'intervention, à être immobilisée en défense statique. L'autre mesure prend la forme d'un vaste raid mené contre les batteries de DCA dans les hameaux de Ban Ong Pet, Ban Nam Bo et Ban Mo, au sud-ouest du point d'appui central. Les aviateurs ont à plusieurs reprises désigné ce secteur comme l'une des zones les plus dangereuses de la cuvette de DBP. Cette batterie aurait notamment abattu quatre jours auparavant le Dakota du capitaine Koenig. Bigeard concocte ce coup de filet contre l'artillerie ennemie. Et l'ancien patron du 6[13] est bien décidé à sortir des moyens lourds pour frapper fort. Quatre bataillons, plus des chars, sont de la partie. Le 6e BPC et le 8e Choc mènent le coup de main au contact, tandis que le 1er BEP les appuie à courte distance. Le 1/2e REI se place en recueil, pour faciliter le retour des unités après l'opération. Enfin, trois chars du lieutenant Préaud, situés à Isabelle, s'apprêtent à prendre l'ennemi sur ses arrières, pour déstabiliser sa défense et surtout réduire les nids de mitrailleuses, grâce à la protection des chars et la puissance de feu des canons de 75 mm. Faire sortir des chars sans le soutien d'infanterie comporte un certain risque car les Viêts sont bien équipés en bazookas. Mais Bigeard mise sur la surprise. D'ailleurs le lieutenant Préaud n'emprunte pas la route principale où l'ennemi l'attend, mais aventure ses chars sur les digues des rizières et arrive à temps pour porter le coup de grâce. Cette journée laisse un souvenir très fort à ceux qui participent à l'opération car pour la première fois depuis le début de la bataille, paras et légionnaires ont le sentiment d'avoir repris l'initiative : «Nous avons quitté notre position au petit matin, longé la piste où se trouvait immobilisé le Dakota par lequel était arrivée la veille au soir Geneviève de Galard. En colonne par un et en silence, nous avons pris le chemin de la vallée. Là nous avons très vite engagé le combat avec les unités qui protégeaient les pièces de DCA. Un de mes chefs de groupe est tombé dans mes bras, une balle en plein cœur. Il a été tué net et affichait un sourire apaisé. L'affrontement s'est poursuivi jusqu'en début d'après midi. Nous progressions de tranchée en tranchée, les nettoyant au pistolet-mitrailleur et à la grenade. Les chars s'approchaient des tranchées et les prenaient en enfilade», raconte le sergent-chef Pierre Flamen du 6. L'ennemi est, semble-t-il, surpris par ce raid et même s'il se bat avec acharnement, il est clair que le commandement n'a sans doute pas prévu que les Français organiseraient une action avec autant de moyens. Résultat, ses forces sont vite débordées par l'allant des paras. Giap n'en parle d'ailleurs pas dans

En bas à gauche, deux PIM amenant un blessé à un poste de secours. Chaque bataillon avait un médecin qui armait un poste de secours dont le premier rôle était de déchoquer les blessés avant de les orienter vers les antennes chirurgicales.

Ci-contre, le capitaine Hervouët (avec béret), très «style 1er Chasseur», commandait l'escadron de Chaffee de DBP. À gauche, le sous-lieutenant Dumont (1er BEP), tué le 30 mars, et au centre, le sous-lieutenant Robin, du 3/10 RAC.

En bas à droite, lors du raid DCA. Si sur les cartes cette zone était désignée comme une plaine, ce document permet de se rendre compte que la visibilité n'excédait pas une centaine de mètres.

[13] Pour se décharger d'une partie de sa charge de travail, il avait confié le commandement du 6e BPC au capitaine Thomas.

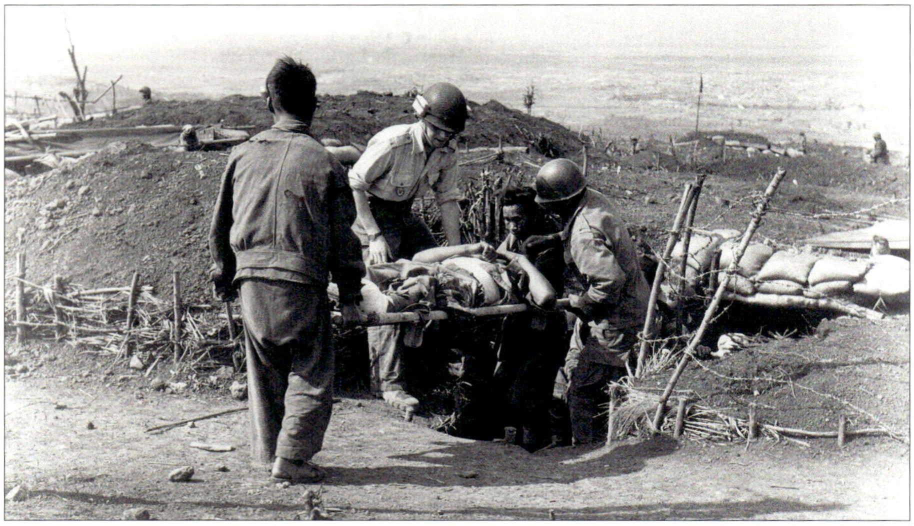

ses mémoires, tandis que le bilan du colonel de Castries est très encourageant[14] : «L'opération du groupement Bigeard a permis non seulement de dégager la face sud-ouest du dispositif mais encore d'assurer la destruction d'une partie notable de la DCA. Elle a eu sur le moral de nos unités un excellent effet. Cependant, l'étreinte VM autour de DBP reste très serrée en particulier au nord et à l'est où l'adversaire continue à travailler à ses organisations du terrain et au nord-ouest où il aménage à nouveau le terrain autour d'Huguette 7. On peut considérer que le régiment 88 de la 308 a subi de très lourdes pertes, d'une part par l'action du groupement Bigeard et de notre artillerie, d'autre part du fait de notre aviation dont l'intervention tombe sur les cheminements de repli au moment où l'adversaire les utilise». Plus de 400 cadavres ennemis sont dénombrés et un grand nombre d'armes détruites : deux canons de 57 mm, neuf pièces de DCA dont cinq canons de 20 mm, et plus d'une centaine d'armes individuelles. Le groupement français dénombre 20 tués, dont le lieutenant Vigouroux, et 85 blessés. En terme tactique, cette sortie n'a pas beaucoup d'impact puisque la DCA ne baisse pas d'intensité. En revanche, il est exact que ce raid a remonté le moral des soldats. Les conversations ont changé dans le camp retranché et les combattants n'attendent plus la prochaine offensive comme des condamnés au peloton d'exécution. Il n'est plus question de quelle initiative peut prendre Giap, mais de quel audacieux coup de main Bigeard va-t-il lancer. La bonne humeur et l'optimisme sont de retour. Certains recommencent même à penser à leur avenir et à leur promotion : «En rentrant du raid sur les batteries DCA, raconte Flamen, j'ai retrouvé un de mes camarades sous-officier qui portait sur l'épaule le tube d'un lourd canon de 20 mm. Je lui ai demandé pourquoi il s'encombrait d'un trophée aussi inutile. Il m'a répondu que grâce à ce souvenir, il allait recevoir une citation !» ■

Vue depuis Éliane 2 du mont Chauve et du mont Fictif. Faute de troupes suffisantes, ces deux mouvements de terrain n'étaient occupés que par des sonnettes chargées de donner l'alerte en cas d'attaque ennemie.

Des blessés du 8e Choc attendant d'être redirigés vers une antenne. Nombre de ceux qui furent blessés au début de la bataille finirent, à peine guéris, par rejoindre les premières lignes pour aider leurs camarades.

[14] Message non numéroté du GONO, le 29 mars à 10 h 50.

Chapitre 6

Éliane 2 arrête **les divisions**

Aujourd'hui encore la Légion se souvient des furieux combat pour les Eliane. Cette toile a été récemment réalisée par le légionnaire Ponomarev et elle est exposée au musée de la Légion.

« La situation dans notre secteur était plutôt calme depuis notre arrivée. J'étais en train d'avaler un rapide repas avec le lieutenant Samalens quand un déluge d'obus s'est abattu sur l'ensemble des Éliane, provoquant un épais brouillard de poussière, raconte le sergent chef Pierre Flamen. Surpris, les hommes ramassèrent leur paquetage et courbés dans les boyaux d'accès aux tranchées, se précipitèrent vers les lignes de combat».

Si la date de l'offensive du général Giap constitue une surprise, le commandement français se doutait tout de même de ses intentions. Ainsi, un message[1], envoyé le 28 mars au général Cogny, soit deux jours avant l'attaque viêt-minh, indiquait «qu'une grande activité de nuit des éléments de contact sur la face est et nord-est

[1] Message n° 1/01 (SHAT)

de Giap

du dispositif, devant Éliane et Dominique, peut laisser présager une action prochaine contre l'un de ces points d'appui». De plus, des actions de propagande ont été menées les nuits précédant l'attaque pour tenter de pousser les combattants nord-africains à déserter, ainsi que des actions contre les sonnettes placées sur le mont Chauve.

La situation est préoccupante car les unités qui gardent l'est du dispositif ne sont pas jugées très fiables. Les combattants nord-africains ont montré toute leur ardeur à la guerre lors de la campagne d'Italie, mais en Indochine, gagnés par le mal du pays, faiblement encadrés, ils n'aspirent qu'à une chose : rentrer chez eux ! Victimes de la propagande viêt-minh, ils commencent à se persuader que cette guerre n'est pas la leur. Le commandement le sait même si la veille, visitant cette

Le Helldiver 3F-14 de l'aéronavale. Dès le début des combats, le pilote partait seul car en l'absence d'avions ennemis, il était inutile de faire courir des risques au mitrailleur.

partie de DBP, le colonel Langlais a été surpris par l'état de délabrement de Dominique qui est alors principalement tenue par le 3e bataillon du 3e régiment de tirailleur algérien. «J'étais venu, en compagnie de Bigeard, pour me rendre compte de l'état de la position. La catastrophe était assez prévisible : des tranchées étaient partiellement éboulées, des épaulements étaient laissés sans protection et les boyaux d'accès ennemis débouchaient presque au cœur de la position. Certes, il y avait des réseaux de pièges minés, mais personne n'était en mesure d'indiquer comment les actionner» raconte le capitaine Alfred Martinais[2]. De plus, cette position,en première ligne depuis la chute de Béatrice, est assez vaste, alors que les compagnies, usées par des mois de présence à DBP, affichent un effectif de 90 hommes à peine, où les sections sont commandées par de simples sergents. Erwan Bergot[3] dénombre à peine une dizaine d'officiers et une vingtaine de sous-officiers pour encadrer quelque 600 hommes et leur chef, le commandant Garandeau, malade, refuse d'être évacué… La situation paraît si compromise que Langlais, bien conscient que jamais ces troupes ne tiendront assez longtemps pour soutenir le premier choc, a prévu de les relever en début de soirée avec une compagnie du BPVN sur Dominique 1. En clair, cela signifie également que le patron «opérations» de DBP sait que les positions tenues à l'est de la RP 41 (Dominique 2 & 5) ne sont pas tenables, faute de troupes de qualité disponibles. Une compagnie du 1er BEP doit aussi venir sur Éliane 2 relever les Marocains du chef de bataillon Nicolas dont la capacité à résister est douteuse.

Mais l'état-major viêt prend de court ses homologues français. Le matraquage de l'artillerie retarde l'arrivée des paras viêtnamiens de la 4e compagnie du Baouane et des légionnaires. La panique gagne rapidement les tirailleurs du 3/3 RTA sur Dominique et du 1/4 RTM sur Éliane. Sur Dominique 1, les sections d'assaut du régiment n° 165 arrivent au pied de la position, en progressant accroupis dans les boyaux d'accès, profitant du fait que les défenseurs restent tapis dans leurs tranchées pour se protéger de l'orage de l'artillerie. Les obus de 105 mm foudroient les réseaux de la première ligne tandis que les obus de mortiers tombent sur la contre-pente, augmentant la panique de ceux qui s'y sont réfugiés. Quand l'averse de projectiles s'arrête enfin, les Algériens entendent alors les clameurs des premières vagues d'assaut ennemies qui s'élancent. Souvent elles n'ont pas à faire usage de leurs armes. Les défenseurs s'enfuient ou se rendent en masse. Cependant une mauvaise surprise les attend : les Viêtnamiens de la 4e compagnie, dirigés par le capitaine Martinais, parviennent à occuper le sommet de la colline et commencent à mettre en action leurs mitrailleuses 24/29. Beaucoup de fuyards perdent ainsi la vie, pris entre deux feux. Les paras du BPVN, épaulés par des légionnaires d'une section de mortiers lourds, tentent alors d'endiguer le flot adverse. Ils surprennent le régiment ennemi un peu dispersé, coupé dans son élan par une victoire facile sur les Algériens. Mais très vite, l'ennemi se ressaisit. Son artillerie, principalement des mortiers, pilonne à nouveau le sommet de la colline. Dans les tranchées, les Viêtnamiens des deux camps se fusillent à bout portant, alors que les Dakota se relaient au-dessus de la cuvette, balançant des lucioles pour éclairer le champ de bataille. Dans le fracas des armes automatiques et des explosions de grenades, les chefs de groupe tentent de maintenir une défense concertée, rameutant leurs voltigeurs et organisant l'installation des armes collectives. «Je ne pouvais mal-

En bas à droite dans le centre de secours, le médecin-commandant Grauwin, torse nu, opérant un blessé au pied. À partir du 30 mars, l'espace allait en permanence manquer pour les blessés.

Les chars furent utilisés pour bloquer les compartiments de terrain entre les points d'appui français, afin d'empêcher les infiltrations ennemies. Des zones de tir avaient été préalablement reconnues pour appuyer les unités, même de nuit.

[2] Entretien avec l'auteur
[3] E. Bergot, Les 170 jours de DBP. Presse de la Cité. P. 183.

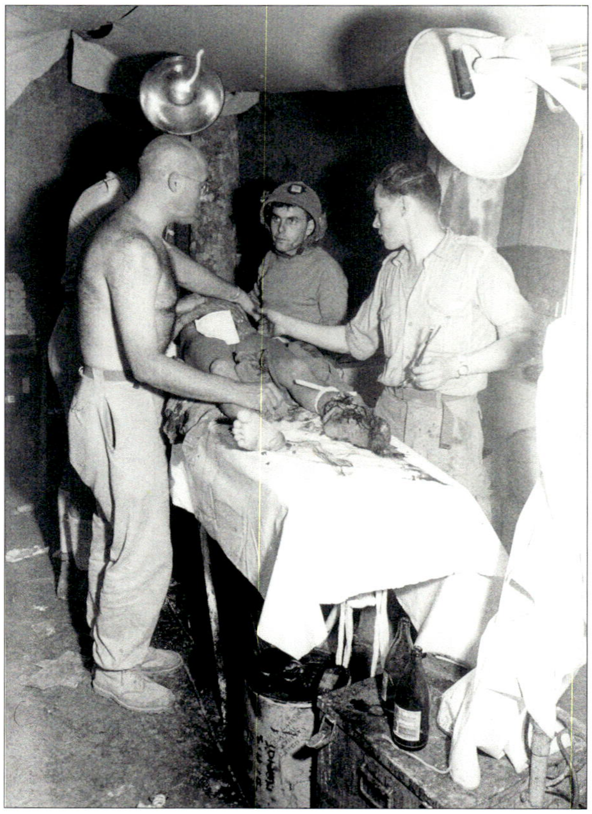

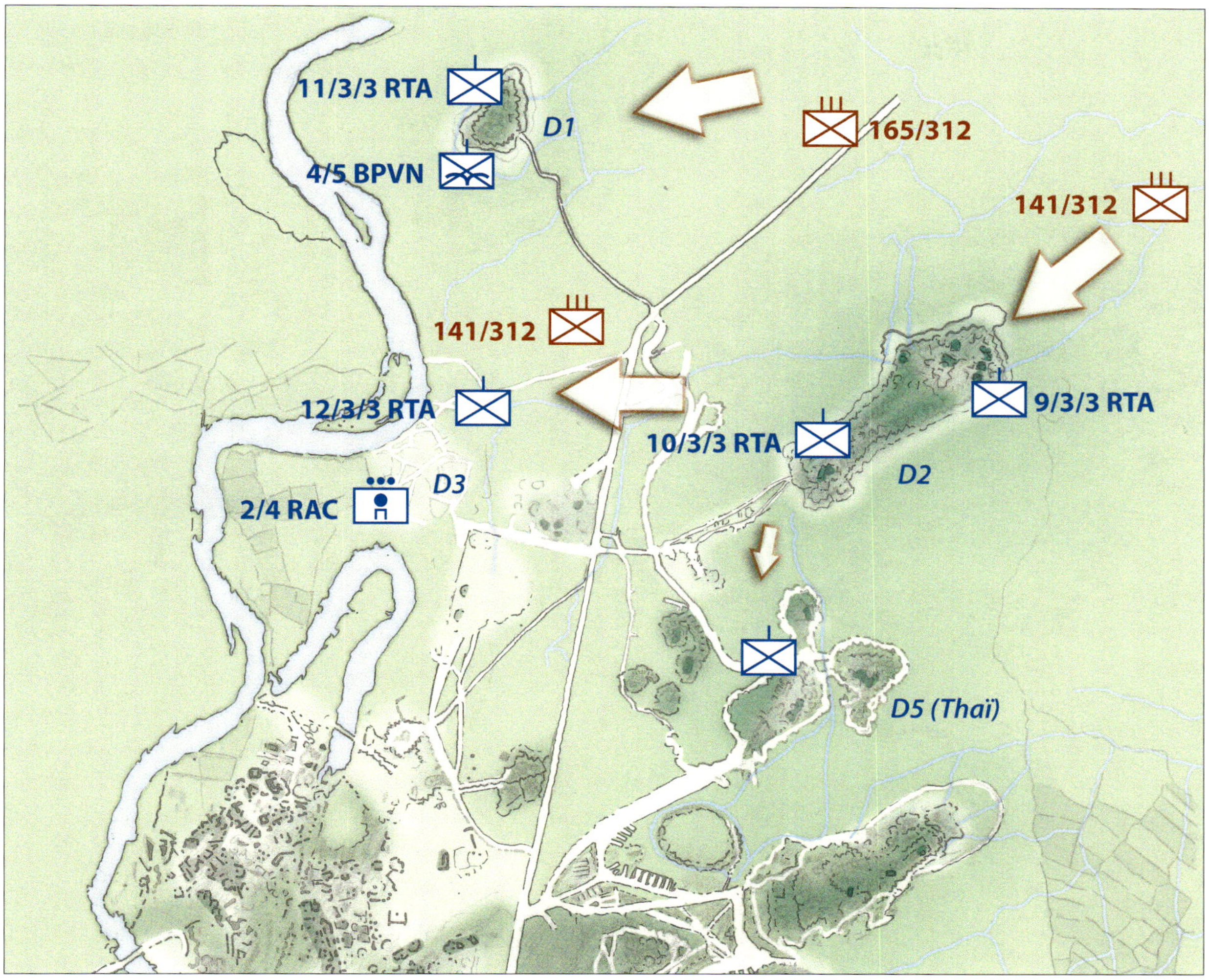

Le 30 mars au soir, les points d'appui Dominique furent attaqués par deux régiments de la 308. Dominique 1 & 2 furent anéanties, mais Dominique 3 & 5 parvinrent à repousser l'ennemi.

Le 30 mars, les Viêts lancèrent un assaut sur les Eliane. Eliane 1 fut submergé par le régiment 174, mais Eliane 4, âprement défendu par les Marocains du 1/4 RTM et les légionnaires du BEP, résista.

[2] Entretien avec l'auteur

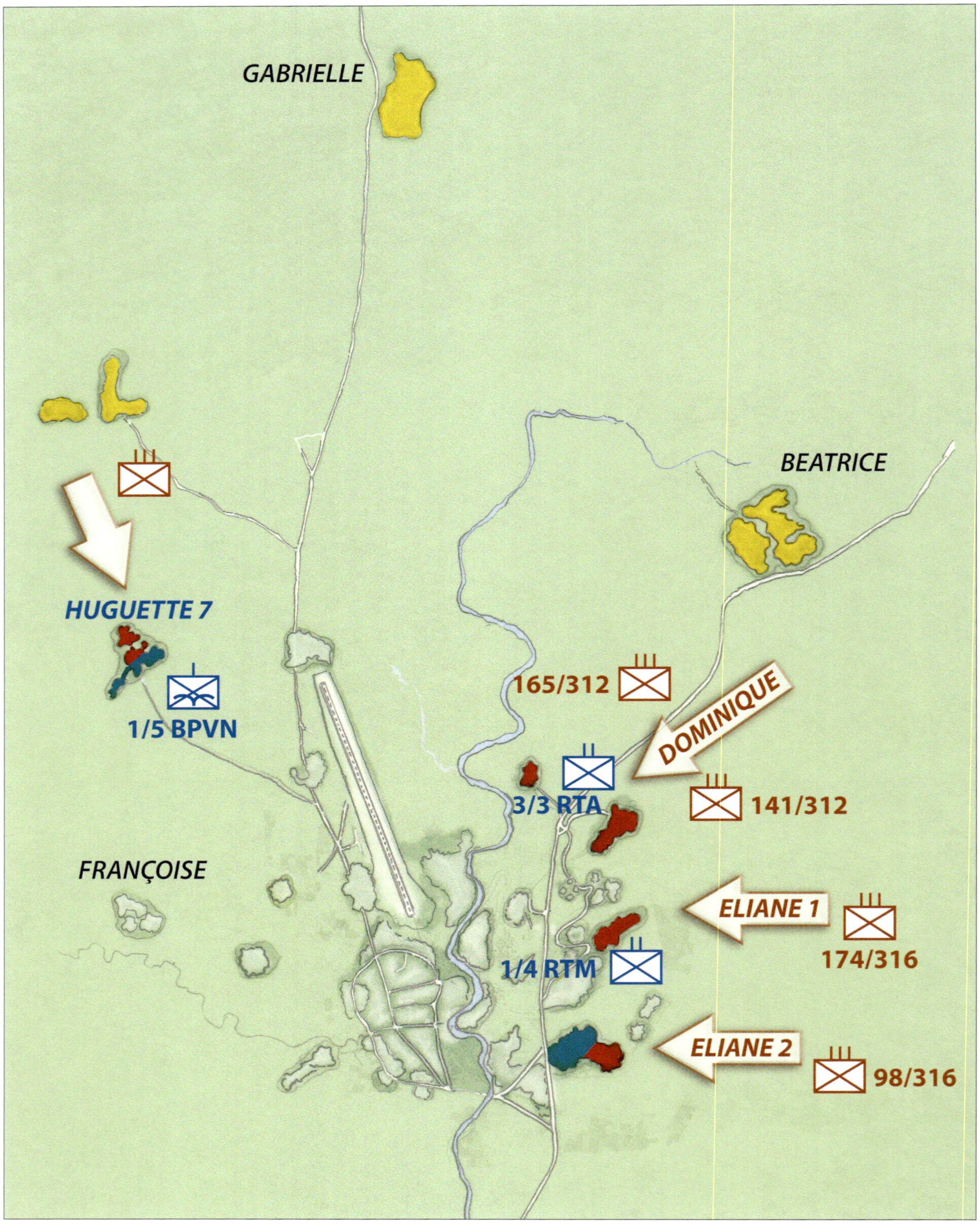

Vue d'ensemble de l'offensive ennemie du 30 mars. Diversion à l'ouest sur Huguette qui fut seulement à moitié conquis grâce à la défense des Viêtnamiens du capitaine Bizard. À l'est, l'attaque principale. La 312 s'empara de de Dominique 1 et 2, tandis que la 308 prit Éliane 1. Seule une partie de Éliane 2 tomba.

heureusement pas compter sur les Algériens. À un moment, j'ai ordonné à une section de tirailleurs de venir épauler l'une de mes sections, qui risquait de se faire submerger, mais ces derniers ont refusé d'obéir et se sont repliés», raconte le capitaine Martinais, qui était le seul officier français de sa compagnie. Pendant deux heures, les paras du BPVN livrent un combat sans espoir à un contre dix, mais vers 22 h 00, le rouleau compresseur du régiment 165 anéantit les derniers défenseurs. Selon Alfred Martinais, tout l'encadrement de sa compagnie a été tué ou blessé. L'unité viêt-minh aurait toutefois perdu au cours de ce corps à corps pas moins de 50 % de son effectif, ce qui la met du même coup hors-jeu.

Sur Dominique 2, la tragédie est encore plus rapide. Le déluge de feu ôte toute velléité de résistance aux Nord-Africains. Le régiment viêt-minh 141 ne se donne pas beaucoup de mal pour capturer les 9e et 10e compagnie. Là encore, l'absence d'encadrement, le délabrement du système défensif et le manque de conviction des troupes françaises laisse le champ libre à l'adversaire. Celui-ci, surpris de s'être emparé aussi facilement de cette position, se demande comment exploiter ce succès. Il choisit alors de foncer tout droit avec la majorité de ses

effectifs, pour traverser la RP et prendre Dominique 3. Une autre partie du régiment 141 reçoit l'ordre de prendre les Éliane à revers, en descendant vers le sud. Alors que la victoire complète est à portée de main du chef de corps du régiment 141, quelques irréductibles lui volent la vedette.

Les troupes qui descendent vers les Éliane se heurtent à un petit fortin isolé occupé par une compagnie Thaï, Dominique 5. Alors que les partisans s'étaient débandés sur Anne-Marie quelques jours plus tôt, ceux-ci résistent avec une énergie farouche. «On entendait tirer au fusil mitrailleur 24/29, facile à reconnaître avec des rafales assez lentes de quatre ou cinq balles. Ils tiraient encore et encore. On s'attendait à tout moment à ce qu'ils fussent submergés» raconte le sergent-chef Pierre Flamen[4], qui était installé un peu plus au sud, près d'Éliane 1. À la radio, «le gars Pierre» (le colonel Langlais) demande au lieutenant de La Malène, commandant la compagnie Thaï, de se replier, mais celui-ci refuse d'obtempérer et réclame davantage de munitions pour ses 24/29. Toute la nuit, les partisans thaïs bloquent sous le feu de leurs armes le débouché vers le sud. Dominique 5 n'est abandonné, et volontairement, que le 2 avril.

Le 31 mars, deux compagnies du 6e BPC se succédèrent pour reprendre Éliane 1, mais faute de renforts, la position dut être abandonnée en fin de journée. Sur Éliane 2, partiellement occupé, les défenseurs parvinrent à retenir la pression de l'ennemi.

[4] Entretien avec l'auteur.

Le débouché à l'ouest, en direction de Dominique 3, offre d'autres déconvenues au commandement du régiment viêt-minh 141. Là aussi, le colonel Langlais a donné l'ordre de se retirer de cette position isolée à l'est de la Nam Youm. Mais le lieutenant Filaudeau, qui commande la 12e compagnie du 3/3 RTA a une solide confiance en ses Algériens. À plusieurs reprises, il fait le tour des positions et constate que ses hommes sont décidés à se battre. Ils n'ont pas l'air ému par l'orage d'acier qui s'est abattu sur Dominique 1 & 2. Ils ont également très bien réagi quand ils ont vu leurs camarades s'enfuir, alors que d'ordinaire, la panique est souvent contagieuse. Par ailleurs, le lieutenant Brunebroucke, qui commande une batterie de canon de 105 mm court sur ce même point d'appui, ne veut pas détruire ses pièces sans avoir combattu. Les deux hommes seconcertent et finalement refusent d'obéir aux ordres. Ils ne veulent pas céder. Le terrain jouera en faveur des deux jeunes lieutenants.

Un glacis relativement dégagé, constitué en partie par la RP41, offre aux défenseurs un stand de tir de premier ordre. À l'inverse, les assaillants s'en prennent à une position qui n'a pas subi un lourd matraquage. De ce fait, même s'ils ont l'avantage d'attaquer depuis un point haut, ils sont face à une position dont les réseaux de mines et les rangées de barbelés sont encore intacts. Quand les soldats du régiment 141 s'élancent en direction de Dominique 3, les voilà face aux 105 de Brunebroucke qui débouchent à zéro presque à bout touchant. Les gros projectiles vrombissent au-dessus de la tête des défenseurs de première ligne avant d'exploser au milieu des rangs ennemis, à moins de 100 mètres, projetant tels des pantins désarticulés des soldats viêtminh. Les combattants ennemis qui parviennent à franchir ce hachoir à viande, sont à leur tour pris à parti par les Algériens de Filaudeau. Les Mas 36 abattent les bodoïs venus se heurter dans les barbelés. Les vagues d'assaut déferlantes de l'adversaire sont brisées. Bien que les artilleurs de Brunebroucke constituent des cibles faciles, la panique qui s'empare cette fois-ci du régiment ennemi ne lui permet pas de mettre en batterie des armes collectives. Les quelques sections du régiment 165, qui viennent d'être durement étrillées par le Baouane, ne peuvent pas non plus franchir le glacis pour aider leurs camarades. Le commandant de la division 312 ne peut que constater que ses troupes ont été arrêtées. La situation a momentanément été sauvée par trois irréductibles lieutenants. Vers minuit, les combats baissent d'intensité dans le secteur de Dominique 3, mais, jusqu'au matin 8 h 00, des éléments ennemis tentent de s'infiltrer sur cette position en rampant sous les barbelés. Hagards mais victorieux, les défenseurs de Dominique 3 ont du mal à croire qu'ils sont vivants après une telle nuit.

Un peu plus au sud, le dispositif français est également bousculé. Sur Éliane 1, les deux compagnies du régiment de tirailleur marocain, exposées aux coups des 105 mm de l'artillerie ennemie, refluent rapidement vers l'arrière, laissant ainsi une victoire facile au régiment de la division 316. Installés en contrebas, protégés par leur réseau bas de barbelés, les hommes de la 12e compagnie du 6e BPC sont aux premières loges pour suivre la tragédie d'Éliane 1 et la débandade des tirailleurs. «Nous avions tout de suite vu que l'ennemi avait pris le dessus. Nous avions essayé d'appuyer l'action des Nord-Africains en tirant au FM sur la face nord d'Éliane 1, mais nous étions en fait trop éloignés pour leur venir véritablement en aide» raconte le sergent-chef Pierre Flamen. La 12e compagnie n'a pas reçu l'ordre de contre-attaquer. Elle empêche l'adversaire de contourner les Éliane par le nord et protége du même coup les mortiers du lieutenant Bergot, au pied de cette position.

Une tranchée en bordure de piste. On aperçoit à droite un abri qui permettait à deux hommes de prendre du repos avec une relative protection. Cette photo a été prise avant le début des combats comme l'atteste la présence d'avions sur la piste.

Cette photo permet de se rendre compte de la profondeur des tranchées. La rigole sur le côté droit permettait de faire passer le fil des téléphones de campagne. Les obus ennemis avaient toutefois la mauvaise habitude de rompre régulièrement les liaisons !

En revanche, sur Éliane 2, le régiment 98 se heurte à un mur. Soutenus par les légionnaires de la 1re compagnie du BEP, les Marocains parviennent à tenir le coup. Il faut dire que la présence du commandant Nicolas, chef du bataillon des Nord-Africains, et de son petit état-major encourage les troupes à tenir. La première vague ennemie est littéralement fusillée à bout portant par le feu conjugué des deux compagnies. L'élan brisé, le régiment viêt-minh aura par la suite beaucoup de peine à relancer ses sections au combat : Éliane 2 est pourtant une position moins abrupte qu'Éliane 1, mais la préparation d'artillerie a été moins efficace. Sans doute l'adversaire a-t-il consacré plus de moyens pour anéantir les autres points d'appui, à moins que le tir ait été mal ajusté. Le flottement chez les bo-doïs, qui est bien perçu, renforce la détermination des défenseurs. La situation leur est alors plus favorable : les lucioles lancées par les Dakota facilitent le tir des mitrailleuses sur les concentrations de l'adversaire. Le mont Chauve et son prolongement, le mont Fictif, sont alors visibles, permettant aux officiers français de caler des tirs d'encadrement d'artillerie, qui empêchent alors l'ennemi de se regrouper. Le colonel Langlais, croyant que la position est aux mains de l'ennemi, manque

Les tranchées françaises. On aperçoit au premier plan un réseau bas de barbelés qui servait à empêcher les grenadiers ennemis de s'approcher en rampant.

Un assaut viêt. Cette photo a été reconstituée après la bataille, la plupart des combats ayant lieu la nuit. On reconnaît facilement les bo-doïs à leur casque de latanier tressé.

Le 31 mars, deux compagnies du 8e Choc, soutenues par des Chaffee, tentèrent de reprendre Dominique 2, mais un régiment de la 312, appuyé par une forte concentration d'artillerie, repoussa l'assaut français.

même de déclencher un barrage d'artillerie sur ses propres troupes. Heureusement, se rendant compte de sa méprise, le commandant des forces opérationnelles allonge le tir au dernier moment. Toutefois, pour être efficace, les obus doivent tomber à moins de 200 mètres des tranchées françaises. Une distance extrêmement courte qui n'exclue pas, dans certaines occasions, des tirs fratricides. Malgré le retournement de situation, le régiment 98 conserve tout son mordant, mais faute de retrouver sa cohérence, il en est réduit à mener une série d'actions isolées que les tirailleurs et les légionnaires repoussent les unes après les autres. De plus, le terrain ne favorise pas l'assaillant : un méplat, qui prolonge Éliane 2 vers le sud-est, constitue un glacis infranchissable. Il suffit d'y poster quelques fusils-mitrailleurs pour bloquer l'accès des boyaux ennemis. En fait, les Viêts ne peuvent donc attaquer en masse Éliane 2 que par le nord-est, ce qui facilite la tâche des défenseurs. Le capitaine Luciani, commandant la 1re compagnie du 1er BEP, y concentre ses meilleurs éléments et organise, en concertation avec le commandant Nicolas, une noria de porteurs destinés à approvisionner les premières lignes de grenades et de chargeurs de cartouches. Dans un combat retranché, en dehors de la détermination du défenseur, l'un des facteurs qui contribue à l'emporter demeure la capacité à déverser sur l'assaillant le tonnage de projectiles le plus important. Les coups d'arrêt de l'artillerie a de ce point de vue une importance capitale. Les Français ont également une consolation sauvage en voyant les bases de départ des unités ennemies disparaître dans une tornade de feu : le GATAC Nord a répondu à l'appel lancé en début de soirée par le colonel de Castries[5] : «Combat en cours pour récupérer Éliane 2 – deux contre-attaques (face est) – stop – nous tenons actuellement – stop – sans nouvelles Dominique 1 – stop – avons demandé les Packet – ils doivent venir – la météo est excellente – colonel dit qu'il faut prendre des risques – stop – ne pas bombarder trop haut – nous baliserons la zone à bombarder avec des obus au phosphore». L'aviation n'a pas laissé tomber le camp retranché. Les B-26 effectuent 19 missions d'appui direct au cours de la nuit, balançant leur chargement au plus près des points d'appui, avec le mépris le plus complet des règles de sécurité. Moins précis, les Dakota et les Packet vident leur soute dans la périphérie du camp, sur les sites supposés de l'artillerie ennemie. Cinq Dakota sont placés en alerte à 30 minutes pour être en mesure d'intervenir au plus vite. Ces bombardements n'ont pas beaucoup d'impacts sur la première vague d'assaut ennemie car celle-ci est déjà bien trop imbriquée dans le dispositif français pour être attaquée, mais le napalm efface les sections d'appui des compagnies ennemies (mortiers, mitrailleuses et canons sans recul de 57 mm) placées un peu en arrière. Au final, ces appuis feu, peu précis, font sans doute plus de bruit et de lumière que de morts dans les rangs des Viêts, mais ont un impact psychologique très fort sur les défenseurs français, ravis de voir qu'ils n'ont pas abandonnés et que l'ennemi, du moins le croient-ils, «déguste» à son tour... À l'aube, les chasseurs de l'armée de l'air et de l'aéronautique navale prennent le relais. Le patron de la 3F, le lieutenant de vaisseau Jean Andrieux, est abattu par la DCA ce matin-là dans une mission d'appui feu dans le secteur de Dominique 1.

Pour désorienter les défenseurs, le général Giap a également lancé, sur la face ouest du camp retranché, une offensive contre Huguette 7. C'est un fortin auparavant rattaché au point d'appui Anne-Marie, mais depuis la défection des partisans thaïs, il a été rebaptisé. Giap n'a pas les moyens en artillerie de lancer une offensive générale sur l'ensemble du camp retranché, mais cette attaque isolée, réalisée par un régiment de la division 308, a pour objectif d'obliger Langlais à disperser ses moyens d'intervention. C'était mal connaître «le gars Pierre», qui prépare ses différentes contre-attaques et ne peut donc envoyer aucun renfort pour sauver Huguette 7. Ce fortin, installé dans la plaine, n'est pas indispensa-

Le second maître Jannic dans son Helldiver de la 3F. Il était l'ailier du LV Andrieux quand celui-ci se fit descendre le 31 mars.

Le pilote d'un Bearcat finissant de s'équiper de son parachute. Cet avion appartenait à l'Escadrille de Reconnaissance d'Outre Mer 80 comme en témoigne la nacelle photos sous le ventre.

[5] Message sans numéro du GONO, à 21 h 50 le 30 mars. (SHAT)

Des légionnaires parachutistes du 1er BEP dans une tranchée. Devant l'homme au premier plan, un Mas 36 à crosse pliante et un peu plus loin sur le rebord du parapet, un sac de jungle.

ble pour le dispositif, à la différence d'Éliane 2, dernière étape avant le réduit central. De plus, assez isolé au nord-ouest, avec une forme très particulière, Huguette 7 est difficile à approvisionner et à défendre. Alors que les autres points d'appui sont des réseaux de tranchées circulaires, celui-ci a la forme d'une étoile à trois branches. Il est d'ailleurs communément surnommé le point d'appui en étoile ! À la pointe de chaque branche, un petit réduit abrite la valeur d'une section. Huguette 7 est alors commandée par le capitaine Alain Bizard qui dirige a 1re compagnie du BPVN. Ce jeune officier de 24 ans, arrivé deux jours auparavant à DBP, allait très vite devoir faire ses preuves pour survivre… Les bo-doïs prennent en effet la pointe nord-est de son bastion, isolant l'une de ses sections, mais en négligeant les autres parties de Huguette 7. Cependant, les paras viêtnamiens, réagissant avec l'énergie du désespoir, ne se laissent pas impressionner. Alors que Langlais a déjà tiré un trait sur cette position, l'estimant perdue, les paras de Bizard exploitent au mieux les possibilités de leur retranchement, empêchant notamment des renforts ennemis de parvenir à proximité, en battant les rizières environnantes du feu de leurs FM 24/29. La division 308 n'a d'ailleurs pas prévu de lancer d'autres formations supplémentaires pour ce qui devait être une simple attaque de diversion. D'ailleurs, en théorie, un régiment au complet, lancé contre une position défendue par une seule compagnie, ne doit en faire qu'une bouchée. Le commandement ennemi, sans doute trop confiant dans l'issue de cet engagement, ne se rend pas compte que ses hommes piétinent et que le temps joue contre lui.

Vue du PC central, la préoccupation du commandant de DBP est extrême. À 1 h 25 du matin, le 31 mars, alors que le fracas de l'artillerie continue de retentir dans les abris enterrés, le colonel Christian de Castries envoie le message suivant[6] à Hanoï : «Dominique 1, 2 et 6 sont tombeés – Éliane 2 est en partie à nous – Éliane 1 est tombée – Combats à l'intérieur de Huguette 7 – Infiltrations vers Huguette 6 et 1 – Isabelle harcelée sans contacts serrés – 4 pièces d'artillerie hors de combat – Situation sera difficile à rétablir sans renforts extérieurs – Ferons l'impossible – Signé : de Castries». Dans la nuit, le GONO parvient à reprendre partiellement l'initiative. Délaissant la face ouest du camp et abandonnant ainsi les défenseurs d'Huguette 7 à leur sort, le colonel Langlais concentre ses moyens sur l'est, lançant une série de contre-attaques alors que le jour se lève tout juste. Sur Dominique 2, la 2e compagnie du 8e Choc, commandée par le capitaine François Xavier Pichelin, et la 3e compagnie du lieutenant Bailly, se heurtent à une vive résistance (voir carte p 92). La présence de six Chaffee lors de cet assaut permet de venir à bout facilement des retranchements ennemis, mais l'ascension du mamelon tourne assez vite au cauchemar car l'artillerie ennemie entreprend un puissant tir d'arrêt. Prise à découvert, au milieu des réseaux de tranchées dévastés, la contre-attaque est stoppée nette. Le capitaine Pichelin est tué avant même de recevoir l'ordre de décrocher, qui tombe vers 15 h 30, le 31 mars. Les chars présents servent à protéger le repli et à emmener sur leur plage arrière les blessés et les morts qui ont pu être récupérés.

Sur Éliane 1, la contre-attaque se déroule dans de

[6] Message sans numéro du GONO. (SHAT)

Le 1er avril, sur Éliane 2, trois compagnies parachutistes parvinrent à bloquer les assauts de deux régiments ennemis. La bataille d'Éliane 2, commencée le 30 mars, dura plus de 100 heures.

meilleures conditions (voir carte p 89). Lancée à l'aube, la 12e compagnie du lieutenant Trapp parvient malgré le tir de l'adversaire à reprendre et à conserver cette colline. «Les Viêts n'avaient laissé que quelques défenseurs sur la face ouest, celle qui était exposée aux coups directs de l'artillerie française» explique le sergent-chef Flamen, qui commandait l'une des sections de cette compagnie. Le harcèlement des obus de mortier et des tirs de *snipers* provoquent toutefois quelques pertes : un des gradés de Flamen, le caporal chef Lacroix, est tué à ses côtés d'un éclat en plein front, alors que le lieutenant Samalens est blessé juste devant la porte d'Éliane 1. Arrivée en haut de cette colline, la compagnie de Trapp a la désagréable surprise de trouver les tranchées de cette position complètement éboulées, alors que les tirs ennemis s'amplifient. Sans abri, les paras du 6e BPC, allongés dans la boue grasse, cherchent à se faire le plus petit possible. Sur la crête, les sections les plus avancées bénéficient d'une aide inattendue pour la fortification d'Éliane 1. «Nous avons vu arriver un Helldiver de l'aéronavale qui faisait des cercles au-dessus des Éliane, à la recherche d'un objectif. On s'est tous dit – cette fois, on y a droit !» raconte Pierre Flamen. En effet, l'appareil largue une grosse bombe de 500 kg sur ceux qu'il croit être l'ennemi. Les paras n'ont que le temps de se lever et de s'écarter le plus possible du point d'impact. Les pertes de ce tir fratricide sont limitées puisque la compagnie ne déplore qu'un blessé, la jambe fracassée par une grosse motte de terre. Heureusement, cela n'était pas du napalm ! En revanche, le cratère de la bombe sert très utilement de tranchée depuis laquelle les paras de Trapp installent leur point de résistance. Ils sont relevés en début d'après-midi par la 13e compagnie du lieutenant Lucien Le Boudec, qui parvient à se maintenir au prix de lourdes pertes : «Nous sommes montés à 170, mais vers 17 h 00, seuls 60 hommes étaient encore valides. C'était un peu une mission de sacrifice, comme par hasard, tous les lieutenants étaient célibataires. Pour me convaincre de la nécessité de tenir, Bigeard m'avait dit que si nous nous accrochions, Hanoï nous enverrait le 2/1 RCP pour nous relever», précise-t-il[7]. Tous les officiers de cette unité, dont Le Boudec, sont blessés. Éliane 1 a été reprise, mais ce succès coûte si cher au 6e BPC, que vers 17 h 00, le colonel Langlais ordonne aux deux compagnies du 6e BPC de décrocher, faute d'avoir pu obtenir des renforts parachutés.

Retournons sur Éliane 2. À 8 h 00 du matin, la situation s'est améliorée. Il a fallu pas moins de cinq contre-attaques pour parvenir à se maintenir sur cette colline. Les chars de l'escadron Hervouët ont été intensivement utilisés. Leur blindage et leur canon de 75 mm

[7] Entretien avec l'auteur.

ont tenu à plusieurs reprises les sections ennemies en respect. Mais le *Bazeille* a été détruit par un tir de lance-roquette à bout portant. L'équipage a évacué le blindé à cause d'un incendie dans le compartiment. Les chars sont de redoutables mastodontes, mais dans un terrain complètement ravagé par l'artillerie, des petits groupes ennemis parviennent à les approcher d'assez près. Dans la confusion, les fantassins qui doivent protéger leurs abords sont souvent dispersés.

Les combats autour d'Éliane ont dévoré un grand nombre d'unités. Le 3/3 RTA du commandant Nicolas n'existe virtuellement plus tandis que la 1re compagnie du BEP compte dix-huit tués. Les pertes sont également lourdes dans les bataillons de paras engagés, notamment le 5e BPVN, qui ne comptent déjà plus qu'un homme valide sur deux. Même si des blessés légers peuvent rapidement revenir en première ligne après quelques jours de repos, la force de réaction de la citadelle assiégée est largement diminuée. Déjà, Langlais a dû prélever deux sections de légionnaires du commandant Clémençon pour renforcer les défenses à l'est. Le bilan des contre-attaques déclenchées par Langlais et Bigeard n'est pas flatteur, puisque en dehors d'Éliane 2 restée entre les mains des Français, Dominique 1 et Éliane 1 sont toujours sous contrôle de l'ennemi en fin de journée. Langlais manque de réserves pour tenir l'ensemble des collines du dispositif. D'ailleurs, les télégrammes du GONO envoyés à Hanoï révèlent l'insistance avec laquelle les assiégés demandent des renforts. À 7 h 15, un message[8] signale «demande réponse urgence au sujet renforts», précisé à 8 h 45 par cette autre demande : «besoin ce jour deux bataillons et une batterie de 75 mm sans recul». Des spécialistes sont également très attendus pour remplacer les pertes, notamment des sous-officiers chef de pièces dans l'artillerie ou encore un lieutenant de l'arme blindée cavalerie, afin de remplacer le chef d'escadron Hervouët, une deuxième fois blessé dans les combats. Il a eu en effet l'avant-bras cassé par le recul de la culasse du canon du Chaffee. Mais ce qu'ignorent les défenseurs du camp, c'était que Cogny, dans la nuit du 30 au 31 mars, n'est pas devant une carte d'état-major à prendre des décisions, mais dans le lit d'une de ses maîtresses. Pas de chance pour lui ; Navarre, se doutant que Giap va lancer sa seconde offensive, a pris l'avion pour Hanoï et a été surpris de ne pas être accueilli par le patron des FTNV à son arrivée à l'aéroport, vers minuit… Le généchef ne peut mettre la main sur son subordonné que vers 8 h 30 le matin du 31 mars et lui distribue une sérieuse volée de bois vert[9]. Aucune décision n'est arrêtée concernant l'envoi de renforts : le GONO affirme que l'une des dropping zones est utilisable, mais le patron des troupes aéroportées des FTNV, le colonel Sauvagnac craint de casser trop de monde et préfére attendre d'y voir clair. Le GATAC choisit une autre DZ, mais comme celle-ci est inutilisable, le saut est annulé. Le largage du 2/1 RCP ne commence que dans la nuit du 1er au 2 avril. L'amertume est perceptible dans le compte rendu réservé au général Cogny que de Castries lui envoye[10] : «Sommes médiocre situation qui aurait pu évoluer favorablement grâce à l'arrivée de renforts – n'a pu être rétablie».

Il est également reproché à Langlais d'avoir lancé des contre-attaques le 31 mars alors qu'il sait qu'il n'aura pas les renforts nécessaires pour tenir les collines reprises et donc d'avoir gaspillé à cette occasion le potentiel de deux de ses unités d'intervention, le 8e Choc et le 6e BPC. Ce procès a posteriori n'a pas beaucoup de sens. Le camp retranché ne peut rester inactif alors que, l'une après l'autre, les collines qui constituent le rempart extérieur tombent aux mains de l'ennemi. Ne rien entreprendre signifie que la bataille est déjà consi-

Le lieutenant-colonel Langlais, l'air martial, posant pour une photo. Son caractère emporté, parfois excessif, lui valut bien des ennemis. Toutefois, au moment où Giap lança de lourdes offensives, il fut l'un des seuls officiers supérieurs qui continua à y croire. Ou au moins à en donner l'impression à ses subordonnés.

Au milieu, des soldats bricolant des abris en bordure de tranchée. Les caisses d'obus de 105 mm n'offraient qu'une protection illusoire.

[8] Message n° 16/40 du GONO (SHAT).
[9] Général Navarre, Le temps des vérités, Plon, Paris, 1979. Pp. 348-350.
10 Message n° 10/10 du GONO, le 31 mars à 19 h 50.

dérée comme perdue. Langlais sait sans doute qu'il ne peut tenir les points d'appuis fraîchement reconquis, mais en montrant que la garnison conserve toujours un redoutable mordant, il peut espérer décourager Giap, lui prouver que Diên Biên Phu est un trop gros morceau pour lui. Le commandant en chef ennemi ne peut ignorer que cette bataille est en train de saigner ses meilleures divisions, d'épuiser ses réserves et de l'empêcher du même coup de lancer une offensive en direction de Hanoï et de Haïphong en 1954. Un bref compte rendu du 2e bureau, dans un message envoyé à 16 h 59 le 31 mars, donne un aperçu de l'ampleur des pertes subies par l'adversaire. «1 000 dans tranchées accès zone Dominique – stop – 300 dans barbelés Éliane 2 – stop – 50 dans barbelés Éliane 1 – stop – Pertes non dénombrées enlevées par VM au cours de la nuit et dans PA en cours nettoyage». Et puis, Navarre s'est déjà plaint du manque de réaction du chef des troupes d'intervention lors de la chute de Béatrice. Langlais est forcé d'agir.

Pendant que le commandement de la garnison assiégée se livre à des tractations serrées avec Hanoï pour disposer des réserves et des approvisionnements nécessaires, le feu qui couvait sur Éliane 2 redémarre. Toute la journée, les Viêts multiplient les tirs de harcèlement et les reconnaissances pour préparer leur attaque et empêcher les défenseurs de préparer leurs positions. Il est pourtant indispensable que les différentes unités présentes coordonnent leur défense pour être en mesure de s'appuyer mutuellement. Observant depuis Éliane 4 la position, le commandant Bigeard réussit à obtenir de Langlais le meilleur des unités d'intervention : deux compagnies du 1er BEP et une du 6e BPC tentent de se préparer au choc sur Éliane 2. Il dispose également de quelques réserves sur Éliane 4 afin de pouvoir soutenir cette action. Giap a perdu l'avantage : il ne peut lancer que la valeur d'un régiment sur une portion de terrain aussi étroite et il a en face de lui des unités qui l'attendent de pied ferme. Le général Giap doit procéder à quelques aménagements de son dispositif pour ce second assaut[11]. Très éprouvé par les combats de la veille, le régiment 98 a été placé en réserve et le régiment 176 de la division 316 est désigné pour aller au combat. Pour renforcer ses moyens sur le secteur sud-est, le commandement viêtnamien a rameuté le régiment 102 de la division 308, habituellement placé au nord-ouest de Diên Biên Phu. Ces réorganisations offrent une nuit de repos relatif à la garnison retranchée. L'ennemi ne déclenche pas d'attaque massive, mais continue sa tactique de harcèlement, mêlant tir d'artillerie ou de mortiers et patrouilles de reconnaissance. Sur Éliane 2, les légionnaires et les parachutistes, au coude à coude, restent sur le qui-vive toute la nuit.

L'attaque est lancée le matin du 1er avril (voir carte p 95). Après une brève préparation d'artillerie, les sections d'assaut ennemies se heurtent les unes après les autres au mur des défenseurs. Les pertes des bo-doïs sont terribles car cette attaque au grand jour laisse le champ libre à l'appui de l'aviation. Un véritable cirque aérien où les défenseurs voient les aviateurs et les marins rivaliser d'audace pour remplir de napalm enflammé les boyaux d'accès des Viêts, malgré l'intensité de la DCA. Sur le terrain, les efforts conjugués des régiments 176 et 102 permettent aux Viêts de s'emparer d'une partie d'Éliane 2. Les Français lancent une série de contre-attaques pour tenter de réoccuper la totalité de la position, mais la situation reste incertaine. Le colonel Langlais a toutefois une bonne surprise. Alors qu'il a déjà tiré un trait sur Huguette 7, partiellement occupé par l'ennemi dans la nuit du 30 mars, les paras du BPVN réussissent à se dégager. Ordonnant un tir sur la partie

Les alvéoles en bordure de tranchées sont des banquettes de tir. Au fond du boyau les soldats étaient complètement hors de vue des tireurs ennemis.

[11] Archives B2. Carton 10H1162 (SHAT)

occupée de son point d'appui, le capitaine Bizard lance la centaine d'hommes valides qui lui reste à l'assaut. Un furieux corps à corps s'engage. Persuadés que les Français ont envoyé des renforts, les bo-doïs paniqués se débandent, alors qu'ils disposent d'une supériorité numérique écrasante. Le point d'appui en étoile est momentanément sauvé, même si la relève de ce poste et son ravitaillement, très éloigné au nord-ouest du dispositif, restent problématiques. Une compagnie de légionnaires, commandée par le lieutenant Spozio, relève les paras du 5e BPVN sur Huguette 7. À partir de cet épisode, une légende commence à se constituer autour de Bizard : «Cet officier avait un destin particulier. Il faisait la guerre avec le sourire, réussissait tout ce qu'il entreprenait et n'était jamais blessé, à la différence de bon nombre de commandants de compagnies. Rien ne paraissait l'étonner, rien ne l'arrêtait. Au 5e BPVN, où il venait d'arriver, nous le surnommions l'Archange», raconte le médecin lieutenant Rouault[12].

L'autre bonne nouvelle pour Langlais est surtout l'arrivée du 2/1 RCP, dirigé par le commandant de Bréchignac. Ce régiment de très bonne qualité permet de renforcer les moyens d'intervention du camp retranché. Toutefois, le largage ne se déroule pas dans des conditions optimales. Depuis plusieurs jours déjà, la situation est devenue extrêmement tendue entre le colonel Sauvagnac, patron des parachutistes en Indochine, et Langlais. Alors que les normes exigent d'avoir une zone de saut dégagée de tout obstacle de 600 mètres sur 800, il n'est plus possible, compte tenu de l'exiguïté du camp retranché à cette étape de la bataille, de disposer d'un tel terrain. Langlais estimant qu'il faut tenter le tout pour le tout veut que les paras du 2/1 RCP soient largués directement au-dessus du PC Central. Un pari que le colonel Sauvagnac juge trop risqué. Il craint qu'un homme sur deux soit blessé dans un tel saut. Dans l'esprit de l'état-major des Forces Terrestres du Nord-Viêtnam, dirigé par le général Cogny, il reste la crainte d'utiliser tout le potentiel des forces aéroportées sur Diên Biên Phu et de laisser le delta sans défenseurs, à la merci d'une division de Giap. Pour eux, perdre à Diên Biên Phu, c'est perdre une bataille, mais perdre Hanoï ou Haïphong, c'est perdre la guerre… Toutefois, la réalité du terrain s'impose et Langlais et de Castries ont gain de cause. Preuve de l'insistance de ces deux officiers sur ce point, la plupart des messages envoyés à Hanoï demandant des réserves sont signés de Castries, ce qui n'est pas le cas des autres. Seulement, le parachutage du 2/1 RCP se passe mal. À cause des difficultés de repérage, à peine quatre sticks, soit une quarantaine d'hommes sur les 868 que compte le bataillon, sont largués. Même si la DCA ennemie ne s'en prend pas aux appareils, les chefs largueurs hésitent à lancer les hommes à l'aveuglette. Tomber de nuit dans les lignes ennemies signifie une mort sans phrase. Le parachutage la nuit suivante donne les mêmes résultats, si bien que Langlais finit par mettre en place un balisage de fortune avec un baril d'essence enflammée dans le lit de la Nam Youm, à hauteur du PC Central. Ce dispositif, fort peu réglementaire, permet au reste du régiment de rejoindre rapidement les premiers éléments déployés. Près de 300 hommes sont mis au sol en juste une nuit. Même pour des hommes aguerris, ce saut de nuit, sur une zone mal balisée, alors que le sol reste sporadiquement éclairé par des explosions et que des traceuses percent l'obscurité, demeure une épreuve. La difficulté pour les cadres est de parvenir à réunir leurs unités sur un paysage lunaire, entrecoupé de tranchées et de réseaux de barbelés. Toutefois, ce largage massif de nuit se fait avec très peu de pertes, en dehors d'un stick de paras viêtnamiens, largué trop court, au-dessus des lignes ennemies.

La nuit du 1er avril voit toutefois la pression continuer à se maintenir sur l'ensemble du camp retranché. Avec une régularité sans faille, des sections d'assaut ennemies attaquent Éliane 2, obligeant les défenseurs à y engager la plupart de leurs réserves. Des éléments du 2/1 RCP, fraîchement débarqués, sont utilisés pour combler les vides. Mais c'est surtout à l'ouest que Giap réussit à marquer des points. La centaine de légionnaires du lieutenant Spozio est rapidement bousculée sur Huguette 7, estimée perdue à 8 h 45, le 2 avril. Le commandant Clémençon, en charge de la défense du secteur ouest du camp retranché, déclenche une contre-attaque qui a pour objectif de dégager Huguette 6 et, éventuellement, de reprendre Huguette 7. La mission est confiée au capitaine Bizard qui connait bien le terrain. Celui-ci fait semblant de n'être qu'une relève destinée à Huguette 6 et réoccupe par surprise la position. Mais Langlais lui ordonne de se replier : les Viêts ont fait sauter les organisations enterrées et la position est devenue indéfendable, le GONO n'a vraiment pas le temps de se lancer dans des travaux de génie. À l'est, les Français reprennent complètement Éliane 2, bousculant les unités ennemies qui tentent de s'accrocher au terrain, un affront que ne peut sup-

Un abri très coquet, mais condamné à l'avance. La plupart des blessés et tués avaient été touchés par des éclats de l'artillerie. Sans cette pièce maîtresse, Giap aurait eu beaucoup de mal emporter la décision.

[12] Entretien avec l'auteur.

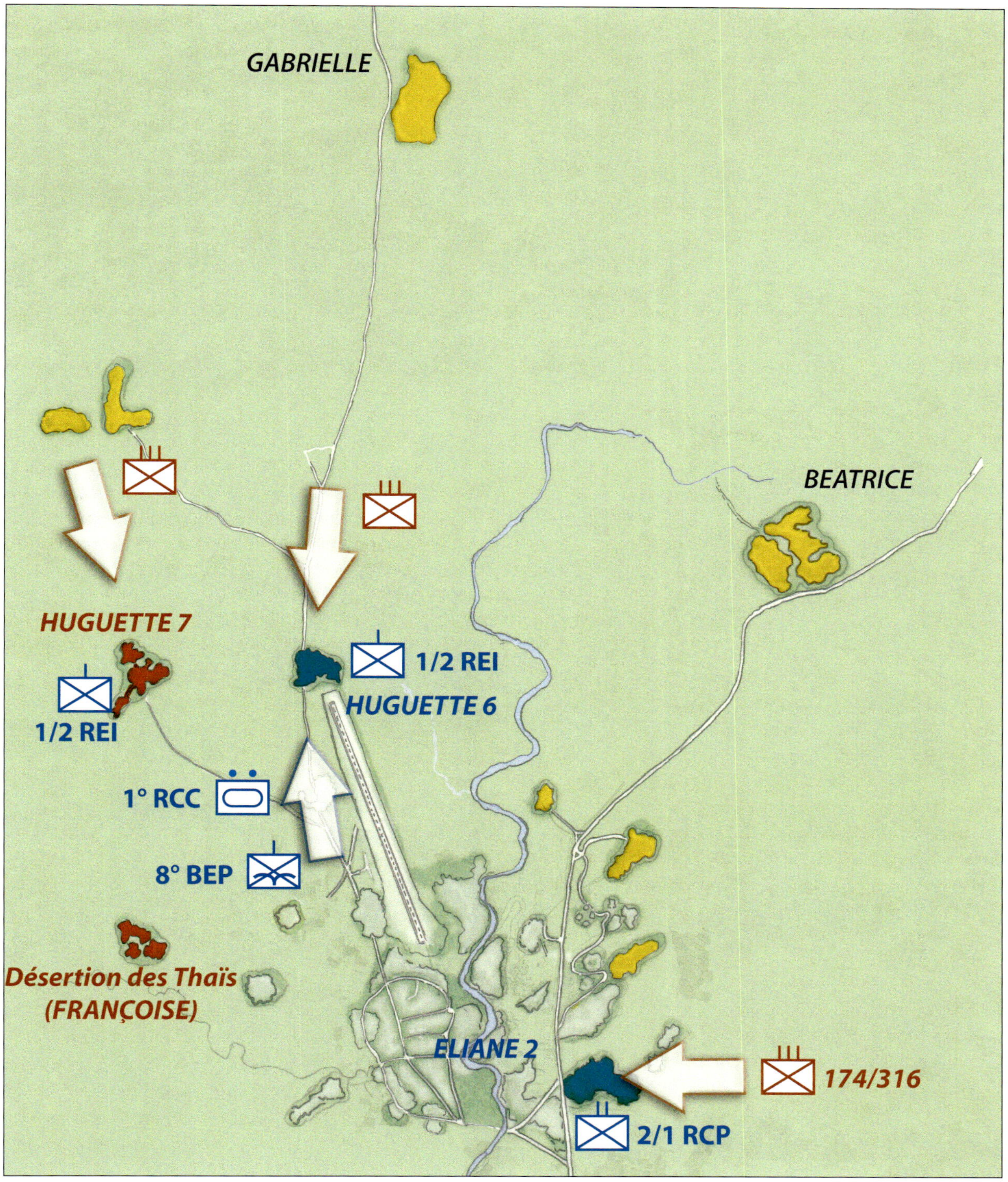

La nuit du 2 au 3 avril, à l'Est, les paras du 2/1 RCP repoussent l'ennemi d'Eliane 2. Huguette 6, également menacé par un régiment ennemi, est secouru par une compagnie du 8ᵉ Choc et des Chaffee. Sur le point d'appui Françoise, les Thaïs désertent, livrant la position à l'ennemi. Huguette 7, défendu par des légionnaires, est tombé la nuit précédente. Bizard et ses Viêtnamiens parvinrent à reprendre momentanément la position, mais celle-ci étant intenable, Langlais ordonna de l'abandonner.

porter Giap. La résistance des troupes d'Éliane 2 lui a volé sa victoire. Ils doivent payer. Le soir même, une nouvelle attaque est déclenchée : «Depuis 18 heures matraquage intense sur Éliane 2 et violent harcèlement zone PC et positions batteries – stop – progression VM à partir de 19 heures 30 sur pente Éliane 2 et Mont Chauve – déclenchement tir d'arrêt – stop – violent harcèlement au 105 et 120 sur Isabelle depuis 20 heures», indique un compte rendu[13]. Le régiment 174 de la division 316 livre bataille toute la nuit aux parachutistes du 2/1 RCP et autres unités cramponnées sur Éliane 2. Cherchant à diviser les forces du camp retranché, Giap lance également un assaut contre Huguette 6. Mais Langlais dispose de réserves et envoie sur Éliane une compagnie du 8ᵉ Choc. À 7 h 00 du matin, après une nuit éprouvante, le calme est quasiment revenu. Le 1ᵉʳ BEP a perdu pas moins de 50 hommes, morts ou blessés. Un autre assaut ennemi est lancé vers 19 h 00 sur Huguette 6, mais Langlais lance une fois encore la cavalerie à la rescousse. Un peloton de chars, accompagné d'une compagnie du 8ᵉ Choc dégage le point d'appui. La seconde offensive de Giap commence à s'essouffler. Le gros de l'orage semble passé et les Français ont la surprise de constater d'importantes erreurs chez l'adversaire, preuve que là-bas aussi, certains commencent à perdre leur sang froid : des artilleurs viêts tentent d'installer des canons de 57 mm sans recul sur le mont Chauve, juste en face d'Éliane 2. Les pièces de 105 mm du commandant Vaillant leur font vite changer d'avis… ■

[13] Message n° 56/40 du GONO, le 2 avril à 20 h 45.

Chapitre 7

Les paras veulent **reprendre**

Le camp retranché a momentanément rétabli la situation. Certes, il est illusoire d'espérer reprendre pied sur Dominique 1 et 2, mais les défenses extérieures du réduit central, Huguette à l'ouest et Éliane à l'est, ont été en partie sauvegardées. Éliane 4 reste sous le feu d'Éliane 1 qui la domine de toute sa hauteur, mais l'ennemi n'a aucune chance de maintenir d'important regroupements sous le feu direct des canons français. Les troupes de choc ont subi de lourdes pertes, mais il demeure quelques réserves. Langlais obtient le 2e BEP en renfort, suivi du 1er BPC. L'état-major des FNTV, toujours économe de ses moyens, propose dans un premier temps un bataillon de parachutistes viêtnamiens nouvellement formé, mais il se heurte à une farouche opposition de de Castries et de Langlais : «Nous sommes bien d'accord (...) pour ne plus accepter que des Européens en renfort, aussi, j'ai répondu que si ce bataillon arrivait, il serait désarmé et transformé[1] en coolie», rappelle le tempétueux patron de la défense du camp retranché. Il est également prévu d'envoyer une antenne chirurgicale supplémentaire pour faire face à l'important afflux de blessés de ces derniers jours. Compte tenu de la pression exercée durant quatre jours sur les défenseurs, le pire semble avoir été évité. Que ce serait-il passé si Giap, le 30 mars au soir, avait exploité la brèche provoquée par la chute d'Éliane 1 en lançant toutes ses réserves vers le réduit central ? Peut-être

Le comptoir des chefs-dispatcheurs. Ces sous-officiers paras expérimentés étaient en charge du largage des éléments embarqués. Les troupes aéroportées en Indochine avaient mis en place une organisation très efficace, capable de larguer, avec plus de 60 Dakota, plus de quatre bataillons, comme ce fut le cas pour l'opération Castor.

[1] Colonel Pierre Langlais, Diên Biên Phu, Plon, Paris. P. 115.

«Un habile capitaine peut être vaincu. Il ne lui est pas permis d'être surpris.»

Général de Lattre de Tassigny

l'initiative

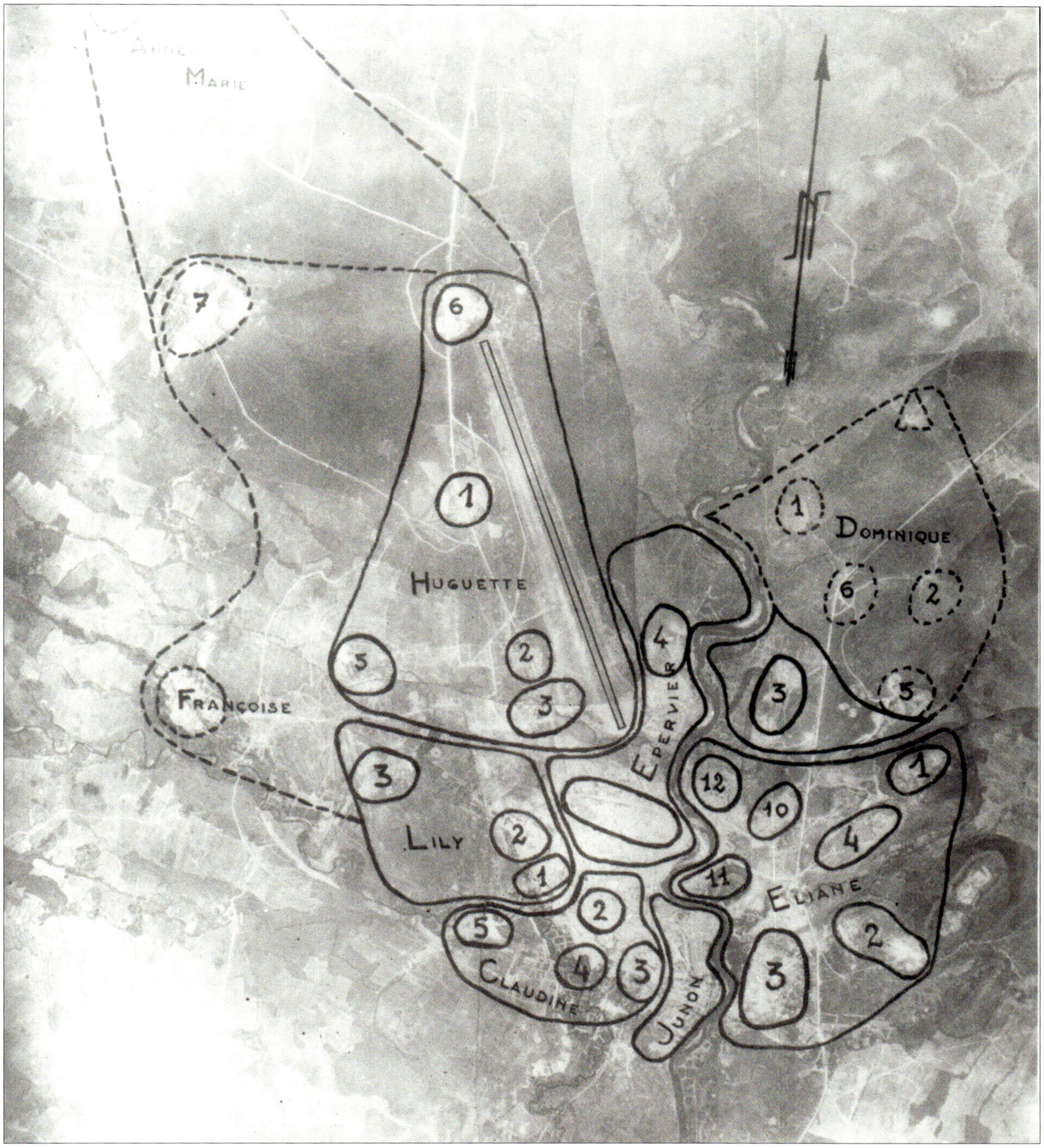

Cette photo aérienne, prise après l'offensive du 30 mars, montre les gains en terme de terrain de l'ennemi. La superficie du cap s'étendait à 480 hectares le 13 mars, pour tomber à 390 hectares le 30 mars, puis 260 le 5 avril et enfin, 135 hectares le 6 mai, la veille de la chute du camp retranché.

Comme beaucoup d'autres, ce para blessé à la main préféra continuer le combat avec ses camarades en première ligne. Son bandage devait tout de même l'empêcher d'utiliser très efficacement son Mat 49.

Ce document donne une bonne idée de la surpopulation dans les infirmeries du camp au cours de la bataille. Peu à peu, celle du commandant Grauwin déborda sur les autres souterrains qui jouxtaient son centre de soin, dont ceux des maquisards du GCMA.

Un soldat blessé recevant les premiers soins. Il n'avait pas l'air grièvement blessé, mais la taille des plaies n'était pas nécessairement déterminante : le lieutenant-médecin Rouault se souvint avoir retrouvé un homme tué avec juste une blessure de la taille d'une tête d'épingle derrière l'oreille.

que Diên Biên Phu serait tombé ce soir-là. Au lieu de profiter de cet avantage, le général ennemi a usé ses régiments dans les tranchées d'Éliane 2. Dans sa directive du 1er avril, alors que les combats acharnés se poursuivent toujours, Cogny, qui souligne que la bataille de DBP mobilise 30 bataillons ennemis qui ne peuvent être utilisés autrement, se veut rassurant[2] : «Devons et pouvons espérer Viêt-minh usé par pertes échouera nouvelle attaque ou renoncera attaquer – stop – mais dans deux cas ne desserrera sans doute pas immédiatement son étreinte et même resserrera cherchant empêcher parachutages entretien – stop – donc indispensable organiser les deux CR central et Isabelle pour durer temps nécessaire avec peu renforts et même ravitaillement restreint». En somme, de Castries et ses hommes doivent faire le gros dos, en espérant la fin de la tempête.

La bataille semble être arrivée à son point culminant. Le premier round a laissé les deux adversaires épuisés. Reste à savoir lequel des deux a le courage et la volonté d'engager toutes ses réserves pour s'assurer la victoire. Les Français ont une image assez claire des intentions de leur adversaire. Le bulletin n° 359 sur la situation militaire en Indochine[3], pour la période du 26 mars au 10 avril, note des signes d'essoufflement chez l'adversaire : «À partir du 4 avril, l'élan de l'attaque rebelle est brisé. À cette date, les pertes rebelles s'élèvent depuis le 26 mars à 2 500 tués dénombrés et on estime à 5 000 le nombre d'hommes hors de combat. Le fait que, dès le 1er avril, trois bataillons de la division 308 aient été identifiés sur la face Est du dispositif et celui que de très jeunes recrues aient été intégrées aux unités VM confirment l'importance de ces pertes qui, depuis le début de la bataille de Diên Biên Phu, se monteraient à 12 000 hommes hors de combat». Le bulletin estime donc que Giap va reprendre sa tactique de grignotage, en construisant des boyaux pour isoler les points d'appui et intensifier l'implantation de la DCA dans la vallée afin d'interdire le ravitaillement et les parachutages de renforts. Depuis le 30 mars déjà, les liaisons terrestres quotidiennes avec Isabelle ont été abandonnées, les deux centres de résistance étant de ce fait séparés.

À plusieurs reprises, les messages du GONO font état de la jeunesse des combattants ennemis, des recrues qui servent le Viêt-minh depuis moins de deux mois, des unités d'instruction engagées comme des bataillons de ligne. Ces bleus ne manquent pas de courage mais ils n'ont pas la connaissance tactique des unités régulières. Ils sont redoutables car le sort semble pencher en faveur de leur cause, mais quand ils se heurtent à une résistance solide, leur attaque manque de cohésion et les soldats français ont même la surprise de faire des prisonniers en pleine bataille. Ce fait montre que Giap n'hésite plus à engager toutes ses forces dans la bataille, et surtout que les unités régulières se sont fortement usées sur Béatrice, Gabrielle, et le 30 mars au soir, sur les Dominique et les Éliane. Le doute n'épargne pas non plus les combattants d'Hô Chi Minh. Giap confirme que certains de ses cadres se posent bien des questions[4] : «Or c'est précisément en ces moments que

[2] Directive n° 02/01 du général CDT les FTNV (SHAT).
[3] Bulletin n° 359 du 10 avril, rédigé par le 3e bureau de l'EMIFT. SHM carton n°UU FT 45.
[4] Général Vo Nguyen Giap, Diên Biên Phu, Hanoï 1994. Pp. 134-135.

Le service de santé à DBP

Le centre de secours situé sur Éliane 4, dirigé par le médecin lieutenant Rouault, était complètement débordé par l'afflux de blessés, malgré le soutien de l'antenne chirurgicale parachutiste du lieutenant Vidal, au pied de la colline. Ni les médecins de bataillons, ni les antennes, contrairement à ce que leur nom indiquait, n'étaient structurés pour réaliser des opérations chirurgicales. Leur rôle était de déchoquer les blessés pour les conditionner avant de les faire évacuer. Mais depuis que les évacuations sanitaires étaient rendues impossibles, avec la fermeture définitive de l'aérodrome, des centaines de blessés s'accumulaient dans les catacombes, transformées en centres de soins du camp retranché. Les jeunes médecins gardèrent une certaine rancune vis-à-vis de leur hiérarchie : «Le service de santé n'a jamais cru bon d'envoyer un des chirurgiens en renfort. Gindrey opérait, alors que Grauwin s'occupait principalement du tri des blessés. Ils travaillaient sans discontinuer, éclairés seulement par des lampes tempêtes. Mais ils auraient dû être davantage soutenus par des spécialistes. Il y en avait à Hanoï, ils ne sont pas venus», souligne Rouault[1]. Geneviève de Galard, coincée à DBP après la destruction du Dakota sur lequel elle était la convoyeuse, apportait son soutien aux blessés. Cette présence féminine offrait souvent un dernier réconfort à ceux qui n'avaient plus rien à espérer de la médecine. La description qu'en fit le commandant Grauwin est particulièrement poignante[2] : «Dans l'abri voisin, dorment les préférés de Geneviève. Ce sont les opérés de l'abdomen. On les dit tirés d'affaire. Presque tous ont un bout de gros intestin dehors, un bout d'intestin déchiré. Par la déchirure s'écoulent doucement les excréments. Pansements toujours souillés à changer deux à trois fois par jour». Les prostituées viêtnamiennes, elles aussi, s'investirent en aidant les médecins. Elles payèrent de leur vie ce dévouement, car le commandement ennemi ne leur pardonna pas cet engagement.

La présence des médecins de bataillons au sein de leur unité était essentielle. Il aurait été impossible de demander aux commandants de bataillon de s'en séparer pour les affecter aux antennes chirurgicales, ils auraient énergiquement refusé. Le boulot d'un médecin de bataillon, c'était d'accompagner son unité au combat, une mission indispensable pour le moral des troupes : «Tout au long de la bataille, j'ai malheureusement passé le plus clair de mon temps à casser les plaques d'identification des morts et des mourants, les fourrant dans ma poche, prélude à une sinistre comptabilité. Seulement, même quand un pauvre type avait les tripes à l'air et qu'il n'y avait plus rien à faire pour lui, il me regardait arriver en souriant. Il mourait soulagé, convaincu que si quelque chose pouvait être entrepris, je le tenterai à coup sûr. Pour les combattants, c'était toujours meilleur signe de voir arriver le médecin plutôt que l'aumônier» soulignait Rouault[3]. Tout juste diplômé de l'école de santé des troupes coloniales de Marseille, le jeune médecin opéra à la chaîne dans la nuit du 11 avril. Malheureusement, de nombreux blessés terminaient enveloppés dans une toile de parachute, dans le petit cimetière d'Éliane 4, où les paras avaient identifié quelques tombes de coloniaux et de légionnaires qui dataient de la conquête de l'Indochine. Deux générations de soldats français, à presque cent années de différence, reposaient donc là.

[1] Entretien avec l'auteur.
[2] Médecin commandant Grauwin, J'étais médecin à Diên Biên Phu, France Empire, 1954. P. 295.
[3] Entretien avec l'auteur.

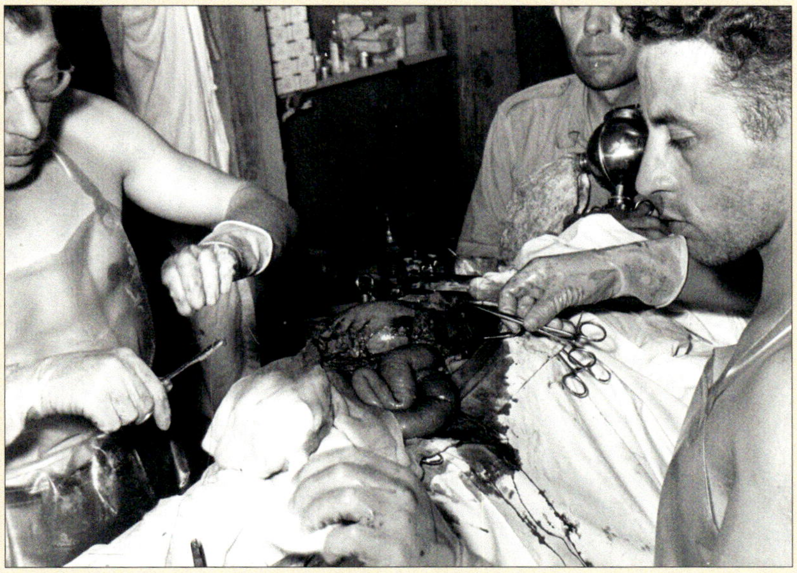

Les lieutenants Gindrey et Vidal opérant un abdomen.

parmi nos cadres et combattants apparaissent des tendances droitières, négatives, se manifestant soit par la peur d'avoir de nombreux tués, la peur d'essuyer des pertes, d'affronter la fatigue, les difficultés, les privations, soit par du subjectivisme, la sous-estimation de l'ennemi, et la suffisance». Le fait que le général ennemi consacre deux pages de ses mémoires aux efforts qui ont été nécessaires pour régler cette difficulté, démontre bien qu'il ne s'agit pas de quelques cas de défaitisme isolé.

Giap a compris qu'il ne remportera pas aussi facilement la victoire. Cessant les vastes coups de boutoirs, il reprend sa politique d'étouffement de la garnison, s'autorisant tout de même quelques assauts pour faire tomber les points d'appui les plus exposés. Dans la nuit du 4 au 5 avril, il s'en prend une nouvelle fois à Huguette 6, en vain. De Castries en fait un compte rendu très complet[5] : «L'attaque fut lancée par le régiment 165 de la 312 renforcé du bataillon 141 de la même division et appuyé par la compagnie lourde 401 de la division 308. En face, il y avait tout juste une compagnie de légionnaires du 1/2 REI, commandée par le capitaine Donnadieu». Un rapport de forces très déséquilibré encourage Giap à tenter sa chance. Le combat commence à 18 h 15 par la traditionnelle préparation d'artillerie avec un mélange d'obus de 105 mm et de 120 mm, suivie par une attaque à 22 h 00. Celle-ci manque de conviction. Elle ne sert qu'à installer la compagnie lourde sur une base feux à partir de laquelle elle tient la position sous la menace de ses mitrailleu-

[5] Message n° 3/01 du GONO, le 5 avril à 21 h 15. (SHAT)

ses et de ses mortiers de 60 mm. Parallèlement, des sections ennemies tâtent les autres points d'appui de la face ouest du camp retranché pour faire diversion et obliger Langlais à disperser ses renforts. Ce dernier ne mord pas à l'hameçon, mais ignorant quel est le volume des moyens que Giap engage et redoutant toujours que le feu reprenne sur Éliane 2, il commence uniquement par envoyer au secours du capitaine Donnadieu la compagnie du lieutenant Bailly, du 8e Choc, ainsi que deux chars. Les paras ne traînent pas à récupérer leur barda et prennent, depuis Épervier, la direction d'Huguette 6, en progressant le long du drain. Ce fossé, qui s'étend le long du côté est de la piste d'aviation, constitue une voie d'accès protégée des coups de l'ennemi pour se rendre vers le nord. Ce n'est pas un cheminement très agréable puisque le drain est rempli de corps en décomposition des deux camps. Chaque homme prend bien garde à ne pas tomber dans cette gadoue putride dont l'odeur colle durablement au treillis. Cependant les Viêts connaissent assez bien leur boulot et ont posté des forces en bouchon, à l'extrémité nord de la piste pour bloquer la contre attaque. Très vite, les paras de Bailly sont pris par un tir nourri qui les cloue au sol. Les deux Chaffee ont beau faire feu de toutes leurs armes de bord, l'ennemi ne décroche pas. Plus au nord, Huguette 6 crie au secours. Depuis 0 h 30, les Viêts ont investi la position et les légionnaires se battent au corps à corps, dans les tranchées. Tant pis pour la casse, le 8 doit passer. Progressant aux côtés des chars, se protégeant mutuellement, les parachutistes parviennent, dans un ultime sursaut, à rejoindre Huguette 6 vers 1 h 15. Un des chars, le *Conti*, roule sur une mine : le train de roulement détruit, il est remorqué, sous le feu de l'ennemi, par l'autre blindé. Mais que peuvent donc faire 300 hommes face à 3 000 ? À 1 h 35, les comptes rendus sont toujours aussi alarmistes : on se bat autour du poste de commandement d'Huguette 6. Langlais comprend la nécessité d'envoyer des renforts s'il ne veut pas tirer un trait sur cette position. Huguette 6, bien que très éloignée au Nord, permet de maintenir le contrôle sur la piste d'aviation. Si les Viêts prennent ce PA, la moitié de la piste tombe entre leurs mains. Il n'y a plus eu d'évacuations sanitaires depuis le 24 mars, mais la piste constitue une zone de largage très importante. La perdre, c'est encore prendre le risque de voir davantage de matériel et de munitions parachutés tomber entre les mains de l'ennemi. Langlais n'hésite donc pas à alléger son dispo-

Suite p. 106

Le chant du 1er BEP

Contre les Viêts, contre l'ennemi,
Partout où le devoir fait signe,
Soldats de France, soldats du pays,
Nous remonterons vers les lignes.

Ô légionnaires, le combat qui commence.
Mets dans nos âmes, enthousiasme et vaillance.
Peuvent pleuvoir grenades et gravats,
Notre victoire en aura plus d'éclat. (2 derniers en bis)

Et si la mort nous frappe en chemin,
Si nos doigts sanglants se crispent au sol,
Un dernier raid, adieu et demain
Nous souhaiterons faire école.

Malgré les balles, malgré les obus,
Sous les rafales et sous les bombes,
Nous avançons vers le même but,
Dédaignant l'appel de la tombe.

En bas à droite une affichette ennemie pour encourager les recrues à rejoindre les rangs du Viêt-minh.

Les sergents-chefs Balliste et Gosse et l'adjudant Prigent (de gauche à droite) perdirent tous les trois la vie dans l'assaut d'Éliane 1, le 11 avril.

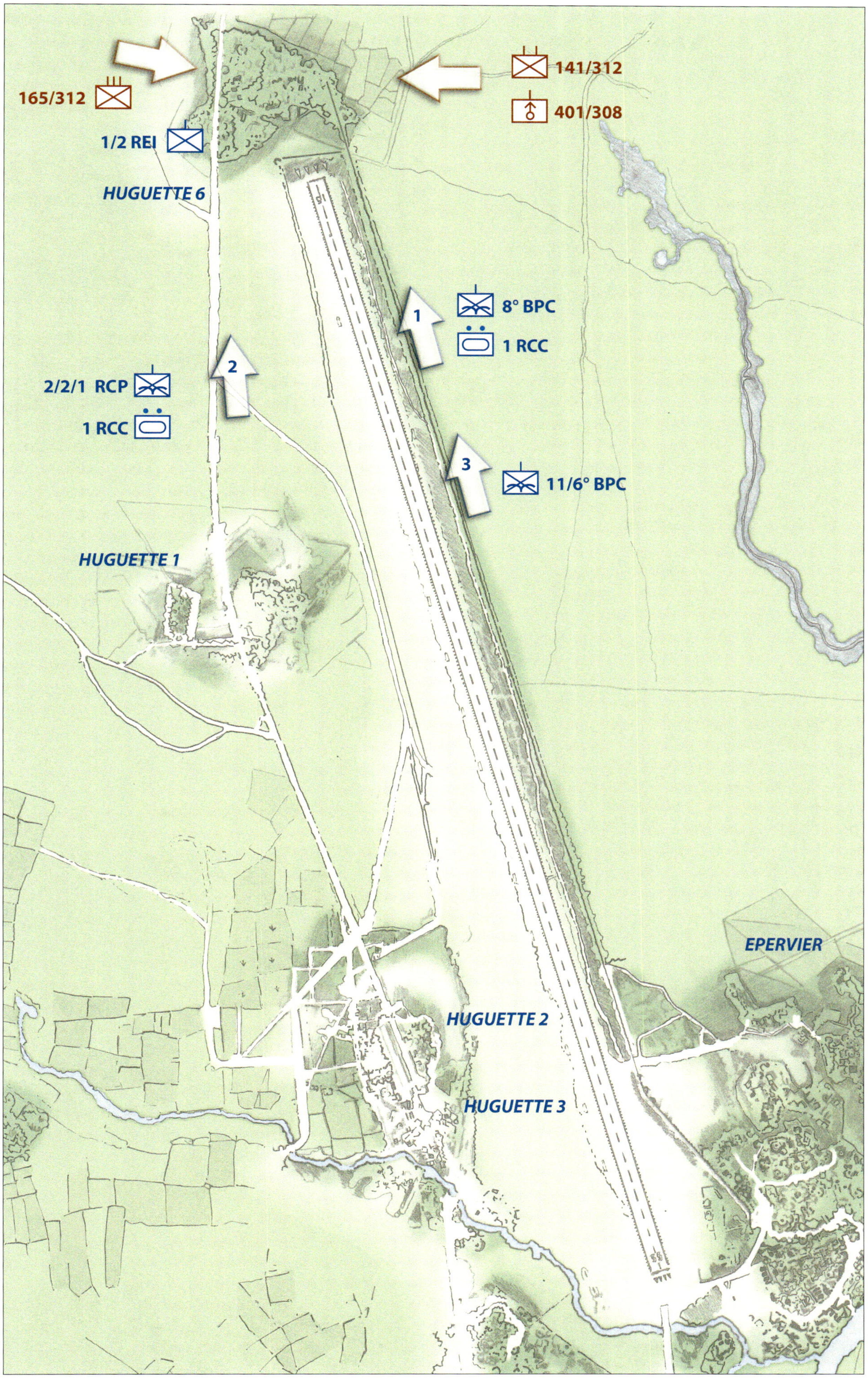

Dans la nuit du 4 au 5 avril, la compagnie de légionnaires du capitaine Donnadieu fut assaillie par deux régiments de la 312, soutenus par une compagnie d'appui de la 308. Pour sauver cette position, Langlais lança pas moins de trois contre-attaques, soutenues par des chars. D'abord une compagnie du 8ᵉ Choc, puis une du 2/1 RCP et enfin, au matin, la 11 du 6ᵉ BPC. Huguette 6 était sauvé.

sitif à l'est pour sauver la piste. La 2e compagnie du 2/1 RCP, commandée par le capitaine Clédic, est à son tour mobilisée, à 1 h 50, avec deux chars. Bigeard coordonne les différents éléments, rappelant en permanence aux commandants d'unités que seul compte le rythme de la manœuvre. Une heure après leur départ, ce qui n'est pas long compte tenu des embûches sur le terrain, les paras du 2/1 RCP rejoignent Huguette 6 et nettoient les derniers îlots de résistance ennemis. À 4 h 00 du matin, alors que les Dakota continuent de balancer des lucioles pour entretenir un clair de lune surnaturel, la situation paraît sous contrôle. L'ennemi semble repoussé. En fait, il s'est retiré pour préparer un ultime assaut. Le commandant du régiment 165 a sans doute été menacé de peloton d'exécution par ses supérieurs… Si bien qu'à 7 h 00 du matin, les sections d'assaut ennemies reviennent à portée de tir. Décidé à enrayer cette attaque, Langlais autorise Bigeard à engager une compagnie supplémentaire. La compagnie Le Page du 6e BPC parvient à Huguette 6 vers 9 h 00 du matin et à 10 h 15, les Viêts jugent qu'ils ne l'emporteront pas. Ils abandonnent le champ de bataille, raccompagnés à leurs tranchées par des tirs d'artillerie et des appuis-feu de l'aviation. Ce combat montre à Giap que les Français ont conservé tout leur mordant. Il a perdu plus de 800 hommes dans les barbelés d'Huguette 6, alors que les Français comptent 23 tués, dont le capitaine Donnadieu, 112 blessés et 86 disparus. Des renseignements recueillis ultérieurement[6] confirment que «les quatre bataillons VM qui ont participé à l'attaque de Huguette 6 ont essuyé des pertes extrêmement sévères et peuvent être considérés comme inutilisables». Les défenseurs doivent toutefois s'accommoder de conditions de vie de plus en plus spartiates. À partir de début avril, il est inutile d'espérer, à moins d'avoir des tentations suicidaires, faire sa toilette dans la rivière. L'ennemi en surveille les accès et des tireurs d'élite empêchent les Français de venir y puiser de l'eau de jour. Sur les points d'appui éloignés de la Nam Youm, la soif devient un adversaire de plus avec lequel il faut compter. Heureusement, les pluies permettent de combler ce manque d'eau potable. Seulement, celles-ci transforment en cloaque boueux les abris et les tranchées, obligeant les combattants à vivre dans une perpétuelle humidité. À cause de cette insalubrité, la diphtérie et les fièvres réapparaissent. Sales, arborant une barbe d'une semaine, les paupières lourdes de manque de sommeil, portant des uniformes déchirés et plus ou moins couverts de pansements, les combattants de DBP ressemblent moins aux affiches du corps expéditionnaires qui vantent les mérites de l'engagement, qu'à leurs pères ou à leurs grands-pères dans les tranchées de Verdun ou dans la Somme. Le moral est également très surveillé par les commandants d'unités. Si dans les unités d'élite, comme les parachutistes, la Légion ou les chars, l'esprit de corps permet de conserver une importante capacité de cohésion, il n'en est pas de même dans les unités moins soudées, notamment chez les tirailleurs ou chez les Thaïs. Dans la nuit du 2 avril, une

Le char Posen. *Les chefs de chars ne sortaient presque jamais la tête hors de l'écoutille de tourelle car les Viêts n'attendaient que cela.*

Le général Cogny, commandant les FTNV, devant une carte d'opérations. Début avril, Cogny voulait toujours croire en la victoire. Il pensait que les troupes de Giap avaient été saignées à blanc et que sa logistique était à genoux.

En bas à droite, le chef de bataillon Brêchignac, dit le Brêche, patron du 2/1 RCP.

[6] Message n° 6/01 du GONO, le 6 avril à 9 h 30. (SHAT).

quarantaine de partisans locaux abandonnent la position Françoise. De même, le 7 avril, le GONO signale[7] que «la 12e compagnie du bataillon thaï n° 3 accuse 80 déserteurs avec armes à la suite de la blessure du capitaine Guilleminot. Trente volontaires répartis dans les batteries d'artillerie. Reliquat renvoyé dans foyers». Les autres, ceux qui ne peuvent pas déserter parce que ce n'est pas leur pays, en particulier les tirailleurs nord-africains, se réfugient dans des trous aménagés le long des berges de la Nam Youm. Ils vivent là, terrés pendant la journée, et tentent la nuit de récupérer des colis de vivres parachutés. Plus de 600 de ces «rats de la Nam Youm» mènent une existence parallèle, focalisés seulement sur leur survie au quotidien. Dans les autres unités, les chefs veillent à entretenir le moral, allouant un plus grand nombre d'heures de sommeil à ceux qui sont à bout ou cherchant à améliorer l'ordinaire en négociant avec les services de l'intendance quelques extras. Pas question de festins de roi, mais tout ce qui peut changer du riz, du singe (la viande en boîte de conserve) ou du vinogel (une poudre qui mêlée à l'eau donnait l'illusion du vin) offre un certain réconfort. L'humour au quotidien, la dérision, une sorte de nihilisme face à la dimension dramatique de la situation évitent aux hommes de craquer : «Un jour, on avait ordonné à ma section de creuser des feuillées, mais les Viêts crurent que nous préparions une position pour une pièce d'artillerie. Aussi, ils n'ont pas tardé à nous tirer dessus au mortier. Nous nous sommes abrités dans une tranchée, pliés en deux par un fou rire incontrôlable. C'était idiot, mais le côté ridicule de la situation nous avait sauté aux yeux», se souvient Pierre Flamen, du 6e BPC[8]. Jusqu'au bout, les soldats de DBP s'accrochent à quelque chose. Ils savent qu'à part la mort ou une bonne blessure qui les enverrait à l'infirmerie, ils n'ont pas beaucoup d'autres choix. L'espoir les habite encore. Ils veu-

Comparaison entre le pistolet mitrailleur viêt et son adversaire français

	PPSH 41	MAT 49
Calibre (en mm)	7,62x25	9x19
Poids (en kg)	4,3	3,6
Longueur (en mm)	843	660*
Nombre de munitions par chargeur	35**	32
Cadence de tir (en nombre de coups par minute)	900	600
Portée effective (en mètres)	130	100

*Crosse repliée, le Mat 49 ne mesurait que 404 mm
**Il existait également un chargeur camembert avec 71 coups, mais il semblerait que les Viêts n'avaient que des chargeurs à bandes.

Des roquettes HVAR de 57 mm installées sous les ailes d'un appareil. Ces munitions avaient le mérite d'être plus précises que les bombes. Elles étaient beaucoup utilisées dans les raids contre la DCA.

Des pièces de 155 mm. Celle au second plan venait de tirer, le canon étant en butée.

7 Message n° 54/40 (SHAT).
8 Entretien avec l'auteur.

Les paras veulent
reprendre l'initiative

Le 11 avril, les Français tentèrent de reprendre l'initiative en attaquant Éliane 1. Cette position fut conquise par un assaut de la 12ᵉ puis de la 11ᵉ compagnie du 6ᵉ BPC. Le régiment 98 fut contraint d'abandonner la partie devant l'élan des paras.

Des supplétifs très fidèles

Un peu plus de 2000 PIM travaillaient à DBP et 400 à Isabelle. Ces Prisonniers Internés Militaires servaient d'auxiliaires dans toutes les unités du corps expéditionnaire. Ils avaient été capturés, le plus souvent sans armes, au cours de raids ou d'opérations de contrôle de zone. C'étaient souvent des coolies ou des agents de liaison du Viêt-minh à qui on avait proposé de changer d'employeurs… Les Français les utilisaient alors pour un grand nombre de tâches qui permettaient de dégager les militaires européens d'occupations subalternes, comme récupérer les colis parachutés, creuser des tranchées, enterrer les cadavres et éventuellement servir de boy. Souvent, dans chaque bataillon, un sous-officier expérimenté se voyait confier la gestion des PIM. Un travail qui demandait une certaine souplesse d'esprit, puisque ces précieux supplétifs, qui ne rechignaient pas à la tâche, n'avaient qu'une idée assez vague de ce que pouvait être la discipline militaire. Certains récits relatent des histoires de PIM «désertant» quelques jours – le temps de se marier par exemple – avant de revenir au bataillon comme si de rien n'était ! Ce flou artistique déplaisait à Saïgon, comme en témoigne une note de service[1] du général Gambiez, chef d'état-major de Navarre : «Les prisonniers et internés constituent une masse très importante dont les difficultés de gestion sont accrues par la fréquence des déplacements, souvent liée à celle des unités de rattachement. Les inspections des PIM n'étant pas tenues au courant de tels mouvements se trouvent actuellement dans l'impossibilité de gérer leurs effectifs». Gambiez indiquait alors que ce manque de sérieux de gestion des «utilisateurs» réduisait l'efficacité de l'ensemble ! Il semblerait surtout que par leur statut très particulier et les liens très étroits qui les liaient à une unité, les PIM échappaient à toute forme de gestion administrative. Tous les témoignages, marqués par beaucoup d'affection, indiquent que ces PIM servirent avec une grande fidélité leurs protecteurs, même quand le sort de la bataille sembla avoir tourné en faveur des Viêts. Leur disponibilité, leur air d'enfant (ils étaient parfois très jeunes) et leur français très approximatif en faisaient des compagnons d'infortunes très sympathiques dans ces heures difficiles. Quelques-uns étaient très certainement des agents à la solde de l'ennemi, mais au niveau auquel ils travaillaient, ils ne pouvaient recueillir que des informations tactiques très limitées d'intérêt dans le temps. D'autres en revanche se révélèrent être, sous le coup des événements, d'excellents soldats. Pendant la bataille d'Éliane, une partie des mortiers des sections d'appui de Brandon et Martin étaient servis par ces héroïques PIM. De même, quand la bataille fut terminée et que les prisonniers français furent acheminés en colonnes vers les camps de la mort, certains combattants eurent la surprise de recevoir une aide, aussi modeste fut-elle (une pâte de fruit, une boule de riz, etc.), d'un de leurs anciens PIM, qu'ils croisaient par hasard. Pourtant, à ce moment, le Dieu de la guerre avait clairement choisi son camp, et les ex-PIM avaient bien peu à gagner à témoigner de la fidélité aux Français.

[1] Note n° 1397/EMIFT/4/1/SO, du 29 mars 1954. SHM, carton n°UU FT 45.

Un PIM. Même quand le sort des combats penchait en défaveur des Français, la plupart de ces supplétifs restèrent fidèles.

lent croire les rumeurs qui disent que les divisions de Giap sont à bout de force, que les B-29 américains vont écrabouiller les canons de Giap ou encore qu'une colonne de secours va rompre l'encerclement du camp. Ils se refusent à penser qu'on les laissera tomber, que leur aventure indochinoise se terminera sur une note aussi désastreuse. Tous ces morts, tous ces sacrifices ne peuvent avoir été faits en vain. Il va forcément arriver quelque chose.

Au niveau du commandement du camp retranché, il paraît acquis qu'il faut avant tout compter sur soi-même. Langlais et Bigeard sont bien décidés à reprendre l'initiative. Imposible de laisser Giap croire qu'il a tous les atouts en main. Cogny a promis des réserves, il est nécessaire de les employer pour améliorer le dispositif. La dernière compagnie du 2/1 RCP est parachutée le 4 avril, le 2e BEP du commandant Lisenfelt suit entre le 9 et le 13 avril, à raison d'une compagnie parachutée toutes les nuits. L'objectif de Bigeard est de reprendre Éliane 1 qui constitue un saillant dans la ligne de défense à l'Est. Éliane 1 qui domine Éliane 4 constitue une gêne considérable pour les Français, à la merci des *snipers* ennemis. En outre, Giap pourrait tenter de lancer une offensive directement contre le réduit central depuis cette position. Mais surtout, dans l'esprit de Bigeard, Éliane 1 va devenir un os à ronger pour Giap qui devra envoyer ses meilleures unités sur cette position. Bigeard espère sans doute pouvoir les saigner à blanc, tout en ne subissant lui-même que des dommages limités. La position est solide. Avec deux compagnies bien ancrées, l'ennemi devra sacrifier beaucoup de monde pour s'en rendre maître. Les Français reprennent la technique des Viêts en faisant construire par leurs PIM un boyau qui leur permet d'accéder directement dans les tranchées d'Éliane 1. Un maximum de moyens d'appui est rassemblé sur Éliane 4, qui constitue une excellente base-feu pour l'opération. Bigeard y a d'ailleurs installé son PC. L'aviation et l'aéronautique navale sont alertées et il est demandé aux artilleurs de ne pas être trop regardant sur la consommation de munitions.

Dans cette affaire, Bigeard qui, dans les moments dif-

Des vagues d'assaut ennemies. Le bo-doïs d'avril était un cran en dessous de celui du mois de mars ! Pour combler les pertes, Giap dut puiser dans ses réserves et certaines recrues étaient très jeunes.

Des fantassins ennemis attendant dans leur tranchée l'ordre d'attaquer. L'armement était encore assez disparate, même si le Ppsh-41 que tiennent les deux hommes au premier plan était l'arme la plus répandue.

ficiles, fait avant tout confiance aux siens, charge la 11e compagnie de Le Page et la 12e de Trapp de mener l'assaut. Chacune d'elle compte moins d'une centaine d'hommes valides mais il est prévu de les relever rapidement. La surprise, l'allant des paras et la qualité des appuis jouent à plein : «Quand nous sommes montés à l'assaut, les Viêts ont vite compris qu'ils n'avaient pas les moyens de s'opposer. Nous avons rapidement atteint le sommet et l'ennemi nous attendait sur la contre pente, hors de portée de nos tirs d'artillerie, là où seuls nos mortiers, dont le tir est plus courbe, pouvaient les atteindre» se souvient le sergent chef Flamen. Très vite, Le Page et Trapp essaient de tirer parti de ce qui reste du réseau de tranchées pour organiser une défense sommaire. Les deux compagnies du 6 tiennent Éliane 1 depuis midi jusqu'à la tombée de la nuit, repoussant les assauts d'un régiment ennemi. Mais les paras ont payé un prix élevé. Trois figures historiques du 6e BPC ont perdu la vie : l'adjudant Prigent, chef de la section d'appui, tué à côté de ses servants d'armes automatiques par un obus de mortier de 120 mm, sur Éliane 4. Ancien SAS des combats de Bretagne et d'Arnhem, il avait interrompu sa permission aux États-Unis quand il avait appris que son bataillon allait être engagé à DBP et était retourné aussitôt à Hanoï. De même, le sergent-chef Balliste, l'œil crevé lors de l'assaut au sommet d'Éliane 1, est ramené dans une ambulance. Alors que celle-ci fait route vers l'infirmerie, un obus de 105 mm la frappe de plein fouet. Enfin, le sergent Gosse, très photogénique[9] et souvent de ce fait surnommé le «beau gosse", est également tué…

En début de soirée, exsangues, les compagnies du 6 sont relevées par les 1re et 2e compagnies des capitaines Charles et Minaud. Avec l'obscurité, l'ennemi redouble ses assauts. Il ne peut, faute d'un appui aérien très important de nuit – les chasseurs ne pouvant pas intervenir –, masser davantage de moyens. Le combat redouble d'intensité, au point que les défenseurs français ont l'impression qu'ils ont en face d'eux la division 308 au complet. Pour galvaniser ses troupes et les empêcher de flancher, le commandement ennemi n'hésite pas à les saouler à l'alcool de riz. Très rapidement, vers 10 h 00 du soir, Bigeard comprend qu'il ne parviendra pas à conserver cette colline sans d'autres

[9] Voir à ce sujet les reportages réalisés par le photographe Corcuff à l'ECPA.

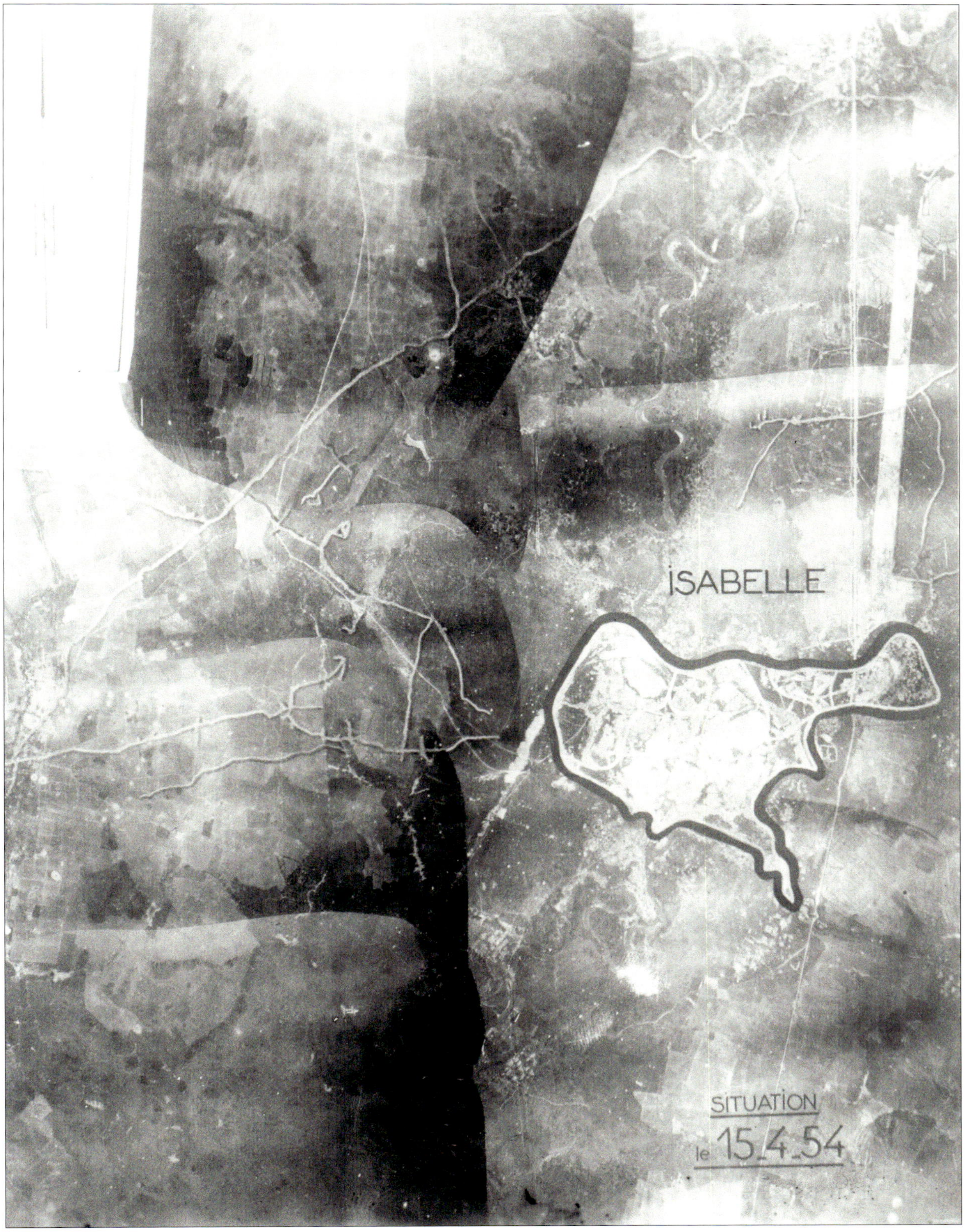

Vue aérienne d'Isabelle le 15 avril. Là encore, l'ennemi creusa un réseau de tranchées, conçu avant tout pour couper ce point d'appui du reste des troupes de la vallée.

renforts. Les deux compagnies de Bréchignac sont usées jusqu'à la corde, avec un effectif réduit de 50 %. Certaines sections ont purement et simplement disparu, submergées par les vagues d'assaut ennemies. Depuis Éliane 4, la violence du combat, jamais égalée jusqu'alors, est perceptible : plongée dans une obscurité blafarde grâce au déluge de lucioles, Éliane 1 résonne d'éclatements de grenades, de rafales d'armes automatiques. Malgré les pertes terribles, les paras du 2/1 RCP contiennent l'adversaire, à un contre dix. Ils parcourent les tranchées, menant de brèves attaques, puis se replient en essayant ainsi de limiter leurs pertes. Quand l'infanterie ennemie passe à l'assaut, les 24/29 se dévoilent, couchant les premières vagues, mais très vite, les munitions manquent et les voltigeurs doivent contenir l'ennemi à coups de grenades, de rafales de Mat 49 ou à l'arme blanche. Les paras conservent leur pelle-bêche à portée de main, beaucoup plus efficace qu'une baïonnette. Il y a longtemps que le ravitaillement en munitions s'est interrompu et que les hommes de Bréchignac ramassent sur le champ de bataille les armes sur les cadavres. Tout est bon pour tuer l'en-

Un aviateur devant les bidons de napalm qu'un Dakota s'apprêtait à larguer. L'efficacité du napalm était discutable, car en raison de l'humidité, il brûlait, mais ne déclenchait pas d'incendies de forêt.

Distribution du courrier. À droite, le lieutenant Bailly, du 8e Choc, avec la casquette très caractéristique de cette unité.

nemi, y compris ses propres armes, pistolet mitrailleur Skoda ou carabine chinoise. Éliane 1 est devenu un autel sur lequel il faut sacrifier les meilleures troupes pour sauver DBP.

À l'appel de Bigeard, demandant aux bataillons paras d'envoyer des renforts, deux compagnies du 1er BEP, celle du capitaine Martin et celle commandée par le capitaine Brandon, arrivent en renfort, suivies par deux compagnies du 5e BPVN, commandées par Guilleminot et Pham Van Phu. Selon la légende, les légionnaires entonnent alors le chant de marche du 1er BEP, «Contre les Viêts, contre l'ennemi», auxquels les paras du Baouane répondent en écho avec *La Marseillaise*… Plusieurs témoins et auteurs affirment que ce chant était audible de loin, et en particulier le capitaine Martin, patron de la bande à «Loulou», qui allait se distinguer au cours de cet assaut. D'autres en revanche soulignent qu'il était difficile d'imaginer que des chants puissent être entendus depuis Éliane 4, si les hommes n'étaient pas regroupés en masse, ce qui était sans doute pas le cas lors d'un assaut. Après tout, peu importe et même si ces chants de défis doivent être une légende, les quatre compagnies n'en rivalisaient pas moins avec le courage de leurs anciens, qui eux aussi affrontaient la mort en chantant : «Comprenant qu'ils allaient mourir dans cette fête, tous ceux de Rivoli, tous ceux de Marengo, crièrent vive l'Empereur…». Le choc est terrible et aucun régiment d'Hô Chi Minh ne résiste à l'élan de ces quatre compagnies. Entraînés par les grognards de la Légion, survivants du front de l'Est ou du désastre de Cao Bang, les paras repoussent l'ennemi d'Éliane 1. Les pertes terribles, la panique et l'épuisement ont raison des bo-doïs du régiment 174. Une compagnie du 2e BEP commandée par le capitaine Lecour-Grandmaison, fraîchement parachutée dans cet enfer, arrive en renfort au petit matin, pour participer au nettoyage des tranchées.

Le matin du 12 avril, il régne un silence particulier qui tranche avec la fureur des combats de la nuit. Éliane 1 laisse échapper de la fumée, un peu comme si cette terre se révoltait de la violence des hommes. Les survivants aident les infirmiers à ramener vers l'arrière des blessés qui, pour certains, attendent des soins depuis une dizaine d'heures. Les quelques guetteurs, abrutis de fatigue, luttent contre le sommeil tout en observant les pentes dévastées du point d'appui : le sol est recouvert de centaines de corps de bo-doïs qui empestent l'air. Des milliers de mouches vont et viennent, perturbant seules le silence. Hagards, les parachutistes se demandent encore comment ils ont fait pour rester en vie.

Les héros sont fatigués et les meilleurs d'entre eux commencent à les quitter. Le 12 avril, le lieutenant Paul Brunbrouck, qui a arrêté les Viêts en tirant à bout portant avec ses canons de 105 dans la nuit du 30 mars, est mortellement touché par des éclats d'obus. Il meurt sur la table d'opération du lieutenant Gindrey. La nouvelle de la mort de Brunbrouck, dont la farouche résistance est connue de tous, frappe les esprits, un peu comme si une part de l'espoir qui réside au fond du cœur de ces hommes disparaissait également.

Conscient que les combattants de DBP ont atteints les limites de leur résistance, le commandement français organise une vaste promotion des cadres jugés méritants, dans l'espoir de remonter le moral de la garnison. De Castries obtient ses étoiles de général, tandis que Langlais est nommé colonel. Seguins-Pazzis, chef d'état-major du commandant du camp, Bigeard et Vaillant, patron de l'artillerie, sont promus lieutenant-colonel. Un certain nombre de lieutenants profitent également des largesses du généchef dont Desmons et Bailly au 8e Choc, Le Boudec, Wilde, Trapp et Le Page au 6e BPC, Luciani et Brandon au 1er BEP, pour ne citer que les plus connus. ■

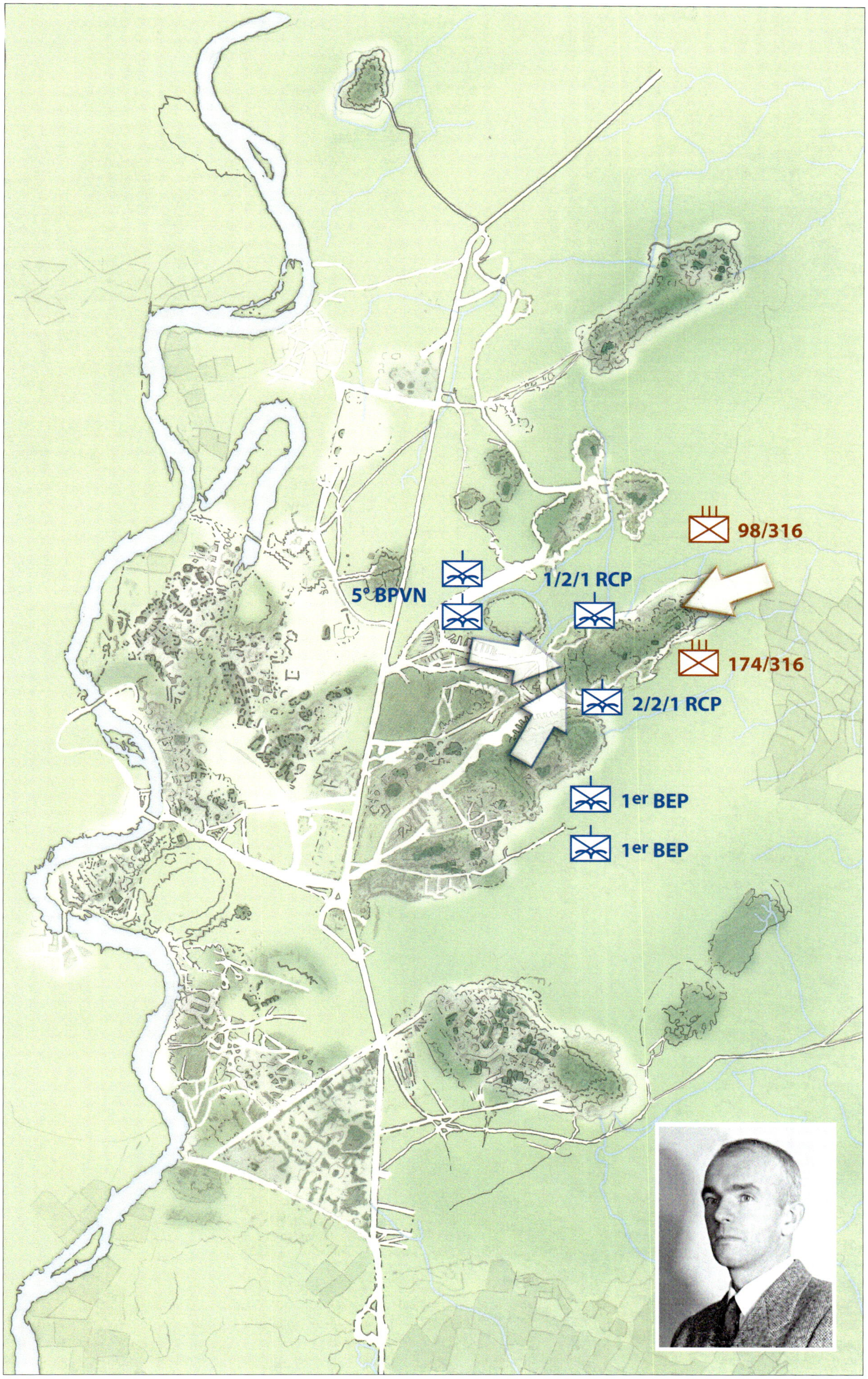

Dans la nuit du 11 au 12 avril, l'ennemi tenta de récupérer Éliane 1, défendu par deux companies du 2/1 RCP, en lançant deux régiments dans la fournaise. Bigeard dépêcha des secours, avec deux compagnies du 1er BEP et deux du 5e BPVN. Légionnaires et Viêtnamiens se couvrirent de gloire. Cette contre-attaque est sans doute à inscrire dans les plus beaux combats menés par la Légion. Éliane 1 était sauvé.

Le capitaine Martin du 1er BEP, surnommé Loulou, l'un des héros de la nuit du 11 au 12 avril.

Chapitre 8

L'aviation écartelée

Une patrouille de B-26 du GB 1/25 Tunisie. *Ce groupe de bombardiers largua 530 tonnes de bombes sur DBP et perdit un appareil, abattu par la DCA.*

L'offensive ennemie du 30 mars n'a pas uniquement anéanti des centaines de défenseurs, mais également réduit considérablement les réserves de munitions du camp retranché. De très nombreux messages envoyés à Hanoï reviennent sur ce point. Ainsi, à 14 h 20, le 30 mars, le PC de Castries passe sa commande : «Il n'y a actuellement à Diên Biên Phu plus de grenades F1 ni d'obus de mortier 81 – stop – À Isabelle, le nombre de coups de 105 est très faible – stop – il faut par tous les moyens les renforcer aujourd'hui dans ces matériels – stop – plafond ici 3 000 pieds [915 m]. Parachutage est possible – stop – il faut qu'il soit réalisé». Ces livraisons sont d'autant plus indispensables que les défenseurs savent d'après les renseignements pris à l'ennemi que l'offensive n'est pas terminée, mais le rétrécissement de la zone contrôlée par les Français rend ces parachutages de plus en plus aléatoires. Une

GT 2/62
Franche-Comté

GT 2/15
Anjou

GT 2/63
Sénégal

GT 1/34
Béarn

Erom 80

grande partie des parachutages tombe aux mains de l'ennemi. Ils s'effectuent convenablement à 2 400 pieds (732 m) avant le rétrécissement du camp retranché, mais quand les Viêts prennent le contrôle de la piste, il faut larguer à 1 200 pieds (366 m) pour avoir une chance de mettre dans le mille. À cette altitude, les Dakota sont extrêmement vulnérables. Des corvées sont organisées pour récupérer les colis sur le *no man's land*, mais les tireurs d'élites ennemis et les mortiers pren-

Un pilote effectuant le traditionnel salut, pouce levé, avant un départ en mission.

Des Privateer parqués en bordure de piste. Pour éviter que les avions s'enfoncent dans le sol spongieux du delta, il était indispensable de les parquer sur des PSP. On remarque, à l'avant de l'appareil, l'insigne de la 28F : un loup noir dans un carré blanc.

Des aviateurs en train d'installer la rampe pour larguer du napalm depuis un Dakota. Ballottés à 5 000 pieds (1525 m) au-dessus de DBP, ces opérations n'étaient jamais une partie de plaisir.

Préparation de colis pour un largage. Le colonel Langlais en voulut beaucoup à l'armée de l'air, déclarant que 20 à 30 % du fret allait directement chez l'ennemi.

nent les hommes à parti dès qu'ils se déplacent à découvert. Les pièces de DCA interdisent aux appareils de transport de circuler à basse altitude et le manque de coordination avec le sol est criant. Certains pilotes, effrayés par la ferraille que projettent dans les airs les pièces de 37 mm ennemies, larguent leur cargaison en un seul passage et le plus rapidement possible, l'éparpillant ainsi dans toute la cuvette[1]. «De jour, seuls les éclatements des obus étaient visibles, mais de nuit, on avait l'impression en survolant la cuvette de slalomer entre les fontaines lumineuses des traceuses de la DCA», se souvient Bernard Klotz[2]. Seuls les Packet peuvent, grâce à leur grande soute arrière, se décharger d'un seul coup. À l'inverse, le Dakota qui n'a que sa porte latérale, est contraint de faire près de douze passages pour se débarrasser de l'intégralité de son chargement. La zone d'action ressemble à un rectangle dont le grand côté ne représente qu'une dizaine de secondes à traverser en avion. Des pilotes se souviennent[3] quand «il fallait livrer 2,5 tonnes d'essence à raison de quatre jerricans à chaque passage». La durée d'une séquence de parachutage dépasse les 30 minutes et il est bien rare que les artilleurs viêts ne parviennent pas pendant ce laps de temps, à toucher au moins une fois l'appareil. Pour maintenir la cadence de cinq minutes entre chaque avion, le contrôle aérien est obligé de mettre en place des circuits pour faire patienter les avions : trois ou quatre avions sont en permanence au-dessus du point d'appui central et deux au-dessus d'Isabelle[4]. Les Groupes de Transport vivent ainsi une série noire : le 24 mars, le Dakota piloté par le capitaine Koenig, du groupe *Béarn*, est touché dans les réservoirs à moins de 2 100 pieds (640 m). L'aile droite en flamme, l'avion s'écrase sans laisser le temps aux sept membres d'équipage de l'évacuer. Le lendemain, un autre Dak du *Béarn*, commandé par le capitaine Boeglin, est contraint de se poser en catastrophe, train rentré, au milieu des tranchées et des barbelés, avec un moteur en feu. Enfin, le 27 mars, un Dakota du groupe *Sénégal*, piloté par le capitaine Dartigues, qui a réussi deux jours auparavant une évacuation sanitaire, est surpris au-dessus du village de Ban Ong Pet par un feu nourri qui désempare l'avion, provoquant son crash et la mort de l'ensemble de l'équipage. Les avions de chasse et de bombardement qui réalisent en permanence des raids sur la cuvette sont également la cible de la DCA. Le 30 mars, le lieutenant de vaisseau Jacques Andrieux, commandant la 3e Flottille, perd la vie dans un raid au nord de DBP. Son appareil est pris dans une embuscade par la DCA au nord de Béatrice et s'écrase. Le 1er avril, un B-26 du groupe *Tunisie* est désemparé par un obus de 37 mm dans l'aile ; l'équi-

Tonnage largué par appareil
(Rapport du Colonel Sauvagnac. SHAT)

	Posé		Droppé		Parachuté		
Période	**C-47 ou Bristol**	**C-119**	**C-47**	**C-119**	**C-47**	**C-119**	**Total**
Du 20/11/53 au 13/3/54	6 583	0	442	1 876	2 088	3 143	14 132
Du 14/3/54 au 7/5/54	0	0	5	0	3 321	3 404	6 730
Total	6 583	0	447	1 876	5 409	6 547	20 862

[1] Des appareils des compagnies civiles qui avaient été sollicités ne respectaient pas les procédures et ne rentraient pas en contact avec Torri Rouge, si bien qu'ils lâchaient à l'aveuglette leurs colis. Les DC-3 civils réalisèrent tout de même 79 missions jusqu'au 25 avril, date à laquelle ils furent définitivement écartés de la première ligne.
[2] Entretien avec l'auteur.
[3] Lettre des anciens du Franche-Comté. InfoCotam 1991
[4] Fiche du colonel Nicot, commandant le S/GMMTA, au général Lauzin, le 27 mars. SHAA carton n°4C 1346.

Le B-26 vu dans un carnet d'identification viêt. Vaguement ressemblant !

GB 1/19
Gascogne

page évacue. Ce bref descriptif ne rend pas compte des très nombreux avions qui rentrent endommagés, une partie de l'équipage blessé[5].

Ces pertes affectent le moral au sein des escadrilles et des flottilles. Selon des anciens pilotes du groupe *Franche-Comté*[6], une partie des vols sur Dakota fut assurée, à partir du 25 mars, sans mécanicien à bord. Dans la nuit du 27 au 28 avril, des parachutages ne sont pas réalisés parce que les pilotes américains refusent les missions à basse altitude sans protection[7] de jour comme de nuit[7]. Avec la fatigue, le stress accumulé, sans même parler des pertes, les équipages et les pilotes finissent par être très éprouvés. «Notre état d'esprit a évolué très vite au moment de DBP, se souvient Claude Yves Barteau[8]. Lors de notre arrivée en Indochine, en février 1953, il y avait eu un grand moment d'exaltation. On découvrait ce pays magnifique, on organisait des courses de pousse-pousse et on fêtait les 100e puis 200e missions de guerre. Mais le rythme a changé à partir du 13 mars. La fatigue et la tension nerveuse prenaient le pas sur le reste. D'autant que le début des tractations à Genève nous faisait clairement douter de la volonté des politiques dans cette affaire…» La peur touche tous les personnels navigants, peu importe le grade. Personne n'a envie de s'éjecter au-dessus de la brousse et dans certaines formations, certains officiers parviennent à éviter les missions les plus périlleuses au-dessus de la cuvette. C'est particulièrement difficile

Consommation de parachutes à matériel

(Rapport du colonel Sauvagnac. SHAT)

Type	Grandes voilures (500 m²)	Petites voilures (50 m²)
Total utilisé	3 763	79 166*
Total perdu	820	55 753

*Dont 36 336 avec dispositif d'ouverture retardée

Les sous-officiers partageaient une grande chambre à trois et disposaient des services d'une femme de ménage pour leur linge. Ici Radet, Gallini et Barteau écrivant à leurs proches.

Le gonio de DBP, qui fonctionna jusqu'à la fin de la bataille, n'était pas suffisamment puissant, juste audible à proximité immédiate de la vallée.

[5] Selon un article de Jean-Luc Wanthy et José Maigre, paru en mai 1994 dans Le Fana de l'Aviation, 70 C-47 ont été endommagés et 41 C-119.
[6] InfoCotam du deuxième semestre 1991.
[7] Message du général Dechaux au général Cogny, le 27 avril. SHAA carton n°4C 1346
[8] Alors sergent et pilote de Bearcat au GC 1/22 Saintonge. Entretien avec l'auteur.

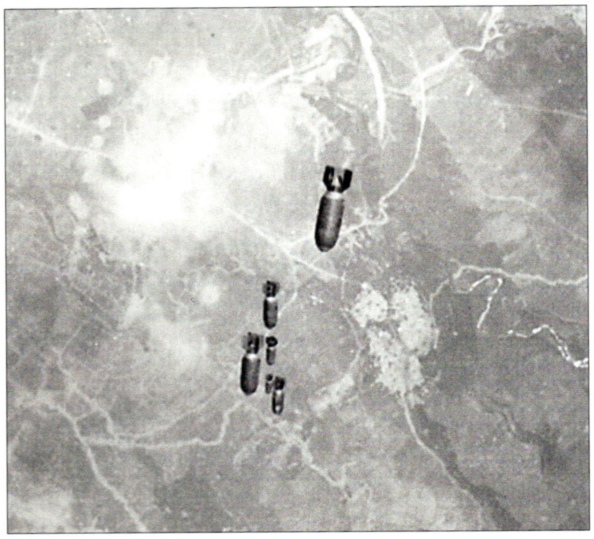

Largage de bombes au-dessus de DBP. On aperçoit distinctement, sur la gauche, le point d'appui central, blotti dans les coudes de la Nam Youm, et la piste d'atterrissage.

Un impact de 37 mm dans un C-119. L'équipage fut blessé mais réussit à ramener l'appareil.

pour les hommes mariés ou les pères de famille. Tout a pourtant été fait pour faciliter la vie des formations aériennes : «À Bach Mai, nous avions un pavillon pour trois pilotes, avec une femme de ménage pour l'intendance. Lors des instants de détente, nous pouvions nous baigner dans la piscine ou organiser un concours de pétanque. Les soirées se passaient à la villa Charlotte, le club sous-officier, ou au Pivolo, une boîte de nuit où nous entraînions nos camarades de l'aéronavale[9]», raconte Claude Yves Barteau. Il régne un excellent esprit à Bach Mai, seulement troublé par la manie de la propreté du colonel Duranthon, commandant de la base, qui fait tout repeindre en blanc. Ce qui lui vaut le surnom affectueux de «Dédé la peinture». Malgré cette «vie de château», les pilotes sont bien conscients de la tragédie qui se déroule à DBP : «Même quand nous étions épuisés et qu'il fallait repartir, nous pensions à ceux qui étaient au fond des tranchées, dans la cuvette, et qui étaient condamnés si rien n'était fait. Notre façon de voir les choses avait alors complètement changé. Nous vivions en parfaite communion avec les combattants du camp retranché» rappelle Bernard Klotz. Les équipages se dépensent sans compter, mais au bout de quinze jours d'opérations intensives, l'épuisement commence à provoquer des désastres : le 3 avril, le sergent Jean-Claude Bourderon, du groupe de chasse 1/22 *Saintonge*, se perd dans le brouillard en partant en mission. Le pilote a sans doute un malaise et s'écrase à moins de 50 km de l'aérodrome de Bach Mai.

Des mesures sont prises dès le 27 mars pour sauver une partie du potentiel, mais aussi parce «qu'à la suite de la perte de l'équipage du capitaine Dartigues, le moral des équipages de C-47 est profondément atteint et je ne peux pas prendre sur moi de les renvoyer dans les mêmes conditions sur DBP», indique le colonel Nicot[10]. Il suggére à son chef de n'utiliser les C-47 en complé-

[9] Les flottilles avaient été basées à terre dès le début de la bataille (cf. chapitre 4). Une solide camaraderie liait les aviateurs des deux armées.

[10] Fiche du colonel Nicot, commandant le S/GMMTA, au général Lauzin, le 27 mars. SHAA carton n°4C 1346.

Récapitulatif des missions effectuées au-dessus de DBP par les formations aériennes

Base	Unités	Type d'appareil	Commandant	Jusqu'au 13 mars inclus		Depuis le 13 mars	
				Jour	Nuit	Jour	Nuit
BA 190 Bach Mai	GC 1/22 *Saintonge*	Bearcat	Cdt Chancerelle	599	0	131	6
	GT 2/64 *Anjou*	C-47	Cdt de Montalembert	527	69	213	61
	GT 2/62 *Franche Comté*	C-47	Cdt Darde	1 145	21	429	105
	3F	Helldiver	LV Andrieux puis LV Fatou	198	0	265	0
	ELA 53	Beaver	Cdt Devoucoux	189	0	38	0
	EROM 80	Bearcat	Cne Lebrun puis Cne Moulin	184	0	41	0
	14F	Corsair	LV Menettrier			nc	nc
	23e GAOA	MS 500 Criquet	Cne Chouffot	2	0	58	0
BA 195 Cat Bi	GC 2/22 *Languedoc*	Bearcat	Cne Saint-Macary puis Cne Auriol	nc	nc	nc	nc
	GB 1/25 *Tunisie*	B-26	Cdt Barras	226	3	257	59
	GB 1/19 *Gascogne*	B-26	Cdt Alibert	244	83	293	75
	11F	Hellcat	LV de Castelbajac	329	0		260
	Détachement opérationnel de transport	C-119	Cne Soulat	nc	nc	nc	nc
	28F	Privateer	LV Leclercq-Aubreton	28	86	128	110
BA 197 Gia Lam	ELA 53 (hélicos)	H-19	Cne Dousset puis Cne Pillivuyt	115	0	12	0
	GT 2/63 *Sénégal*	C-47	Cdt de Saint-Marc	46	6	195	66
	GT 1/64 *Béarn*	C-47	Cdt Martinet	676	13	95	45

Source : Archives du GATAC Nord (SHAA)

GB 1/25
Tunisie

Un Bearcat en vol, au-dessus de la couche des nuages. Le décollage avec cet appareil était un tour d'adresse mais une fois en vol, le piloter était un pur bonheur.

ment «de jour en altitude à 8 000 pieds [2440 m] au moins avec des parachutes retard si possible», estimant qu'il faut «systématiser les parachutages de nuit par C-119 à basse ou à moyenne altitude (entre 2 000 [610 m] et 4 000 pieds[1220 m])», ce qui doit permettre, à raison de 20 rotations par nuit, de délivrer 120 tonnes de fret au camp retranché.

En fait, ces consignes se révélent excessives. Elles provoquent une crise du ravitaillement au plus mauvais moment, pendant la deuxième offensive de Giap. Le message du GONO du 31 mars, à 22 h 00, est particulièrement éloquent : «Avons demandé arrêt immédiat parachutages munitions sur DBP et sur Isabelle en raison résultats catastrophiques – stop – À DBP, plus des 2/3 tombent en zone rebelle et la totalité sur Isabelle – stop – Attendons essais parachutes avec retardateurs». La perte des cargaisons est doublement dommageable : non seulement c'est le seul poumon de la garnison assiégée depuis la fermeture de la piste, mais les fournitures livrées accidentellement à l'ennemi sont aussitôt réutilisées. Toutes ne sont pas compatibles avec le matériel livré par les Chinois – l'OTAN n'utilise pas le calibre de 37 mm par exemple – mais une part non négligeable de l'approvisionnement d'obus de 105 mm des Viêts provient de ces erreurs de largage[11]. Pour faire face à ces difficultés de ravitaillement, le GATAC Nord systématise l'emploi de parachutes à ouverture retardée à partir du 1er avril. Les appareils larguent leur cargaison à 2 400 pieds (732 m), avec une probabilité d'atteindre la zone amie supérieure à 80 %. Celle-ci tombe en chute libre jusqu'à ce qu'un dispositif pyrotechnique provoque l'ouverture du parachute à basse altitude, offrant ainsi une grande précision. Ce procédé, utilisable avec tout type d'appareil, permet d'intensi-

[11] Les Français tentèrent d'ailleurs d'abuser l'ennemi en envoyant dans ses lignes des caisses de munitions avec des obus piégés pour faire exploser les tubes des pièces d'artillerie...

Total Jour	Nuit	Total Général	Remarques	Pertes
730	6	736		Un accident mortel ; une collision au sol
740	130	870		13 avions touchés par la DCA ; un abattu
1 574	126	1 700	153 blessés évacués	20 avions touchés par la DCA
463	0	463		Deux appareils abattus
227	0	227		
225	0	225		4 avions touchés et dont un s'écrase en essayant d'atterrir
nc	nc	nc	Opérationnels sur DBP à partir du 30 avril	Deux appareils abattus après le 7 mai
60	0	60	Groupe de reconnaissance de l'armée de terre	Un appareil abattu
343	nc	343		Un appareil abattu ; deux accidents mortels
483	62	545	530 tonnes de bombes lancées sur DBP	un appareil abattu ; cinq endommagés
537	158	695	500 tonnes de bombes lancées sur DBP	un appareil abattu
0	589	0	Mise au repos le 30 avril	11 avions touchés par DCA ; deux abattus ; un accident mortel
nc	nc	nc		Un appareil piloté par des Américains abattu ; un détruit au sol
156	196	352	3 200 tonnes de bombes lancées sur DBP	Deux appareils abattus
127	0	127		Un appareil abattu ; un accident mortel
241	72	313	Deux Evasan de nuit réussies	Un appareil abattu, deux détruits au sol
769	58	827		Deux appareils abattus, un détruit au sol

Briefing du lieutenant de vaisseau de Castelbajac, pacha de la 11F. À la fin avril, cette flottille fut retirée des opérations en raison de l'épuisement du personnel.

Planning des vols sur un des aérodromes d'Hanoï. La chaîne logistique pour ravitailler DBP imposait une vaste coordination.

fier les largages au courant du mois d'avril. Toutefois, la moyenne ne dépasse pas 117 tonnes par jour tout au long de la bataille, alors que le colonel Langlais estime dans ses mémoires qu'il aurait fallu quotidiennement 250 tonnes. Rappelons toutefois (cf. chapitre 4) que le général Navarre a passé un contrat opérationnel de 100 tonnes par jour avec le général Lauzin, patron des forces aériennes en Extrême-Orient. Dans le camp retranché, les fantassins ne comprennent pas les contraintes de l'aviation. Pire, ils ont parfois l'impression que l'armée de l'air les abandonne à leur sort, estimant que l'aéronautique navale fait davantage d'efforts. Cette incompréhension vient en partie du fait que les Bearcat portent la même teinte[12] que les Helldiver ou les Hellcat, donnant ainsi l'impression que tous les appareils appartiennent à la Marine.

Pour les aviateurs, la difficulté d'évaluer les dommages qu'ils font subir à l'adversaire était assez démoralisante.

Des aviateurs dans la Légion

La soixantaine de personnes de l'armée de l'air qui se trouvait à Diên Biên Phu le 13 mars fut presque toute bloquée dans le camp retranché et condamnée à vivre aux côtés des combattants de l'armée de terre. Ceux qui disposaient d'une formation dans la conduite des opérations aériennes, comme par exemple le sous-lieutenant Rotse du GC 1/22 *Saintonge*, servirent au sein du PCIA, sous les ordres du commandant Guérin. Mais les autres, mécaniciens avions ou spécialistes armements, se retrouvèrent de facto sans emploi avec la fermeture de la piste. Le capitaine Jean Charnaud constitua alors une compagnie de marche, intégrée au 1er BEP. Les aviateurs participaient à toutes les opérations du BEP, prenant en charge une partie de la logistique, récupérant les colis parachutés, ramenant des blessés et faisant éventuellement le coup de feu. Le compte rendu[1] de l'officier presse du GC 1/22 *Saintonge* montrait que ces «basiers» subissaient les mêmes risques que leurs camarades légionnaires. Ainsi, le 9 avril, alors qu'il effectuait une patrouille comme chef de section, le caporal Le Moue fut blessé une troisième fois et succomba à ses blessures le 12 avril. De même, «le sergent-chef de Cia, infirmier au groupe, a été tué le 29 avril par éclats multiples de 75 mm en transportant des blessés».

[1] Daté du 10 mai 1954, n° 1344/GC1/22. SHAA Carton n° 1346.

[12] Le bleu de l'US Navy

Le lieutenant de vaisseau Ménetrier, commandant la 14F, dans son Corsair.

ERP 2/19
Armagnac

À la différence des bombardements sur des objectifs classiques, le Viêt-minh ne dispose d'aucune réelle infrastructure solide, comme des routes, des ponts, des aérodromes ou des casernes. Il y a bien sûr de vastes dépôts logistiques, mais dissimulés dans des cavernes naturelles ou camouflées sous la végétation. «Je n'ai vu qu'une seule fois l'ennemi en 35 missions au-dessus de la cuvette. J'étais en train de survoler une rizière quand j'ai aperçu un groupe de combattants qui traversait une digue. L'un d'entre eux m'a visé avec ce qui ressemblait à un bazooka, mais il n'a pas eu le temps de faire feu. En lâchant un bidon de napalm, j'ai noyé la rizière sous les flammes», se souvient le sergent Barteau[13]. De jour, les unités d'infanterie se dissimulent sous le couvert de la végétation pour éviter d'être prises à parties. Les raids menés contre les pièces d'artillerie ennemies sont également peu concluants, car les artilleurs de Giap ont pris soin de creuser des casemates dans la montagne, si bien que seul un coup direct a une chance d'en venir à bout. De nuit, au moment où les régiments ennemis montent à l'assaut, il est très difficile de bombarder au plus près, compte tenu de l'absence de systèmes de visé. Les avions se contentent de balancer les bidons de napalm sur les bases de départ supposées des unités viêts. Pour mémoire, si les Privateer et les B-26 effectuent des attaques au napalm, ils ne sont pas les seuls. Les Dakota et les Packet sont également mobilisés pour des opérations *Vénus*[14]. C'est assez simple pour un C-119 puisqu'il lui suffit de larguer une touque de 400 litres par sa porte arrière, mais c'est un sport beaucoup plus dangereux avec un C-47, qui doit multiplier les passages à 3 000 pieds, sans pouvoir faire de manœuvres évasives, pour se débarrasser de la dizaine de touques qu'il embarque. Malgré les risques encourus, et sans doute une efficacité limitée, cet emploi atypique des avions de transport est maintenu jusqu'au bout. Dans sa directive du 16 avril au GATAC Nord, le général Lauzin, patron des forces aériennes pour l'Extrême-Orient, signale : «Le niveau de ravitaillement des forces terrestres sera monté à chaque occasion en vue de l'utilisa-

[13] Entretien avec l'auteur
[14] Les Dakota en ont réalisé 35 et les Packet 78.

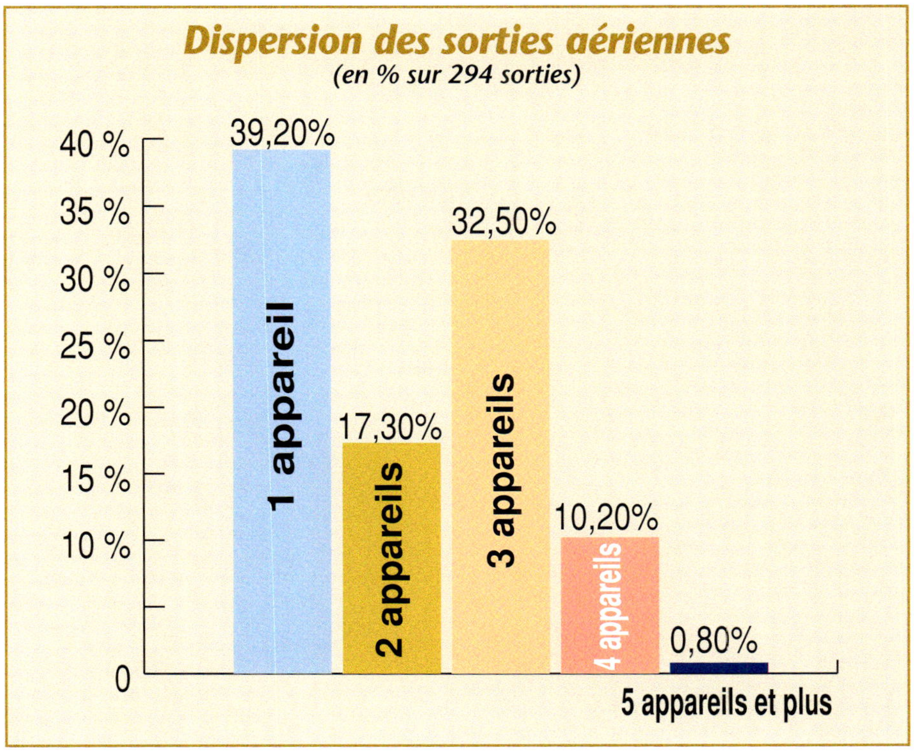

Une DCA comme sur la Ruhr

La DCA viêt fut l'une des plus mauvaises surprises de la bataille de DBP. Pour la première fois depuis le début de la guerre d'Indochine, les Français furent confrontés à une organisation très performante. Il faut dire que la lutte contre les avions dans l'armée d'Hô Chi Minh n'était pas très efficace jusqu'en 1953, car les moyens étaient répartis entre les différentes unités. À partir de mars 1953, chaque division ennemie disposait d'un bataillon spécialisé. Un rapport du 2e bureau[1] daté du 2 février 1953 en détaillait l'organisation : rattaché à la division 308, le bataillon 387, à trois compagnies (les n° 78, 241 et 322), était équipé de 18 mitrailleuses de 12,7 mm servies par 500 hommes. Idem pour la division 312, dont le bataillon 227 (compagnies 266, 267 et 268) alignait un nombre équivalent de tubes. Les forces françaises savaient donc à quoi s'attendre, mais elles furent surprises de découvrir que les artilleurs viêts disposaient de canons de 37 mm. Une note du 2e bureau signalait leur première apparition, au sein d'un régiment non répertorié, le 2 avril 1954[2]. À la différence des mitrailleuses qui étaient surtout redoutables à basse altitude, le 37 mm était précis à 2 800 pieds et pouvait tirer au-delà de 8 000 pieds. Au départ, les Français crurent qu'il s'agissait de Bofors de 40 mm de prise, mais ils se rendirent vite compte qu'ils avaient affaire à des pièces de 37 mm soviétiques livrées par les Chinois. De la même façon, l'artillerie légère qui utilisait auparavant un mix de mitrailleuses DAT 1930 de 13 mm ou des Calibre 50 de 12,7 mm, disposait massivement de Dshk russes de 12,7 mm à DBP. Non seulement, les Viêts bénéficiaient du matériel soviétique, mais aussi des conseils d'organisation de spécialistes chinois. On a estimé par la suite qu'il y avait au moins un officier conseiller chinois dans chacune des batteries. Pour faire face à cette menace, les Français demandèrent aux Américains des informations sur la DCA chinoise pendant la guerre de Corée et la DCA japonaise pendant la guerre du Pacifique[3]. Un rapport[4], daté du 6 juillet 1954, fit le point sur les tactiques utilisées par l'artillerie antiaérienne ennemie lors de la bataille de DBP : les batteries légères étaient réparties à raison d'une batterie par régiment d'infanterie. Installées en triangle de 1 200 mètres de côté, elles étaient principalement utilisées en autodéfense, jusqu'à 1 500 pieds (457 m) et il était prescrit de tirer en masse pour noyer l'objectif dans un nuage de balles. Les pièces de 37 mm étaient quant à elles disposées en carré de 1 200 mètres de côté, chacune blottie au fond d'un épaulement de cinq mètres de diamètre et d'un mètre de profondeur. Elles n'étaient pas camouflées, mais changeaient très régulièrement de position pour éviter d'être détruites. Le même rapport soulignait qu'occasionnellement des groupes de fantassins de 10 à 30 hommes étaient chargés de missions antiaériennes. Ils se postaient sur une hauteur et vidaient le chargeur de leur pistolet mitrailleur, sur ordre et tous en même temps. Ce procédé, utilisé dans les couloirs d'accès de la cuvette, n'était efficace qu'à très courte portée. Enfin, les Viêts auraient également procédé à des tirs de salves contre avions avec leur artillerie de campagne de 75 et 105 mm, avec des projectiles fusants. L'emploi de missiles sol-air, parfois évoqué, n'a toutefois jamais été prouvé. Il serait surprenant que les Soviétiques aient cédé, à cette époque, des armements de haute technologie. Les pilotes français qui avaient participé à la fin de la Seconde Guerre mondiale retrouvèrent une DCA viêt aussi dense que pouvait l'être la Flak allemande au-dessus de la Ruhr.

Dessin d'un canon de 37 mm sur un carnet de croquis pour les pilotes français.

[1] SHAA carton n°4C 1334
[2] SHAT carton n° 10 H 1162
[3] On retrouve ces documents très intéressants dans les archives du SHAA (carton n°4C 1334)
[4] SHAA carton n°4C 1334

En bas à droite, un armurier en train de sortir une roquette de son container. À la fin de la bataille, les équipes de maintenance étaient également à bout de souffle.

Le carnet de vol du sergent Barteau, avec ses missions sur DBP, en mars, y compris celle du jour du déclenchement de l'offensive, le 13 du même mois.

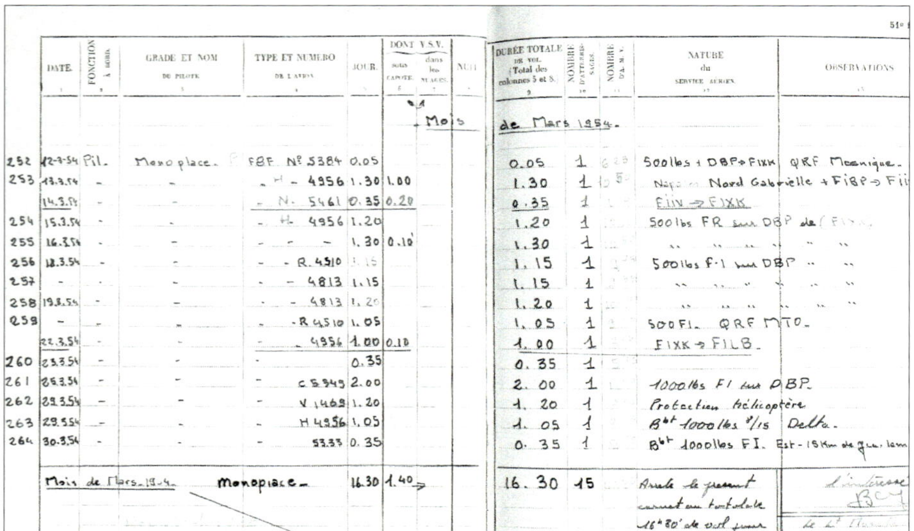

51e

	Date	Fonction à bord	Grade et nom du pilote	Type et numéro de l'avion	Jour	Dont V.S.V. sous capote	Dont V.S.V. dans les nuages	Nuit	Durée totale de vol (Total des colonnes 5 et 8)	Nombre d'atterrissages	Nombre d'A.M.V.	Nature du service aérien	Observations
						Mois de Mars 1954.							
252	12-3-54	Pil.	Monoplace.	FBF N° 5384	0.05				0.05	1		500lbs + DBP → FIXK	QRF Mosnique.
253	13.3.54	-	-	- H - 4956	1.30	1.00			1.30	1		Napalm Nord Gabrielle + FIBP → Fii	
	14.3.54	-	-	- N. 5461	0.35	0.20			0.35	1		Fiiv → FIXK	
254	15.3.54	-	-	- H. 4956	1.20				1.20	1		500lbs FR sur DBP de (FIXK	
255	16.3.54	-	-	- - -	1.30	0.10			1.30	1		" " " " " "	
256	18.3.54	-	-	- - R. 4510	1.15				1.15	1		500lbs F.1 sur DBP " "	
257	-	-	-	- - 4813	1.15				1.15	1		" " " " " "	
258	19.3.54	-	-	- - 4813	1.20				1.20	1		" " " " " "	
259	-	-	-	- - R 4510	1.05				1.05	1		500 FI. QRF MTO.	
	22.3.54	-	-	- - 4956	1.00	0.10			1.00	1		FIXK → FILB.	
260	23.3.54	-	-	-	0.35				0.35	1			
261	25.3.54	-	-	- C 5349	2.00				2.00	1		1000lbs FI sur DBP.	
262	28.3.54	-	-	- V 1469	1.20				1.20	1		Protection hélicoptère	
263	29.3.54	-	-	- H 4956	1.05				1.05	1		Bbt 1000lbs 8/15 Delta.	
264	30.3.54	-	-	- 5333	0.35				0.35	1		Bbt 1000lbs FI. Est - 15Km de [illegible]	
	Mois de Mars 1954.		Monoplace.		16.30	1.40 →			16.30	15		Arrêté le présent carnet au total de 16h30' de vol pour le mois de mars 1954. dont : 16h30' de vol de guerre [illegible]	L'intéressé [illegible] Le Lt [illegible] Cdt [illegible] [illegible]

J. Z. 938050.

Répartition des missions du sous-groupement bombardement

entre le 1er et le 7 mai (en nb de sorties)

Attaque de l'artillerie	30
Suppression de la DCA	49
Appui direct	47

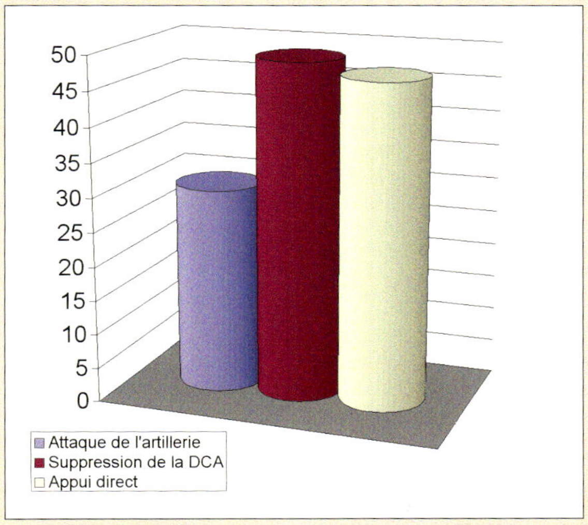

_GC 1/21_
Artois

_GC 2/21_
Auvergne

_GC 1/22_
Saintonge

_GC 2/22_
Languedoc

tion du transport en mission napalm». Une décision pas très populaire à en croire la note manuscrite «nyaka» laissée en marge du document original[15] par un officier traitant ! Pour éviter les tirs fratricides, le GATAC Nord pose des limites très restrictives[16], qui réduisent d'autant l'efficacité des bombardements. De jour ou par nuit claire, il est interdit de lâcher du napalm à moins d'un kilomètre des points d'appui. Par nuit claire, avec lune et sans nuage, la limite est portée à deux kilomètres. Mais de nuit, et en présence de stratus, ce qui est courant à partir d'avril, il est exclu de tirer du napalm à moins de cinq kilomètres. Enfin, dernier souci d'inquiétude pour les forces françaises, le napalm n'est pas aussi efficace, compte tenu de l'humidité de l'environnement due au début de la saison des pluies : DLO à bord du Dakota PC, le 23 mars 1954, le lieutenant Arbez note que «le napalm n'a pas donné forte impression. Il brûle mais n'allume pas».

Le commandement a d'ailleurs organisé entre novembre 1953 et février 1954 une vaste campagne de

En bas, un C-119 Packet au décollage. On remarque l'importance de la soute arrière et les facilités qu'elle offrait pour les largages, par rapport à la porte latérale du Dakota.

L'enseigne de vaisseau Loisillon, prêté par l'aéronautique navale à l'armée de l'air, aux commandes de son B-26.

[15] Directive n °1633/AIR/EO. SHAA, carton n°4C 1346
[16] SHAA, carton n°4C 1346

bombardement contre les voies de communication pour ralentir la progression des divisions ennemies qui se ruaient sur DBP. Ces attaques de carrefours ou de gués, en particulier le long de la rivière noire, cherchaient en particulier à désorganiser la logistique viêt-minh. Chaque point à attaquer était baptisé d'un nom de code, comme par exemple *Mercure*, *Mimosa* ou *Melchior*, et le GATAC Nord y renvoyait régulièrement des bombardiers, sachant que les coolies ennemis avaient vite fait de réparer une piste. De nuit, aux abords de DBP, les pilotes pouvaient voir des milliers de petits lampions se déplaçant sur des sentiers pour apporter du riz, des armes et des munitions. Giap disposait de quelques camions russes Molotova mais l'essentiel de sa logistique était porté sur des vélos transformés en brouette et transportant 200 kg de fret chacun ! De plus, l'ennemi avait créé un grand nombre d'axes secondaires pour fluidifier son trafic et réduire les dommages causés par les bombardements aériens. Ces sentiers étaient bien connus des services de renseignement français[17], mais ces derniers se trompèrent sur l'estimation de la capacité de l'ennemi. Les officiers français avaient assez bien reproduit le maillage des axes de communication viêt-minh, sans pour autant imaginer que les coolies de Giap arriveraient à transporter des pièces d'artillerie de 105 mm et un volume suffisant de munitions pour entretenir une bataille rangée de plusieurs mois.

[17] Les archives du B2 au SHAT disposent de ce point de vue de très intéressantes cartes sur les axes logistiques de l'armée de Giap (carton n°10 H 1162)

L'opération Vautour, dernier espoir de DBP ?

Lors d'une visite à Washington, le général Ely, chef d'état major des armées, se rendit compte que le Pentagone proposait ses services pour sauver Diên Biên Phu. Le secrétaire d'État John Foster Dulles, très influent au sein de cette administration, paraissait favorable à une intervention conventionnelle, visant à écraser les divisions de Giap sous un tapis de bombes. L'US Air Force avait d'ailleurs planifié qu'une force de 60 B-29, protégée par 150 chasseurs – on craignait alors une réaction chinoise – pourrait en trois ou quatre raids successifs nettoyer la cuvette. L'un des principaux objectifs de cette opération, baptisée *Vautour*, viserait à museler définitivement l'artillerie ennemie. Le président des États-Unis, le général Eisenhower, était toutefois assez sceptique sur les effets de bombardements massifs sur des troupes déployées. Par ailleurs, l'utilisation de bombes atomiques, souvent évoquée comme alternative à un raid conventionnel, n'aurait jamais été une option très sérieuse. Les forces américaines s'étaient d'ailleurs bien gardées de l'utiliser pendant la guerre de Corée. Ike ne s'était d'ailleurs jamais avancé sur l'option nucléaire[1], mais il donna l'autorisation d'étudier sérieusement la question d'une intervention. Le point de vue américain sur l'Extrême Orient avait considérablement évolué depuis 1945, ils avaient mesuré que les Français se battaient en Indochine contre le communisme et non plus dans une optique colonialiste. Le commandant de l'Air Force pour la zone Asie, le général Earle Partridge, se rendit à Saïgon et l'un de ses subordonnés en charge de l'opération, le général Joseph Caldera, aurait survolé de nuit la cuvette pour se rendre compte des difficultés. Et il y avait urgence. Le 24 avril, les Français, par l'intermédiaire de leur Ambassade à Washington, imploraient une aide urgente. Seulement, l'administration américaine, sérieusement divisée, commença à tergiverser. Si Richard Nixon, vice-président, était très favorable aux bombardements massifs, John Foster Dulles indiquait qu'il fallait une autorisation du Congrès. Le 27 avril, lors d'une conférence de presse, Eisenhower indiqua qu'ils n'interviendraient pas dans le conflit indochinois. Que s'était-il passé ? Le Premier ministre britannique, Sir Winston Churchill, était opposé à un raid des forces américaines. Cette attitude permit aux Britanniques de conserver des atouts pour faire pression sur la Chine pendant les négociations de Genève. De son côté, Ike ne voulait sans doute pas provoquer le bloc communiste, alors que les effets escomptés de l'opération *Vautour* sur le plan tactique n'étaient pas assurés. Le président américain connaissait suffisamment les questions militaires pour ne pas croire aveuglément les généraux de l'USAF. D'ailleurs, le général Matthew Ridgway, chef d'état-major de l'armée de terre et vétéran de Corée, y était opposé. La navigation de nuit vers la cuvette de Diên Biên Phu, pour des «box de forteresses volantes», serait une vraie épreuve et le bombardement aurait des effets limités, sachant que les forces viêt-minh étaient fortement imbriquées aux unités françaises. Du point de vue de Ike, il valait donc mieux attendre une occasion plus favorable pour réaliser des démonstrations de force en Extrême-Orient. D'ailleurs, en septembre 1954, les États-Unis signèrent le pacte de Manille avec leurs alliés dans la zone, premier pas vers le traité de l'OTASE. Ce fut aussi le premier pas vers la seconde guerre du Viêtnam.

[1] Article de Rebecca Grant, Air Force Magazine, août 2004.

Un B-29 de l'USAF.

ELA 53

Un des principaux objectifs des bombardements : la logistique du Viêt-minh… Chaque vélo transportait 200 kg de matériel et de ravitaillement.

Le lieutenant Desportes de la Fosse et le sergent Barteau, pilotes du Saintonge*, de retour de mission. (Collection Barteau)*

À gauche un mécano aide un pilote de l'aéronautique navale à s'équiper.

Le porte-avions Arromanches*. Encore aujourd'hui, la plupart des combattants de DBP estiment que l'aéronautique navale s'était très bien battue, mais que l'armée de l'Air les avait abandonnés.*

Rien de tel qu'une partie de pétanque pour oublier les affres d'une mission, le mauvais temps, les tirs de DCA… De gauche à droite, les sergents Paravy et Barteau, le lieutenant Lecoq et le capitaine Payen, patron du Saintonge. *Les pilotes bénéficiaient également d'une piscine.*

La villa Charlotte, le mess sous-officier à Bac Mai. Avant le déclenchement de la bataille, quand le rythme des missions était moins effréné, les pilotes profitaient des charmes d'Hanoï, organisaient des courses de pousse-pousse, tout en entretenant d'excellentes relations avec la population…

Le début de la bataille et la situation d'urgence dans laquelle se trouve le GONO conduisent d'abord le GATAC à abandonner la bataille contre les voies de communication, au profit des appuis directs dans la cuvette. Toutefois, la météo extrêmement mauvaise gêne de nombreux raids vers DBP, qui sont alors détournés pour aller bombarder une piste ou un gué. Début avril, le général Navarre, qui suppose que le ravitaillement ennemi est extrêmement tendu, donne l'ordre de reprendre la bataille des communications au travers d'actions baptisées appuis indirects au profit de DBP, à la différence des appuis directs, dans la cuvette. Mais, comme plus tard l'US Air Force contre la piste Hô Chi Minh, l'armée de l'air et l'aéronautique navale ne parviennent jamais à mettre à genoux la logistique de Giap. Tout d'abord, il ne s'agit pas d'un objectif conventionnel facilement identifiable, mais d'une myriade de porteurs qui utilisent des chemins détournés. Ensuite, la précision des systèmes de visée est assez médiocre, alors que la météo est épouvantable. Le Helldiver dispose d'une grille de visée sans indicateur d'angles, tandis que les Hellcat et Bearcat sont munis d'appareils à peine plus élaborés. Seuls les B-26 et les Privateer, équipés du célèbre viseur Norden, peuvent prétendre être suffisamment précis. De plus, les raids ne sont pas suffisamment massifs et donc le potentiel a tendance à être dispersé. Une étude réalisée sur 294 sorties montre que 89 % des bombardements sont effectués par trois avions ou moins. Le 9 avril d'ailleurs, le général Lauzin exige que les formations d'assaut comptent au moins neuf appareils. Un ordre qui reste vœu pieu, compte tenu des difficultés à faire voler de larges formations par temps bouché et en raison du rythme des opérations. Dans son rapport, le lieutenant-

Une petite fête entre pilotes du Saintonge… *Au dessus : Perfetti (tué dans une collision sur la piste de DBP avant la bataille), Barteau (à la mandoline) et Bruand. Au rang d'en dessous : Sellier, Bourderon (tué dans un accident pendant la bataille), Seyrat et Mezelles. Tout en bas : Scoquart.*

colonel Dussol, commandant le sous-groupement bombardement, écrit : «Les équipages ont fourni un gros effort mais se sont rendus compte que l'efficience de l'aviation de bombardement n'était pas en rapport avec le tonnage largué, les missions étaient trop nombreuses et trop importantes, leur tâche immense pour leurs faibles forces». Il souligne que «faute d'autres moyens, le potentiel du B-26 a été absorbé en majorité par des missions d'appui direct alors que son action aurait été plus payante dans des missions d'appui indirect ou des actions indépendantes». Enfin, la boucle entre l'observation, l'organisation d'une mission et le contrôle des dommages causés est beaucoup trop longue face à un adversaire aussi furtif. Le temps qu'un avion de reconnaissance ramène des clichés d'un convoi ennemi et que ces documents soient exploités, la jungle est souvent vide quand les bombardiers arrivent pour remplir leur mission. Mais les moyens de communication alors disponibles sur ce théâtre ne permettent pas d'accélérer le rendement de l'aviation.

Le potentiel de l'aviation est également très sollicité pour des missions de suppression des défenses anti-aériennes, seule parade possible pour protéger les avions de transport du fait que l'artillerie du camp retranché est incapable de les museler. Dans son exécution, la mission est simple, mais elle nécessite un solide sang froid : «Nous nous entendions par radio avec les pilotes de Packet pour leur dégager la route. Dès qu'une batterie ennemie était repérée, nous piquions dans sa direction en faisant feu avec toutes les armes du bord, nous interposant entre l'avion de transport et la DCA» se souvient le lieutenant de vaisseau Bernard Klotz[18]. À ce jeu dangereux, qui ressemblait étrangement à un duel, les chasseurs s'en sortent haut la main : «En piqué face au canon, nos appareils restaient des cibles réduites qui allaient à grande vitesse. Souvent, nous avions l'impression que les artilleurs chinois n'avaient pas très envie de se faire tuer pour Hô Chi Minh, car ils arrêtaient de tirer pour se cacher dans des tranchées» rappelle Klotz. C'est une mission très gratifiante pour les pilotes car ils peuvent en mesurer l'efficacité par la gratitude que les équipages des Packet et Dakota leur témoignent. Mais les forces terrestres estiment que ces missions contre la DCA détournent un potentiel qui serait utile pour des appuis directs. Les aviateurs ne partagent évidemment pas ce point de vue. Le lieutenant-colonel Dussol (déjà cité) écrit : «De jour, un certain nombre de missions prévues pour l'attaque de batteries ou d'objectifs précis ont été détournées fréquemment par *Torri Rouge*, les utilisant à son profit en appui direct. Outre le fait que les résultats escomptés n'étaient pas obtenus, on peut formuler des réserves sur l'efficacité d'une mission de bombardement dont l'objectif est fixé en vol». L'exemple des missions contre la DCA démontre que la question de l'organisation des relations entre les forces terrestres et l'aviation est en effet cruciale. De la cohérence des décisions dépend l'efficacité opérationnelle. Le général Cogny, commandant les FTNV, croie d'ailleurs bon, dans une fiche[19] adressée au général Navarre le 20 mars, de donner quelques précisions : «Un doute ayant pu s'élever sur la manière dont les autorités terrestres et aériennes directement impliquées dans la bataille de DBP se partagent les responsabilités, je précise ci-après la conception qui a été mise en œuvre jusqu'à présent et qui me paraît parfaitement orthodoxe, compte tenu de l'éloignement et des difficultés de liaison». Le problème vient du fait que le général Dechaux, commandant le GATAC Nord, n'est pas sous les ordres de Cogny, commandant les FNTV, mais de Lauzin, commandant l'aviation en Extrême-Orient. Sans état-major interarmées, Cogny en est réduit à discuter en liaison avec Dechaux l'emploi des moyens aériens, en particulier pour tout ce qui concerne la maîtrise des feux. Malgré la mise en place d'un comité de coordination des feux, comprenant un représentant des FNTV, un officier du GATAC et un représentant de l'appui aérien, la structure mise en place, sur un mode plus proche de la gestion participative que celle du commandement, ne paraît pas être le meilleur gage d'efficacité. L'aviation de bombardement est écartelée entre la suppression de la DCA et les appuis directs et indirects, sans réussir à remporter, dans aucun de ces domaines, un ascendant net sur l'ennemi. ■

Effet d'une bombe au napalm. Ces munitions, mises au point par les Américains pendant la Seconde Guerre mondiale, étaient très efficaces contre l'infanterie.

Parachutage de matériels sur Diên Biên Phu

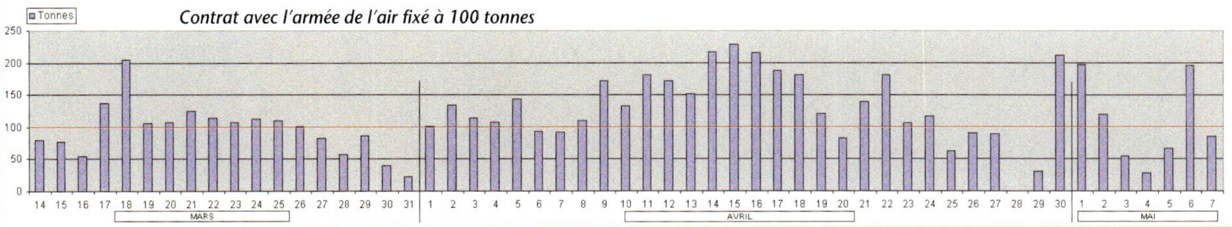

[18] Entretien avec l'auteur.
[19] Fiche n°120/FNTV/GENE/TS. SHAA carton n°4C 1346

Chapitre 9

Les derniers feux de Diên

À la mi-avril, le camp retranché est dans une situation paradoxale. Il paraît évident que les Viêts ont beaucoup souffert, mais en même temps, le réseau tentaculaire de boyaux achève l'étouffement de la garnison. Lucien Bodard écrit dans *France Soir*, le 6 avril, que «l'on ne croit plus généralement que Diên Biên Phu puisse tomber». Les assauts viêts ont été repoussés, mais les travaux de sape commencent à produire leur effet : les points d'appui deviennent des îlots de résistance livrés à eux-mêmes. À Isabelle, des actions sont menées quotidiennement pour tenter de repousser l'emprise de l'ennemi, mais sur le PC central, la situation paraît impossible. Lors de la bataille pour Éliane 1, Giap a pu, encore une fois, mesurer à quel point les Français s'accrochent aux défenses de l'est. Il doit tenter sa chance à l'ouest, d'autant que les PA qui ne sont pas situés sur des mamelons sont très vulnérables à ces travaux de sape. Il sait qu'il ne doit pas mordre à l'hameçon que lui tend Bigeard. Les Français ont encore trop de moyens pour espérer faire tomber le camp retranché en une nuit de combat. Il faut qu'il reprenne la méthode décidée après l'échec des offensives du 30 mars. «Attaque sûre, progression sûre». Huguette 6, contrôlé par les paras viêtnamiens du capitaine Bizard et les légionnaires du lieutenant François, est complètement coupé du camp retranché. Le ravitailler en eau et en munitions relève de l'exploit et pas moins d'un bataillon est nécessaire pour assurer la sécurité des PIM. L'ennemi a posé des mines et attend en embuscade l'arrivée des Français. De jour, la colonne de ravitaillement est exposée aux coups de l'artillerie

Des C-119 au roulage. Ce groupe de transport perdit un appareil et 42 autres furent endommagés par la DCA.

«C'est pour les lieutenants et les capitaines que je suis venu ici... Vous serez commandés.»

Général de Lattre de Tassigny, à Hanoï, le 19 décembre 1950.

Biên Phu

et des mortiers. De nuit, des compagnies entières forment des bouchons dans le réseau de tranchées. Les chars ne peuvent plus approcher, craignant d'être frappés à bout portant par la charge creuse d'un Skz.
La situation est sans issue. Le 15 avril, selon Bizard, une colonne de 37 PIM perd 28 hommes. Seuls cinq jerricans d'eau sur les vingt prévus parviennent jusqu'aux lignes françaises. Les Français récupèrent quelques colis qui leur assurent un ravitaillement normal en vivres et en munitions, mais ils meurent de soif. Pour de Castries, la seule solution pour Bizard consiste à se rendre, sans drapeau blanc bien sûr, ou à tenter une sortie en laissant sur place les blessés. Le choix est laissé à Bizard, dont les coups d'éclat ont laissé une forte impression à ses supérieurs. Son nom sonne comme la baraka et sa décision est prévisible. Il refuse de se rendre et choisit d'évacuer son poste (voir p 132). Pour lui donner une chance de s'en sortir en vie, sachant que ses effectifs pèsent à peine le poids d'une compagnie normale, soit 120 hommes valides, et que même un bataillon au complet a du mal à se frayer un passage, une contre-attaque est lancée dans le sens opposé. Les deux dernières compagnies du 1er BEP soutenues par une compagnie du 6e BPC (lieutenant Le Page) foncent le 17 avril au soir en direction d'Huguette 1. Ces unités doivent attirer le feu de l'ennemi pour l'obliger à réduire la pression sur Huguette 6. Deux chars, le *Douaumont* et le *Mulhouse*, sont également de la partie. L'objectif de ces unités n'est pas de percer le dispositif ennemi mais de chercher l'affrontement. Celui-ci dure presque toute la nuit et est d'une haute intensité. L'ennemi considère que cette partie du camp lui appartient et il n'est pas question d'en céder un pouce. Le BEP dénombre 17 tués et 78 blessés, dont les capitaines Martin et Brandon. Dans la compagnie du 6, le bilan n'est guère plus brillant. L'adjoint de Le Page, le sous-lieutenant Lécué, est entre la vie et la mort[1]. Mais la diversion est réussie. Le 18 au petit matin, alors que les aumôniers du camp se préparent à dire la messe de Pâques dans les infirmeries, la centaine de survivants d'Huguette 6 s'élance hors de ses tranchées. Il n'y a rien d'autre à faire que courir sous les balles ennemies, sans se retourner pour aider ceux qui tombent. Une

Le colonel Langlais (en béret au centre) obtint gain de cause par rapport au colonel Sauvagnac, patron des troupes aéroportées en Indo, qui militait en faveur des actions indirectes.

Le char Posen *fut l'un des derniers encore mobiles qui tenta de refouler l'ennemi le plus loin possible de la zone PC, le 7 mai au matin.*

[1] Lécué fit partie des miraculés du camp. Le médecin commandant Grauwin, le croyant perdu, attendit plusieurs heures avant de l'opérer.

sorte de cross diabolique sur plus de 600 mètres, où il faut sauter par-dessus les tranchées ennemies tout en vidant son chargeur si un bo-doïs tente de s'interposer, commence alors. Très vite, le capitaine François est mortellement touché. L'ennemi a placé des sections qui s'interposent pour empêcher la fuite des assiégés. Il faut battre les Viêts à la course. La fureur des paras, portés par l'espoir de survivre, balaie les premières lignes et une soixantaine de survivants à peine rejoignent le camp retranché. Haletants, épuisés, cherchant des yeux leurs camarades, les hommes de Bizard semblent revenir de l'enfer.

Pourtant, malgré la situation très précaire dans laquelle se trouve le camp retranché, les volontaires continuent d'affluer d'un peu partout. Plus de 2 000 hommes lèvent la main pour rejoindre leurs camarades au combat et 600 d'entre eux sont parachutés, en fonction des demandes. De Castries a réclamé au début de la bataille des cadres qui manquent cruellement dans toutes les unités, mais aussi des spécialistes de l'arme blindée, de l'artillerie ou du génie. Le lieutenant Maurice Schmitt, futur chef d'état-major des armées, fait partie des jeunes artilleurs envoyés en renfort. Par la suite, tous les combattants volontaires sont les bienvenus. Fait étonnant, trouver des volontaires n'est jamais une difficulté, même quand, aux premiers jours de mai, plus rien ne semble pouvoir empêcher la chute du camp retranché. Ils sont animés par la volonté de participer à ce qui paraît être la dernière bataille, de ne pas laisser tomber leurs camarades. Ils veulent aussi faire mentir les rats d'état-major qui, terrés dans leurs bureaux à Hanoï ou à Saïgon, n'ont pas les tripes pour rejoindre la garnison assiégée. Ces témoignages de fidélité touchent beaucoup les défenseurs, qui apprécient de voir leurs camarades accepter de partager leur sort. Surtout, comme l'indique le médecin lieutenant Verdaguer[2], ils donnent l'impression de se rendre à un dîner en ville : tous quasiment arrivent avec des bouteilles de Cognac ou de Pastis dans leur paquetage… Ils viennent également avec des nouvelles, les derniers potins et les rumeurs de colonne de secours. Même si leur enthousiasme est assez vite douché par le spectacle de l'effroyable carnage, ce sang neuf apporte un peu d'humanité aux assiégés. Leur parcours n'est pas évident, puisque non brevetés pour la plupart, ils ont reçu une instruction sommaire, apprenant à sauter depuis une carcasse de Junker, à quelques dizaines de centimètres du sol. Le candidat retient surtout l'essentiel : plier les jambes au moment de l'atterrissage ! Une fois dans l'avion, l'appréhension les gagne et chaque largage enregistre quelques refus de saut. Une hésitation bien excusable quand, bringuebalé dans la carlingue du Dakota, le parachutiste, au moment de s'élancer dans le vide, aperçoit le tonnerre grondant de la bataille, les fontaines de lumière des traceuses de la DCA et une multitude d'éclatements, provoqués par l'artillerie et les grenades. Au sol, il faut souvent ramper à quatre pattes dans un paysage dévasté, méconnaissable, pour essayer de se rapprocher des lignes amies. Ces premiers volontaires arrivent en masse à partir du 20 avril, le temps que le 1er bataillon de parachutistes coloniaux soit disponible. Le 30 avril, après quatre nuits de largages, pas moins de 300 hommes non brevetés sont envoyés à DBP. Contrairement à ce que redoutait le colonel Sauvagnac, patron des troupes aéroportées à l'état-major, les pertes sont minimes, même si à cette date, le sort de la garnison est déjà scellé.

À partir de la mi-avril, les bonnes nouvelles en provenance de DBP cessent et dans les états-majors d'Hanoï et de Saïgon, l'heure des règlements de compte arrive. L'armée de terre contre l'armée de l'air, Navarre contre Cogny, etc. La presse commence à se faire l'écho de divergences de vues qui ne tardent pas à se transformer en haine farouche. Même si Navarre, dans ses mémoires, souligne que la brouille avec Cogny n'a pas eu d'influence sur le cours de la bataille, il n'en demeure pas moins que ces luttes intestines ne permettent pas aux officiers des différents bureaux de travailler sereinement. La relève d'Huguette 1, devenue la position de première ligne depuis la perte d'Huguette

En bas à droite, des tirs d'artillerie ! Aux abris ! Les projectiles de 120 ou de 105 mm ennemis pouvaient projeter des éclats mortels à plus de 100 mètres.

Après le barrage d'artillerie, les soldats sortaient de leurs abris pour repousser l'assaut ennemi. Cet homme, sans doute un cadre, est armé d'une carabine US M1, avec un porte-chargeur attaché à la crosse.

[2] Lettres de DBP. Sous la direction de Guy Leonetti, Fayard, 2004. P. 309.

6, s'opére dans des conditions dramatiques, dans la nuit du 19 au 20 avril. La 4e compagnie du 1/2 REI, commandée par le capitaine Chevalier, met toute une nuit à rejoindre ce point d'appui, laissant, dans de très durs combats, plus d'un tiers de son effectif. Les Viêts ont reçu l'ordre de se faire tuer sur place plutôt que de les laisser passer. Le lieutenant Spozio, jeune artilleur, en quittant Huguette avec sa compagnie, ne connaît pas un retour plus facile au camp retranché. Il perd la moitié de ses hommes dans les entrelacs des tranchées qui le séparent d'Huguette 3. Le capitaine Chevalier sait que l'assaut ennemi est imminent et que sa position est bien malade. Son prédécesseur lui a confié que l'ennemi creuse des tunnels qui lui permettent de déboucher directement à l'intérieur de la position, alors que déjà, les boyaux viêts débouchent presque dans les tranchées. Par ailleurs, jamais Langlais ne pourra lui renvoyer des renforts assez rapidement s'il est attaqué. Son espoir réside dans ses hommes, ses légionnaires. Il n'y a plus de différences entre les anciens et les jeunes recrues. Ces dernières ont parfois craqué, au début de la bataille, pleurant à chaudes larmes et demandant, en allemand, à rentrer dans leur foyer. Mais depuis, les précédents combats ont forgé un esprit de cohésion au sein de cette unité et les plus jeunes, s'inspirant du stoïcisme des anciens, sont à leur tour devenus de redoutables machines à tuer du Viêt. Pendant quatre jours, le commandement ennemi harcèle la position, avec ses mortiers et ses tireurs d'élite. Pendant quatre jours, les légionnaires ménagent autant qu'ils peuvent leurs forces et leurs munitions, se réservant pour le grand soir. Les appuis-feu des chasseurs et des B-26 ne parviennent pas à briser l'étau de la division 308. Le 21 avril, dans la soirée, l'ennemi donne l'assaut. Les sapes sont enfin prêtes et de ces tunnels souterrains débouchent des cohortes de Viêts. De même, un bataillon au complet lance un assaut sur les parapets extérieurs. Ils sont 60 légionnaires… contre 600 bo-doïs. Mais la masse ennemie ne les écrase pas. Réunis en petits groupes très soudés, ces «Français par le sang versé» montrent que la 4e compagnie du 1/2 REI n'a pas baissé les bras. Même blessés, les légionnaires continuent à se servir de leurs armes, sachant qu'il ne faut espérer aucune clémence de la part d'un adversaire qui a payé un prix aussi élevé pour prendre une position. Chevalier n'hésite pas à demander des tirs de mortiers de 120 mm sur les parties de sa position aux mains de l'ennemi. À l'aube, épuisés, les survivants nettoient leurs tranchées, ramassant précautionneusement les armes encore en état de fonctionner, avant de s'accorder quelques instants de repos, pour le round suivant. La 4e compagnie n'a pas à attendre très longtemps puisque le soir même, le 22 avril, les Viêts s'élancent à nouveau. Faute de moyens, de bras valides pour tirer au FM ou balancer des grenades, la position est rapidement submergée. Chevalier, entouré d'un dernier carré de défenseur, perd la vie lors de l'assaut de son PC.

Dans le camp retranché, la consternation est à son comble. Les liaisons radio sont coupées avec la position depuis 23 heures, mais des tirs sporadiques se font encore entendre jusqu'au milieu de la nuit. Jusqu'au bout, de Castries espère que Chevalier et quelques survivants ont pu décrocher. Bizard a bien réussi à fausser compagnie à l'ennemi. Ce miracle peut-il se reproduire ? Mais les heures passent, les assiégés doivent admettre qu'Huguette 1 est entre les mains de l'ennemi et que la 4e compagnie du REI peut être considérée comme perdue. La consternation vient aussi du fait que si Huguette 6 peut être sacrifiée, Huguette 1 constitue l'une des pièces majeures de la défense ouest du camp. La perdre signifie perdre complètement le contrôle de la piste d'aviation et ramener la première ligne à Huguette 2 et Épervier. Autant dire que dans ce cas, les divisions ennemies sont à un bond du PC du

Suite p. 134

Le capitaine Tourret, patron du 8e Choc. Le 8e bataillon de parachutistes coloniaux reçut un entraînement particulier pour encadrer des maquis, d'où son nom de 8e Choc. Mais dans la pratique, il fut employé de la même manière que les autres bataillons, en unité constituée.

L'ennemi vient de déclencher un tir de mortier ou de grenades à fusil. Les deux servants de la mitrailleuse 24/29, restée sur le bord du parapet, s'abritèrent dans le fond de la tranchée.

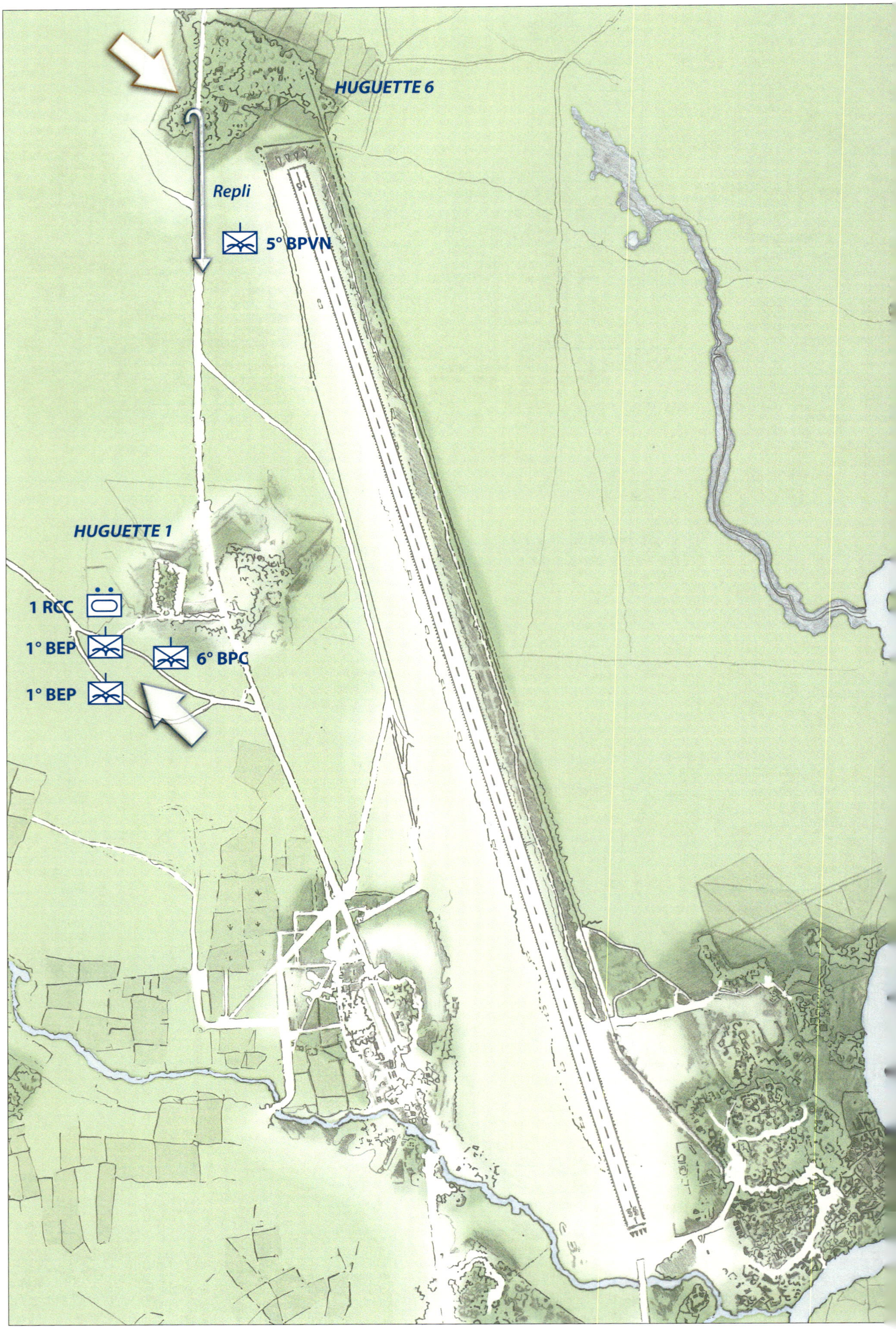

Le 17 avril au soir, deux compagnies du BEP et une du 6, appuyées par des chars, lancèrent une attaque de diversion dans les environs d'Huguette 1. Le 18 au matin, une compagnie du 5ᵉ BPVN, commandée par le capitaine Bizard, abandonna Huguette 6 en direction d'Huguette 1, sous le feu de l'ennemi. La piste tomba aux mains de l'ennemi.

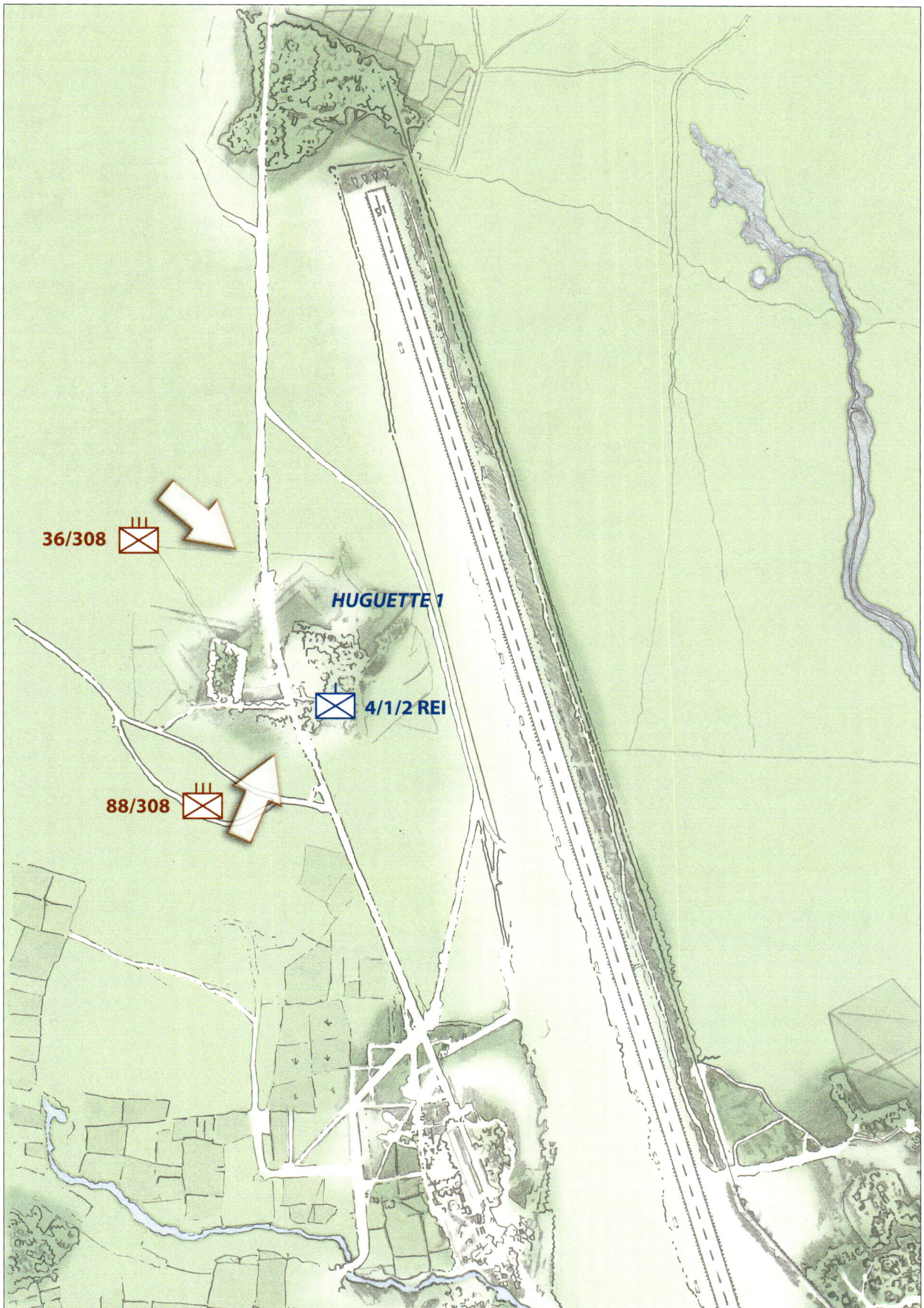

Le 22 avril, les légionnaires du capitaine Chevalier, sur Huguette 1, «firent Camerone». Leur position fut submergée par les assauts conjugués de deux régiments ennemis.

Deux soldats sortis de leur abri pour inspecter des caisses fraîchement parachutées. Celle au premier plan contenait 20 rations de pain de guerre.

Un prisonnier viêt-minh, portant veste matelassée et casque. Les bo-doïs ne portaient ni grade ni numéro d'unités, si bien que le seul moyen d'identifier les unités qui attaquaient restait de faire des prisonniers.

Fin avril, les Viêts déployèrent une nouvelle arme : les orgues de Staline. Ce croquis est tiré d'une brochure d'identification des matériels ennemis pour les pilotes.

général de Castries. Le commandement du camp n'a donc plus qu'une obsession : tenir. Tenir à tout prix, gagner du temps, espérer que l'arrivée de la saison des pluies ou des bombardiers américains fera lâcher prise. Des unités d'interventions, il ne reste plus que le 2e BEP, les autres sont usées jusqu'à la corde. Il faut tenter de reprendre Huguette 1, mais Langlais veut conserver ce dernier atout[3] : «La contre attaque allait décimer notre ultime réserve, le 2e BEP (...). Le problème demeurait inchangé depuis le premier jour de la bataille puisque les parachutages ne réussissaient pas à combler les pertes. Une moyenne de 100 hommes par jour était certes larguée, mais la moyenne des pertes étaient doubles». D'ailleurs, l'ennemi, qui s'attend à un assaut des Français, a multiplié les initiatives pour empêcher la progression des compagnies (voir carte p 136). Les légionnaires du 2e BEP sont rapidement cloués au sol, allongés sur les plaques PSP de la piste d'aviation. Deux compagnies, celles de Pêtré et Lecour-Grandmaison, très exposées au tir de l'ennemi, subissent alors des pertes considérables. L'autre aile de la contre-attaque, qui doit partir depuis Huguette 2, avec les compagnies de Biré et Boulinguiez, est ralentie par le lacis des boyaux ennemis, dans lesquels les Viêts ont placé des éléments retardateurs. Le GATAC Nord n'a pourtant pas ménagé ses appuis lors de ce combat, et les straffing des B-26 et des chasseurs dissuadent le commandant de la 308 d'engager ses unités. Les deux chars du sous-lieutenant Mengelle, le *Mulhouse* et le *Douaumont*, tenant le centre du dispositif, ont nettoyé la carlingue du Curtiss-Commando à l'obus de 75 mm. Le nid de mitrailleuses viêt qui s'y était installé est rapidement muselé. Seulement, le

[3] Colonel Pierre Langlais, Diên Biên Phu, Éditions France Empire, Paris, 1962. Pp. 174-175.

commandant Lisenfelt, qui a des difficultés à joindre ses unités, son poste radio SCR 300 étant brouillé par la masse métallique de la piste, met beaucoup de temps à se rendre compte que son unité est dans une impasse. Lui-même, ou l'un de ses subordonnés, refuse de croire le compte rendu de Mengelle lui indiquant que ses troupes sont immobilisées sur la piste[4]. En fin d'après-midi, Bigeard, considérant que les compagnies du 2e BEP n'ont plus aucune chance de reprendre Huguette 1, décide d'ordonner le repli. Allongé sur la piste d'aviation, les deux jambes presque arrachées, le lieutenant Guérin, adjoint de Pêtré, préfére se tirer une balle dans la tête plutôt que de voir ses hommes risquer leur vie pour le récupérer. «Bruno», très remonté après ce revers qui a coûté 150 hommes au 2e BEP, morts ou blessés, obtient la tête de Lisenfelt, relevé de son commandement. Les deux bataillons parachutistes de légion sont amalgamés en bataillon de marche parachutiste. Cette sanction paraît toutefois disproportionnée, compte tenu même des difficultés de la contre-attaque. Celle-ci n'a été lancée qu'en fin de matinée, laissant le temps à l'ennemi de s'organiser. Comme pour l'assaut du BPVN sur Gabrielle, les compagnies ne connaissent rien du terrain sur lequel elles sont engagées. Le dispositif retenu est surprenant, l'action des chars étant presque séparée, ces derniers étant très isolés au centre. Ils auraient du être engagés au plus près, pour servir de véritables béliers aux compagnies parachutistes. Enfin, l'inertie du commandement des troupes d'intervention paraît surprenante. Ce n'est qu'en fin d'après- midi que Bigeard reprend les rênes. Il est trop tard. La bataille des Huguette, commencée le 27 mars, s'achève le 23 avril. La piste est entre les mains de l'ennemi. Même s'il n'a progressé que de 800 mètres au prix de lourdes pertes, le PC central est l'objectif de son prochain bond.

Un élan de solidarité traverse l'armée française à l'occasion du dimanche de Pâques. Dans toutes les garnisons, les aumôniers rappellent le sacrifice des combattants de la cuvette de DBP. Un peu partout, des unités, pourtant non parachutistes comme le 2e bataillon du 5e REI du colonel Cabaribère, demandent à être envoyées dans la fournaise. En Algérie, la Légion prépare un troisième BEP, tandis que le 7e BPC quite la métropole. Les pilotes larguent des petits colis contenant des bouteilles de Whisky pour tenter de remonter le moral des assiégés. La presse nationale, pourtant peu intéressée par l'Extrême-Orient, se passionne soudain pour le drame qui se déroule à plus de 5 000 kilomètres de Paris[5]. L'exemplaire sacrifice des soldats français est souligné alors que les journalistes stigmatisent les hordes hurlantes ennemies, fanatisées et prêtes à trucider les blessés. Les comparaisons historiques fleurissent : Verdun, le chemin des Dames. Le ton épique est de rigueur et *Paris Match*, qui tire alors à plus d'un million d'exemplaires, fait cinq fois sa «Une» sur la bataille. Les journalistes se font discrets sur les erreurs françaises, l'impuissance de l'artillerie à contre-battre son adversaire, la défection des unités de partisans ou encore la dépression de certains officiers. La presse veut des héros qui magnifient la résistance du camp retranché. À Paris, Langlais et Bigeard sont inconnus. Les feux de la rampe se concentrent sur le général de Castries et Geneviève de Galard. Certains articles rappellent les faits d'armes du commandant du camp, son brillant passé d'équitant, quand d'autres font l'éloge de l'ange de DBP, soignant les blessés, leur apportant un peu de chaleur humaine, au milieu du carnage. Le patriotisme est exalté, les traîtres dénoncés. Le 23 mars, *L'Aurore* titre : «Ceux qui encouragent l'ennemi sont des misérables». À quoi *L'Humanité* répond : «Qui sont donc ces misérables dont parle l'*Aurore* ? Ceux qui dans une salle de rédaction crient : en avant !». Le sort des blessés, coincés sur le champ de bataille, émeut particulièrement l'opinion publique. Il y a sans doute dans cet élan patriotique un brin de voyeurisme sordide, mais les Français se rendent compte que le corps expéditionnaire n'est pas uniquement composé de soudards, de mercenaires et d'anciens nazis, comme le décrit la presse d'extrême-gauche, mais de Français qui auraient très bien pu être leurs voisins... L'intérêt de la métropole est d'autant plus grand que la France a

Des soldats, assis sur les banquettes de tirs, partageant un morceau de pain. Fin avril, l'arrivée des pluies transforma les tranchées en cloaques.

[4] André Mengelle, Des chars et des hommes, Lavauzelle, Paris, 1995. P. 264.

[5] Lire à ce propos, un document très intéressant : Diên Biên Phu, les médias et l'événement, Jacques Dalloz, La documentation française, Paris, 1991.

Le 23 avril, au cours de la journée, quatre compagnies du 2e BEP, appuyées par des chars, tentèrent de reprendre Huguette 1 à l'ennemi. Mais mal préparé et mal conduit, l'assaut échoua et les Viêts restèrent maîtres du terrain.

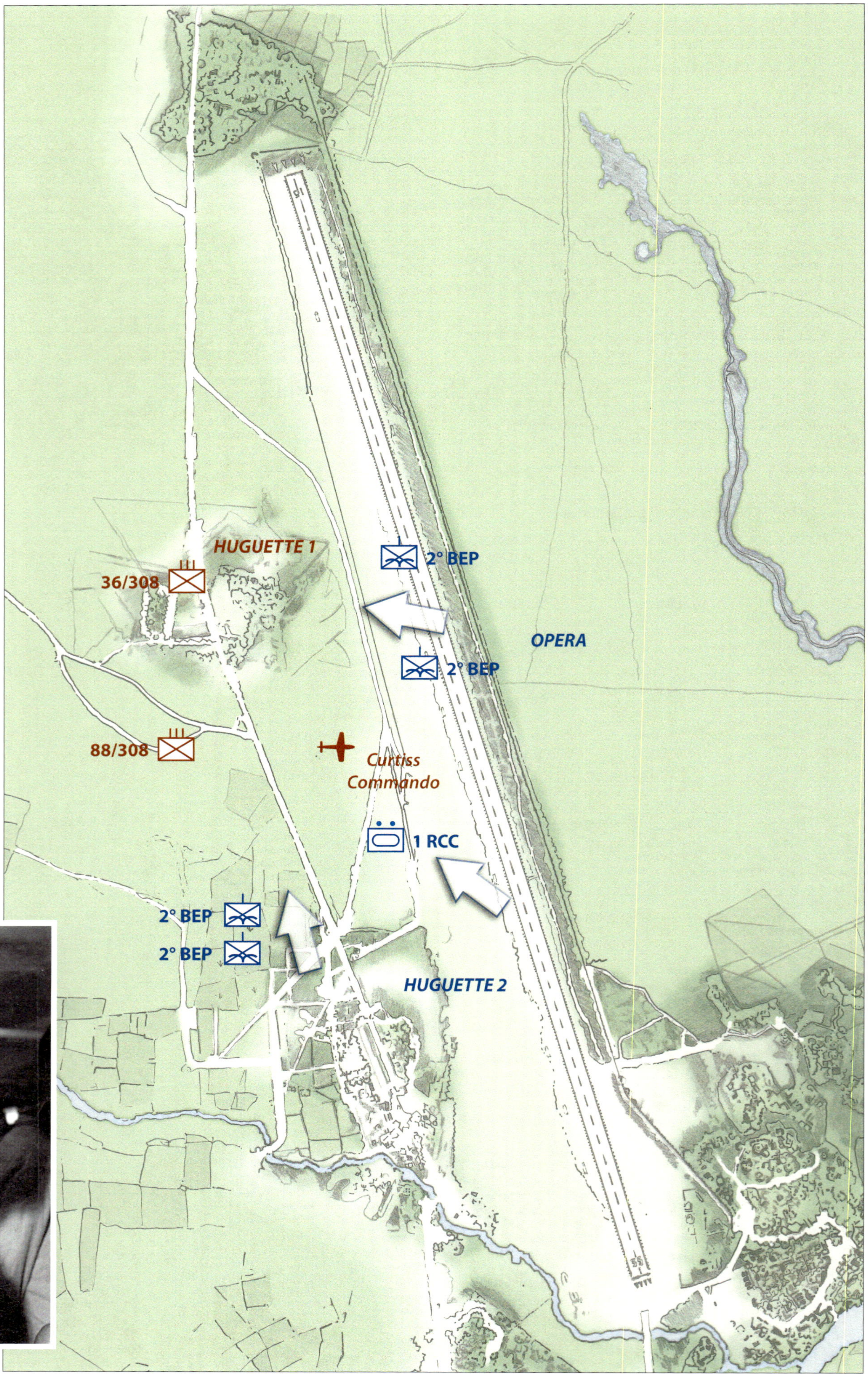

Le commandant Lisenfelt, patron du 2e BEB, fut démis de ses fonctions après l'échec de la contre-attaque du 23 avril.

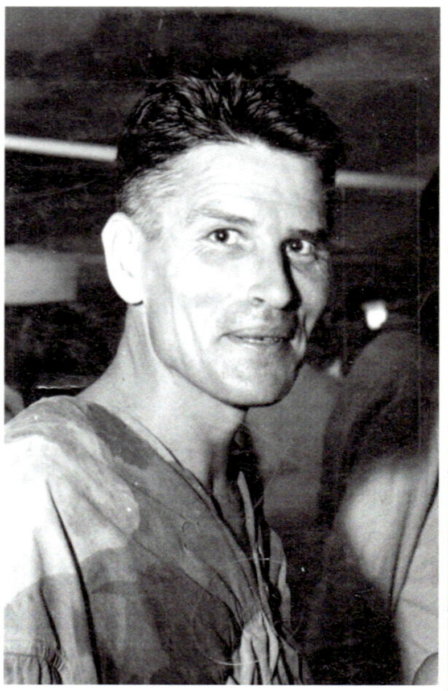

mauvaise conscience : elle n'a pas voulu voir cette guerre. La classe politique commence également à s'émouvoir du sort de la bataille et le gouvernement de Joseph Laniel semble se fragiliser. Un de ses ministres, le général Corniglion-Molinier, demande même à être parachuté au-dessus de DBP pour partager le destin de la garnison[6]. Au sein même du camp, un élan formidable de camaraderie pousse de nombreux blessés, à peine guéris, à revenir en première ligne. Bigeard rameute les volontaires, directement dans les infirmeries[7] : «En dix minutes ma salle de réanimation fut envahie par les paras du 6e BPC hospitalisés dans mes locaux. Je vis mes unijambistes appuyés sur leurs camarades qui avaient leurs deux jambes ; mes manchots, avec leur thorax encore emprisonnés dans un pansement ; mes borgnes, qui me déclarèrent voir très bien ; mes plâtrés des membres inférieurs et des membres supérieurs ; mes thorax anhélents au regard fiévreux». Quand le médecin commandant Grauwin essaie de les retenir, il s'entend répondre : «Les copains nous attendent ; maintenant on le sait, c'est sûr. S'ils doivent crever, on veut crever avec eux». Cet élan se propage également aux autres unités, qui suivent alors l'exemple des paras. Les officiers montrent l'exemple : blessé, le 30 mars, le lieutenant Samalens reprend le commandement de sa section, son remplaçant, le sergent-chef Flamen, ayant été blessé. De même, le capitaine Lucien Le Boudec, trois fois blessé dans la bataille (il le sera une quatrième fois le 6 mai), reprend la tête de ce qui reste de sa compagnie.

Fin avril, la pluie tant attendue arrive. Elle noie un certain nombre de tranchées, de boyaux ou d'abris, mais les combattants se sont préparés à son arrivée, construisant notamment leurs terriers à vingt centimètres du sol. La pluie, surtout, c'est l'espoir de voir la logistique de Giap s'embourber, et ses positions d'artillerie se remplir d'eau… Les assiégés bénéficient de quelques jours de répit. De Castries en profite pour réorganiser le camp, couper les saillants trop isolés, et donc indéfendables. Opéra est évacué et un autre point d'appui, baptisé Opéra bis, est créé au nord-ouest d'Épervier, principalement pour empêcher les Viêts

Le lieutenant de vaisseau Fatou qui succéda à Andrieux à la tête de la 3F.

Un Corsair de la 14F. Ces 25 appareils, vétérans de la guerre de Corée, venaient d'être fournis par les Américains. Ils remplacèrent les Hellcat de la 11F dans le ciel de DBP à la fin avril.

[6] Jules Roy, La bataille de DBP, Albin Michel, 1989 (réédition). Pp. 309-310.
[7] Médecin commandant Grauwin, J'étais médecin à DBP, Hachette, 1974 (réédition). Pp. 271-272.

Le lieutenant de vaisseau de Lestapis (debout), momentanément patron de la 3F, et le maître Bouvet (à genou à gauche) en train de remplir les formulaires de retour de mission.

Un tirailleur nord-africain devant une infirmerie, sur laquelle était planté le drapeau de la croix rouge. Un repère inutile sachant que les Viêts se moquaient des conventions internationales.

d'utiliser le drain qui courre le long de la piste comme couloir d'accès. Les PA de l'ouest sont redistribués : il ne reste plus que trois Huguette (les 2, 3 et 5), aux ordres du commandant Guiraud, et quatre Claudine (les 2, 3, 4 et 5), sous la responsabilité du commandant Clemençon. Huguette 4, rebaptisée Lily 3, et Claudine 1, renommée Lily 1, forment avec Lily 2, constituée en bordure de Junon, un nouvel ensemble aux ordres du commandant Nicolas (voir carte p 140). L'ensemble est assez hétéroclite sachant qu'aucune compagnie n'affiche un effectif complet. L'état-major du camp se livre à un judicieux panachage, qui prend en compte les déboires passés. Des sections de parachutistes ou de légionnaires viennent systématiquement renforcer les unités de tirailleurs ou de partisans thaïs. Si ce procédé émiette les forces d'intervention, il permet surtout de donner une certaine substance à la défense des points d'appui. Le 25 avril, l'ennemi tente un coup de main contre Épervier, mais ce point d'appui, tenu fermement par le 8e Choc, arrête le bataillon ennemi. Le lendemain, une compagnie du 2/1 RTA mène une sortie depuis Isabelle afin d'obliger les Viêts à desserrer leur étau. Seulement, le bilan, six tués et 22 blessés, démontre que l'ennemi est décidé à ne pas laisser le point d'appui sud interférer dans la bataille qui se déroule autour du réduit central. À Hanoï, la pression est à son comble. L'entourage de Cogny échafaude des plans pour venir au secours de DBP, tandis que Navarre médite sur la possibilité d'obtenir un cessez-le-feu qui gèlerait les positions en attendant l'issue des négociations. Mais Giap prépare en fait sa troisième et dernière offensive. Il n'attend pas la pluie. Il sait le camp retranché à bout de forces et il lui faut une victoire pour le début de la conférence de Genève. Il consacre les derniers jours d'avril à parfaire le système de boyaux qui entoure Huguette 4 et 5, ainsi qu'à creuser une sape sous Éliane 2. Le général viêt sait que cette colline est le verrou des défenses de DBP à l'est. Comme autrefois lors des sièges de château-fort, il fait creuser un passage pour détruire la muraille. Une centaine de bodoïs, anciens mineurs de la région de Hong Gay, sont mobilisés uniquement pour cette tâche.

La fête de Camerone, le 30 avril, est le dernier moment de convivialité. Quelques jours auparavant, le 20 avril, les cavaliers ont fêté Saint Georges, le saint patron, mais, la bataille des Huguette faisant alors rage, la bonne humeur n'était pas au rendez-vous. Ce 30 avril, la débrouillardise et la solidarité des légionnaires permettent d'organiser un petit verre dans différentes popotes. Il n'y a pas grand-chose, souvent des rations de combat améliorées, mais l'esprit est là. Même entourés d'ennemis, isolés depuis des semaines, ils ont tenu à montrer qu'ils ne se laissent pas abattre. De Castries, Langlais et Bigeard sont promus caporaux chef d'honneur de la Légion, tandis que Tourret et Geneviève de Galard sont faits première classe d'honneur.

Le troisième et dernier acte de cette tragédie commence le 1er mai à 17 h 00 par la traditionnelle préparation d'artillerie. Tous ceux qui pensent que les bombardements de l'aviation sur les voies de communication ou la mousson ont perturbé l'approvisionnement sont

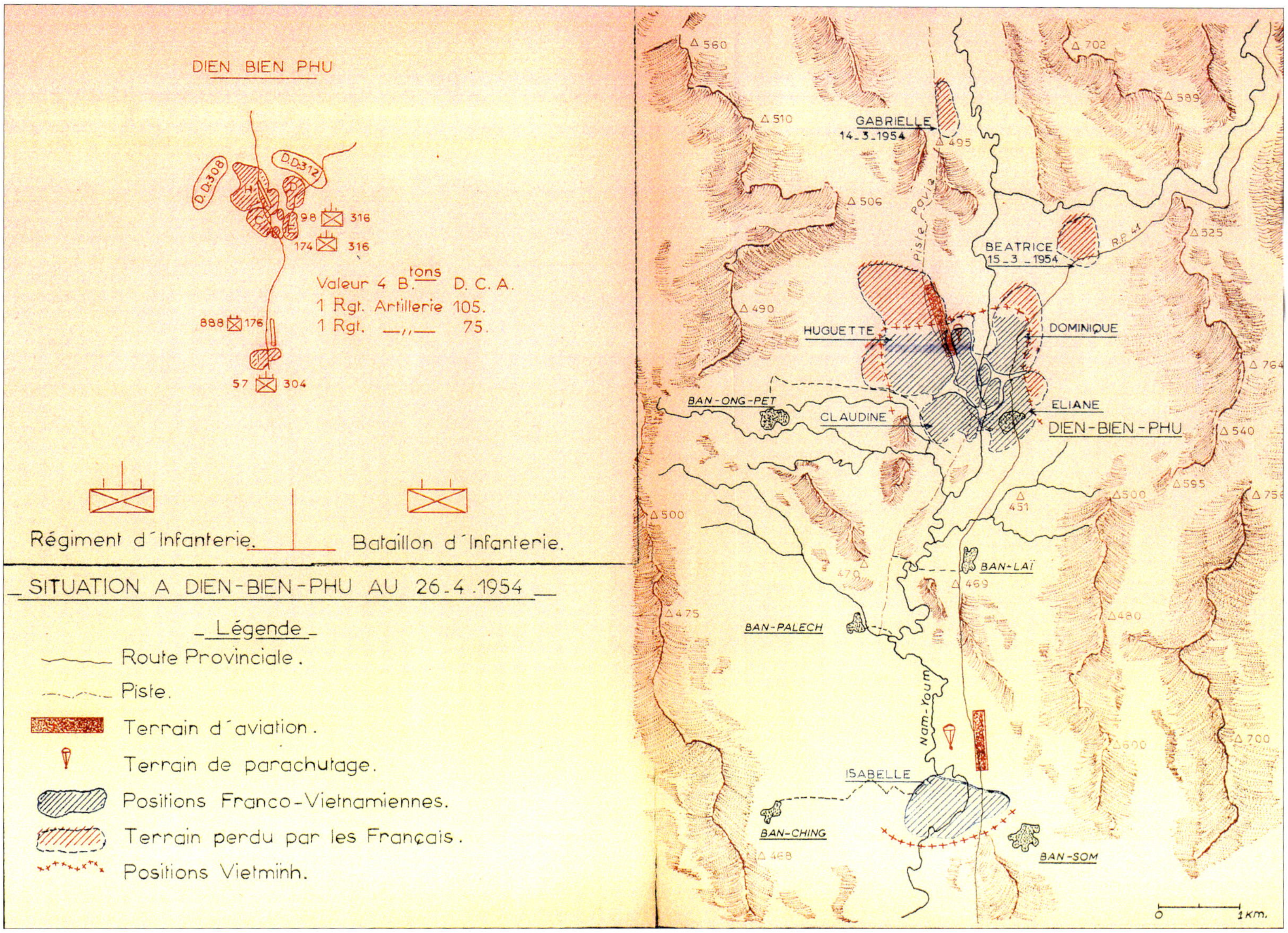

déçus. Les artilleurs de Giap mettent le paquet : trois heures de déluge de fer et de feu qui bouleversent des tranchées déjà meurtries, écrabouillant des soldats cramponnés à leur fusil comme des naufragés à une bouée. Le matraquage paraît d'autant plus puissant que le camp est très concentré. Sa superficie est quatre fois moins importante que le 13 mars, date de la première offensive. Les Viêts semblent même utiliser des gros obus de mortiers de 120 mm comme des boulets : en retirant la fusée, ceux-ci n'explosent pas mais provoquent d'importants éboulements de tranchées. Les assiégés en viennent presque à espérer l'assaut : «Qu'on en finisse, qu'on puisse au moins se battre».

Comme le 30 mars, Giap a prévu un assaut combiné sur les deux faces du camp retranché afin de jouer à fond sa supériorité numérique et obliger les défenseurs à disperser leurs maigres réserves (voir carte p 141). À l'est, Dominique 3, défendue par une compagnie de partisans thaïs, commandée par le lieutenant Pagès, renforcée par la 13e compagnie du 6e BPC du capitaine Perret, est particulièrement exposée. Cette position, défendue avec acharnement par les lieutenants Filandeau et Brunbrouck, a particulièrement souffert. Depuis la colline de Dominique 2 qui surplombe le dispositif de défense, les Viêts ont eu tout le temps de le détailler. Et les fameux canons, jugés trop exposés, ont été retirés plusieurs semaines auparavant. Néanmoins, le premier assaut ennemi est littéralement brisé par les tirs conjugués des paras et des partisans. Les Français se battent dos à la rivière, sans possibilité de repli. Heureusement, les Dakota continuent de balancer des lucioles qui éclairent les vagues d'assaut, offrant la possibilité au 24/29 de coucher les ennemis qui s'aventurent sur le glacis. Mais le danger provient surtout des boyaux d'accès qui débouchent presque dans les tranchées. Des monceaux de cadavres viêts s'accumulent à leur sortie, mais les équipes de grenadiers repoussent les Français permettant à leurs camarades voltigeurs de prendre pied dans Dominique 3. Bigeard, sentant cette position lui échapper, envoie la 12e compagnie de Trapp en renfort, suivie de la 5e compagnie thaï du lieutenant La Malène. Cependant l'ennemi contrôle la RP 41 et les renforts n'arrivent pas à temps pour sauver Dominique 3. Pour éviter des pertes inutiles, les deux compagnies sont repliées sur Éliane 10 et 12.

Sur Éliane 1, la situation n'est guère plus brillante. L'artillerie du camp et d'Isabelle, harcelée par des tirs ennemis, manque de temps et de munitions pour pren-

Suite p. 142

Carte issue d'une présentation réalisée par par le lieutenant-colonel Boussarie en avril 1954 devant des officiers britanniques. Ce document montre clairement la progression de l'ennemi.

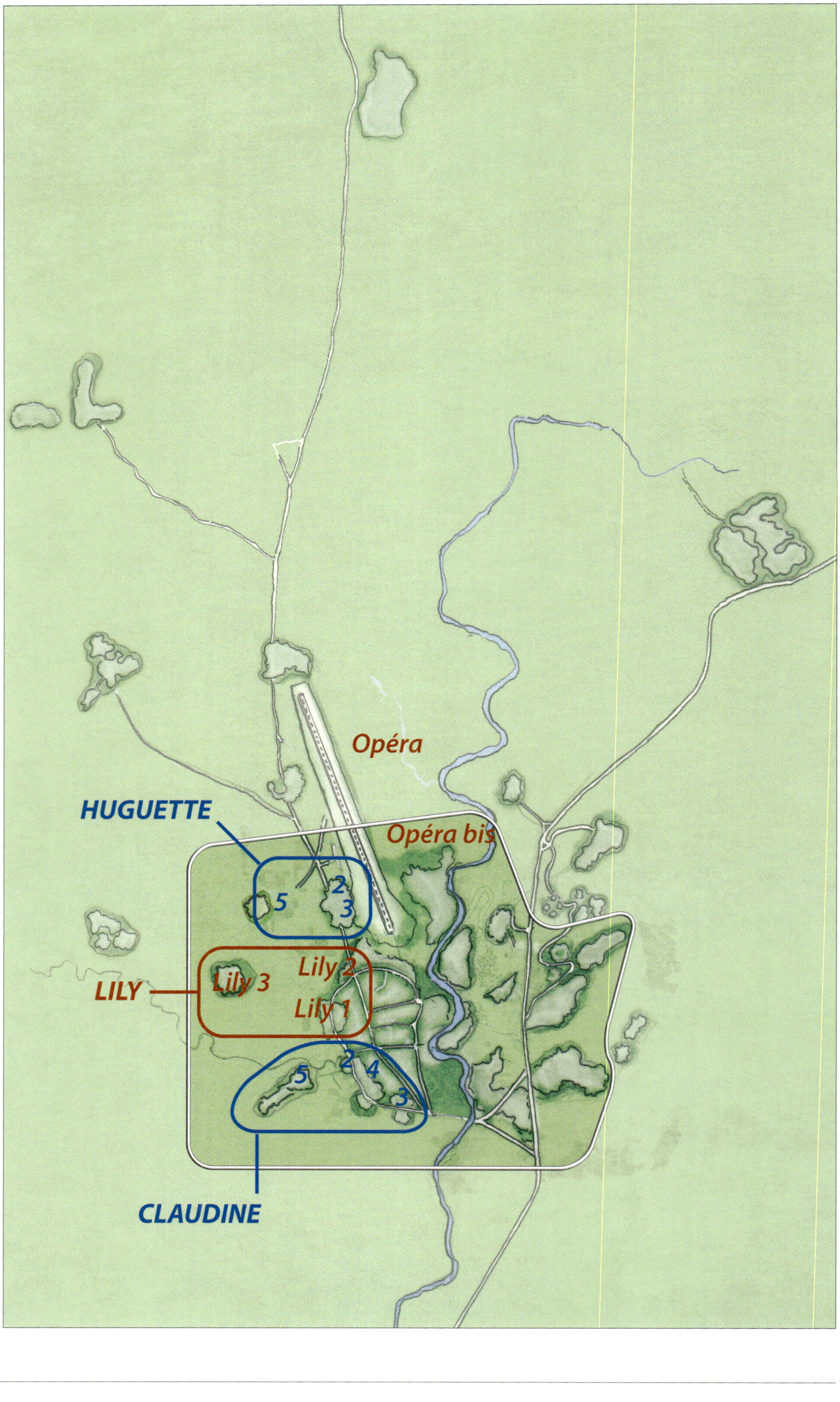

Pour tenir compte des gains réalisés par l'ennemi, de Castries réorganisa complètement la défense à l'Ouest, en créant trois sous-ensembles distincts : Huguette, Lilly et Claudine.

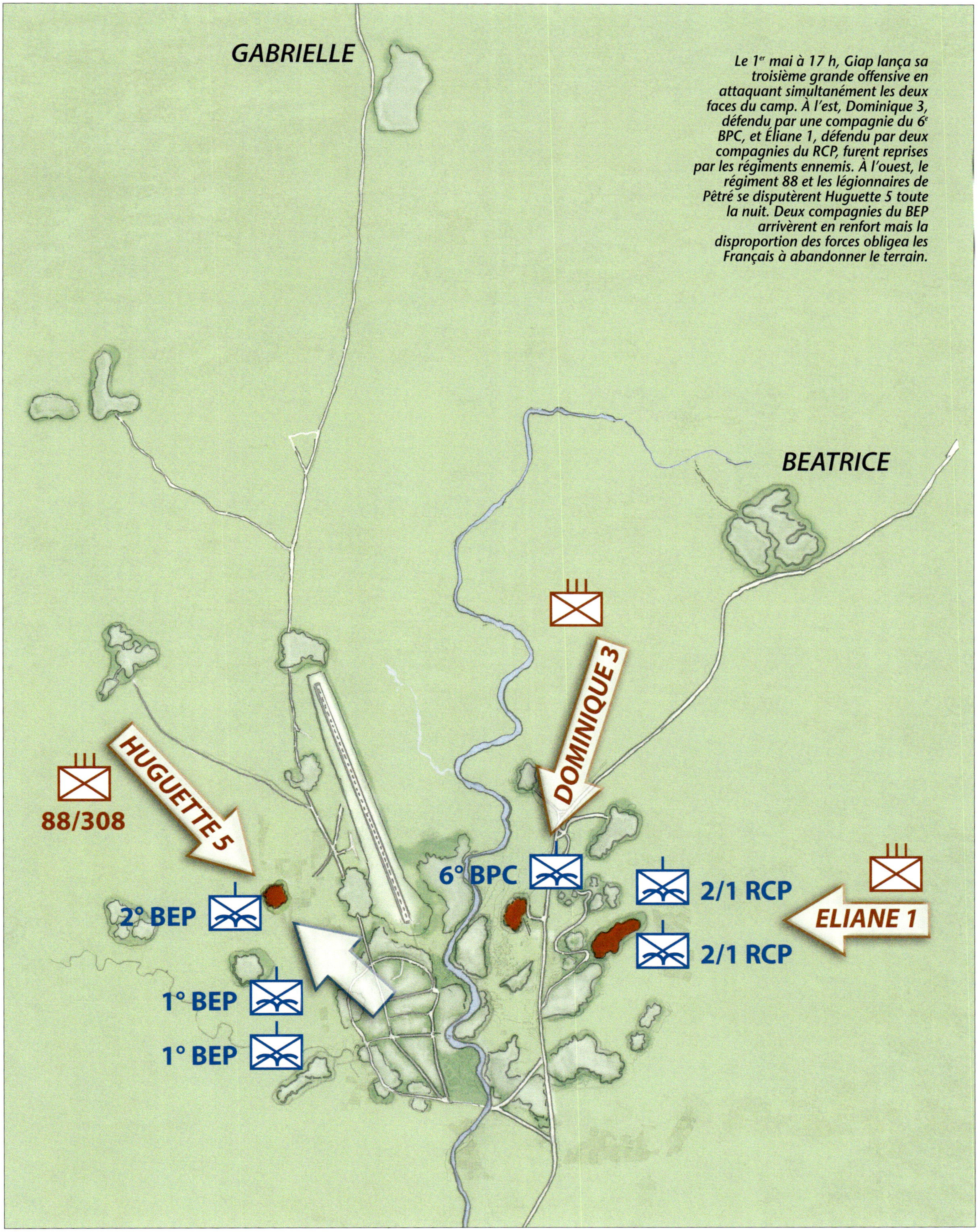

Le 1er mai à 17 h, Giap lança sa troisième grande offensive en attaquant simultanément les deux faces du camp. À l'est, Dominique 3, défendu par une compagnie du 6e BPC, et Éliane 1, défendu par deux compagnies du RCP, furent reprises par les régiments ennemis. À l'ouest, le régiment 88 et les légionnaires de Pêtré se disputèrent Huguette 5 toute la nuit. Deux compagnies du BEP arrivèrent en renfort mais la disproportion des forces obligea les Français à abandonner le terrain.

Morts et blessés s'entassaient devant les antennes chirurgicales. Le médecin-commandant Grauwin dut faire creuser une fosse pour enterrer les membres qu'il amputait aux blessés.

dre en compte tous les objectifs qui sont annoncés. Les deux compagnies squelettiques du 2/1 RCP, moins d'une centaine d'hommes, voient défiler sur le mont Fictif et le mont Chauve les unités ennemies qui se préparent à l'assaut. La 1re compagnie est commandée par le lieutenant Périou et la 3e par le lieutenant Leguéré. Ils savent que toutes les réserves du camp retranché sont engagées et que le commandement préfére perdre Éliane 1 pour conserver Éliane 2. Leur rôle est simple : tenir le plus longtemps possible en infligeant un maximum de pertes. Il est difficile de dire que les Français ont l'avantage du terrain car la colline martyre est vraiment loin de ressembler à un ouvrage défensif. Des cadavres à demi enterrés, des restes de cagnas, des morceaux de fils de fer barbelés dissuadent tout terrassier de venir creuser le sol. Mais les groupes de combat s'organisent en môle de résistance et se préparent au choc. Les fusils mitrailleurs disposent d'angles de tir bien aménagés et des grenades sont prêtes à être employées. Chacun a sa pelle-bêche à portée de main car il n'est pas évident que les munitions soient suffisantes pour arrêter deux vagues d'assaut. Les combats durent toute la nuit. Leguéré grièvement blessé, Périou porte sur ses épaules la défense du point d'appui. Les combats ne cessent qu'à l'aube. Les rares survivants utilisent le boyau qu'a fait construire Bigeard vingt jours plutôt pour se replier sur Éliane 4. Près de cent hommes sont morts ou prisonniers. La 1re compagnie compte 17 res-

Des soldats s'entraidant. À droite, un PIM transportant un jerrycan d'eau. Le ravitaillement des points d'appui isolés en eau potable devint rapidement une question cruciale au cours de la bataille, car les pluies arrivèrent avec du retard.

capés et la 3e moins de 20.

À l'est, Giap a décidé de régler son compte à Huguette 5. Occupée par une compagnie du 2e BEP, commandée par le capitaine Pêtré, celle-ci est vite submergée par les Viêts qui utilisent leurs boyaux d'accès pour déboucher dans les tranchées françaises. L'héroïsme ne peut plus rien face au nombre. Pêtré appelle Guiraud à l'aide et celui-ci lui envoie la compagnie de Luciani. Ce dernier, pourtant mal remis d'une blessure, a insisté pour reprendre son commandement. Le lieutenant de Stabenrath, qui a assuré l'intérim, reste à ses côtés comme adjoint. Trop sûrs de leur supériorité, les Viêts ne s'attendent pas à une contre-attaque. Les légionnaires du 1er BEP arrivent à temps pour secourir leurs camarades du 2e BEP. Les Viêts sont pris entre le feu des deux unités et obligés de se replier. Les restes de la compagnie Pêtré, très éprouvée, sont évacués vers l'arrière, tandis que Luciani, nouveau propriétaire de lieux, cherche à aménager la position. Les Viêts ne lui en laissent pas le temps. Mécontent de ce revers et talonné par ses supérieurs, le commandant du régiment 88 relance ses troupes à l'assaut. Le corps à corps tourne vite à l'avantage des Viêts. Luciani et Stabenrath sont blessés, le lieutenant Pierre Jauze prisonnier et le lieutenant Boisbouvier tué. Guiraud envoie la compagnie du capitaine Brandon à la rescousse, mais cette fois, les Viêts ont pris leur disposition et la contre-attaque est enrayée à mi-chemin. Brandon doit faire demi tour, ramenant quelques survivants de la compagnie Luciani, presque tous blessés, dont Stabenrath.

En une nuit de combat, le GONO a perdu trois points d'appui. Les deux adversaires marquent une pause de quelques jours, même si Giap ne fait pas mystère de ses prochains objectifs. Lily 3 (ex-Huguette 4), maintenant en première ligne, et Éliane 2 sont constamment harcelées par des tirs de mortier. Pendant ce temps, Hanoï parvient à renforcer quelque peu la garnison en envoyant le 1er BPC du capitaine de Bazin. Il y a quelque chose de terrible et de superbe à voir sacrifier ainsi une magnifique unité, alors que plus personne ne se fait la moindre illusion sur la capacité de résistance du camp. La 2e compagnie est larguée sur le réduit central dans la soirée du 3 mai et la 3e compagnie, le 4 mai à l'aube. Bazin, la section de commandement et une partie de la 4e compagnie suivent la nuit suivante. Le 5 mai au soir, près de 80 hommes de la 1re compagnie sont largués à leur tour. Au total, environ 490 paras du 1er BPC, sur un effectif de 876 hommes, rejoignent ainsi le camp retranché. C'est un apport modeste en volume, compte tenu des pertes, mais ce bataillon a une excellente expérience des com-

Le commandement de la colonne de secours. À droite du colonel Goddard (béret), le capitaine Félix. À sa gauche, le chef de bataillon Blanc et le lieutenant Coussot.

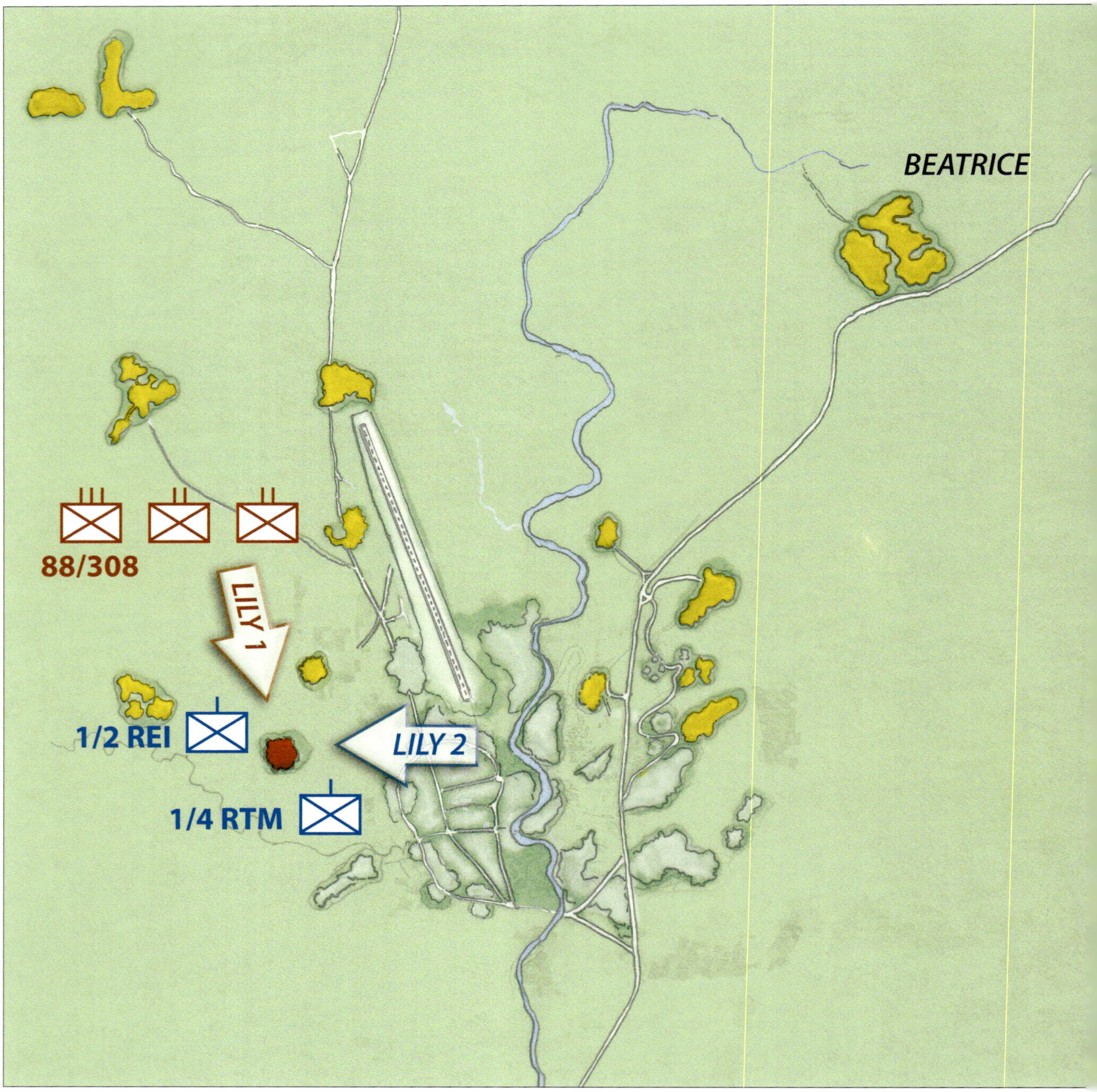

Dans la nuit du 3 au 4 mai, malgré la défense énergique d'une compagnie du 1/2 REI, Lily 1 disparaît, malgré une contre-attaque lancée depuis Lily 2 par une compagnie du 1/4 RTM.

bats et n'a rien à envier au 1er BEP ou au 6e BPC. C'est déjà un miracle de récupérer autant de renforts : les Dakota larguent à moins de 200 mètres d'altitude, pour éviter toute dérive en zone ennemie, et il faut de nombreux allers et venues, en slalomant entre les tirs de DCA, pour vider la soute des parachutistes. À peine cinq d'entre eux peuvent sauter à chaque passage, compte tenu de l'étroitesse de la zone de saut. Aussitôt à terre et regroupées tant bien que mal, les compagnies sont dirigées vers Éliane 2 pour relever le 1er bataillon de 13e DBLE, usés par soixante-douze heures de harcèlement continu de l'ennemi. Le feu de la bataille réclame davantage de vies pour être entretenu. Le colonel Sauvagnac régle d'ailleurs ses comptes avec Langlais, dans son rapport sur l'emploi des unités aéroportées pendant la bataille[8] : «Dès le début du mois d'avril en effet, l'efficacité de la DCA ennemie imposait des largages de nuit dont le volume journalier ne dépassait guère une compagnie, de sorte qu'à l'exception des deux premiers bataillons parachutés en mars sur une zone de saut située au sud du centre de résistance principal, tous les bataillons atterrirent sur le centre de résistance, en petites fractions aussitôt absorbées par le combat». Pour Sauvagnac, et il le dit explicitement, Cogny fait une erreur en cédant systématiquement aux demandes de renforts de Langlais : «Ainsi le commandement s'était-il privé en partie, avant même le déclenchement de la bataille, et presque en totalité dès le début de celle-ci, des seules réserves qui lui eussent permis de conserver une certaine liberté d'action. Inversement, l'adversaire, averti de l'absence de formations parachutistes sur les bases aéroportées, se trouvait soulagé de tout souci concernant ses arrières». D'ailleurs, même au plus haut niveau, malgré la situation désespérée, des officiers se portent volontaires dans les derniers jours de la bataille. Parmi les officiers du 1er BPC, se trouve le capitaine Pouget, aide

[8] Rapport du colonel Sauvagnac sur l'emploi des TAPI. Carton n°4C 1348 (SHAA).

de camp de Navarre. Jules Roy raconte[9] qu'il dut subir les sarcasmes de ses camarades. Il y eut sans doute quelques blagues de potaches, mais il est dans la tradition à l'armée de railler ses supérieurs. C'est une façon de supporter la hiérarchie et d'obéir, même quand les ordres paraissent peu à propos. D'ailleurs, sur le fond, les assiégés devaient être admiratifs de voir un officier que rien n'obligeait à rejoindre la fournaise montrer une telle fidélité d'engagement.
Comme des dominos, les derniers points d'appuis tombent les uns après les autres. Dans la nuit du 3 au 4 mai, Lily 3 (ex-Huguette 4) disparaît à son tour, engloutie par l'assaut du régiment 88, soutenu par deux bataillons. La disproportion des forces est bien trop grande, la centaine de tirailleurs et de légionnaires, épuisés et à court de munitions, est anéantie vers 4 h 00 du matin. Cette compagnie, commandée par le lieutenant Perrin, est secourue par une compagnie de tirailleur du 1/4 RTM, envoyée par le commandant Nicolas depuis Lily 2. Le capitaine Nicod, qui la commande, parvient à reprendre pied dans la position, mais la pression de l'ennemi est trop forte. Il ne peut que recueillir quelques survivants. Le lieutenant Perrin, blessé, tombe aux mains de l'ennemi, tandis que son adjoint le lieutenant de Paillerets est mortellement blessé par des éclats de grenade pendant le décrochage. L'autre unité de secours envoyée par Nicolas, la 3e compagnie du 1/13 DBLE, partie d'Éliane 3, arrive trop tard pour jouer un rôle dans ce combat.
Giap relance les hostilités le 5 mai en début de soirée avec une arme nouvelle. Un long sifflement, puis un fracas de tonnerre. Pire que des obus de 155 mm. Les survivants de la Wehrmacht, qui ont combattu face à l'armée rouge, reconnaissent en un instant la signature des orgues de Staline. Montés sur un camion, ces lance-roquettes multiples envoient une dizaine de projectiles de 114 mm à une dizaine de kilomètres. Au début, cette nouvelle arme suscite quelques inquiétudes, mais très rapidement, les assiégés s'y habituent et les vieux légionnaires se montrent même rassurants : les roquettes contiennent plus d'explosifs mais moins d'aciers que les obus d'artillerie. Si le bruit et le souffle sont formidables, les projections d'éclats sont en fait plus réduits. Les orgues d'Hô Chi Minh ont donc peu d'effets sur un adversaire convenablement retranché. Comme s'il voulait se contenter d'essayer un jouet nouveau, la nuit du 5 au 6 est uniquement troublée par la pluie de roquettes. Le général retient sa meute pour une offensive générale sur la face est du camp, le 6 mai.
Cette nuit est terrible, car elle est une nuit sans espoir. Tous les commandants de compagnie, seuls sur leurs pitons assiégés, réclament des renforts, des munitions. Mais le «gars Pierre» n'a plus rien à leur offrir, si ce n'est des encouragements et des compagnies réduites au niveau de sections, envoyées comme des verres d'eau seraient jetés sur un incendie. «Brèche» et «Dédé» se contentent alors de comptes rendus laconiques, sur le nombre de survivants ou les maigres stocks d'obus de mortier. Sur Éliane 4, d'où le commandant Bréchignac assure le commandement de l'ensemble, les restes du 5e BPVN et du 2/1 RCP s'apprêtent à livrer un dernier combat. Leurs arrières sont faiblement protégés, avec une compagnie du 1/13 DBLE sur Éliane 3 et deux compagnies du 6e BPC, autour du commandant Thomas, sur Éliane 10. L'ennemi attaque tous azimuts les défenses extérieures du camp, cherchant notamment à disperser la puissance de feu des défenseurs. L'artillerie française a d'ailleurs été complètement muselée. En dehors d'une pièce de 105 mm qui se fait entendre sur Isabelle, seuls les mortiers de 81 et 120 mm peuvent tenter d'endiguer le flot de l'ennemi. Les paladins sont seuls face à la marée ennemie. À Saint-Jean-d'Acre, la voûte du temple est tombée sur les derniers défenseurs. Sur Éliane 2, le sol se dérobe sous leur pied. Les paras du 1er BPC des compagnies Edme et Pouget sont surpris du grand silence qui les entoure, quand les autres Éliane subissent un assaut. Les Viêts ont mis le feu à une mèche qui provoque l'explosion sous leurs pieds d'une tonne d'explosifs. Une vingtaine d'hommes disparaissent,

Un tract encourageant les tirailleurs à déserter. Les combattants retrouvaient ce genre d'affichettes plantées dans les barbelés, au petit matin. Les Viêts utilisaient également des haut-parleurs.

[9] Jules Roy, La bataille de DBP. Albin Michel, 1989. P. 317.

La salle de réanimation. À droite, le gendarme-infirmier Pocheler.

Dans le PC de DBP. Au premier plan, sur la table, deux rations de combat, restes d'un frugal repas rapidement avalé.

comme s'ils n'avaient jamais existé. Mais les survivants se serrent les coudes pour le dernier corps à corps. Toutes les positions sont attaquées en même temps, elles ne peuvent s'appuyer, ni même se soutenir, en s'apportant des munitions. Chaque combattant vide son chargeur avec la hantise que ce soit le dernier. Bientôt, les seules munitions disponibles sont celles récupérées sur les corps des morts et des blessés. Éliane 10, attaquée depuis Dominique 3, est également dans une situation tragique et les paras du 6 se battent avec l'ennemi qui est maintenant dans leurs tranchées. Éliane 4 est également prise à partie de toute part, subissant des tirs fichant depuis Éliane 1, alors que des groupes de combats ennemis grimpent par le sud. Au même moment, les éléments restants du 1er BPC attendent d'être parachutés au-dessus de la cuvette. Les Dakota, sur le circuit de dégagement, attendent l'ordre de procéder aux parachutages. Seulement, ceux-ci ne peuvent s'effectuer que si les Dakota qui balancent des lucioles, cessent d'éclairer le champ de bataille. Procéder à des largages en pleine lumière équivaut à envoyer les appareils et les paras au suicide. Inutile de faire des cadeaux à cette DCA qui a déjà fait beaucoup de casse ! D'un autre côté, arrêter les lucioles, c'est condamner les points d'appui assaillis car les défenseurs n'ont plus aucune chance de voir l'ennemi. Seul au PCIA, alors en contact avec les Dakota, le lieutenant de vaisseau Klotz[10] doit arbitrer. Une décision lourde à porter pour un jeune officier : permettre l'arrivée de renforts ou donner les moyens aux combattants de première ligne de se battre. «J'ai pensé à la situation désespérée dans laquelle se trouvaient les groupes de combat au contact avec l'ennemi. J'ai donc choisi la lumière», se souvient le pilote de l'aéronautique navale[11]. Cette décision sauve sans doute la vie à une centaine de paras. La 1re compagnie du 1er BPC, commandée par le capitaine Faussurier, est dans les Dakota en attente, mais elle retourne sur Hanoï la mort dans l'âme. Leur aide n'aurait pas changé grand-chose au résultat final, mais il est très difficile pour ces hommes d'être condamnés à ne rien faire, alors que leurs camarades se font exterminer par les divisions de Giap.

[10] Abattu le 23 avril au-dessus de la cuvette par la DCA, Klotz était depuis cette date le "représentant de la Marine à DBP". Il secondait le commandant Guérin au PCIA.
[11] Entretien avec l'auteur.

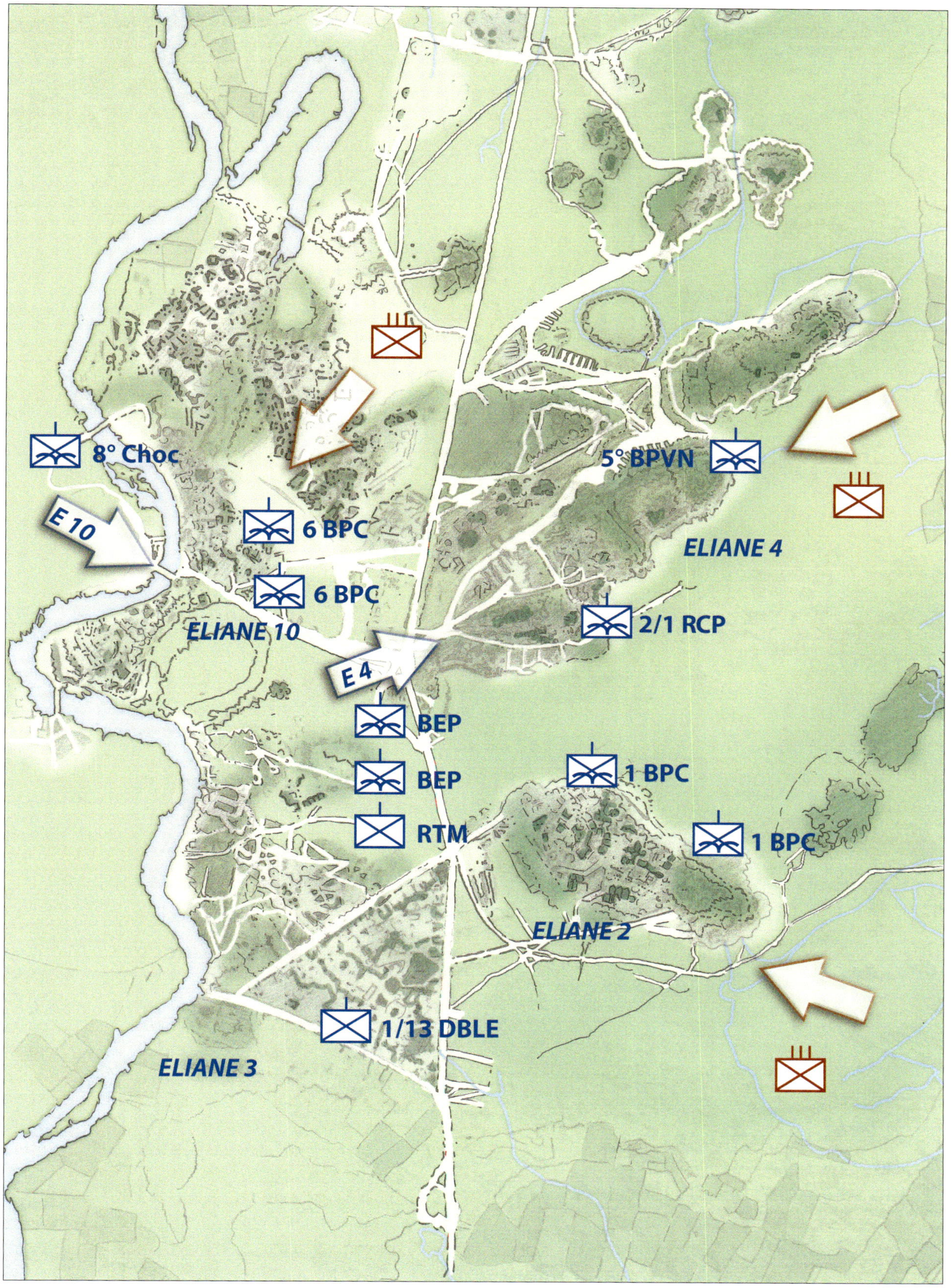

Dans la nuit du 6 au 7 mai, Giap lança une vaste offensive pour anéantir l'ensemble des points d'appui de l'est. Éliane 10 était défendu par deux compagnies du 6, Éliane 4 par une du 5ᵉ BPVN et une du 2/1 RCP, Éliane 2 par deux compagnies du 1ᵉʳ BPC, et Éliane 3 par une compagnie de la 13. Langlais jeta dans la bataille tout ce qui lui restait. Une compagnie du 8 sur Éliane 10 et deux compagnies du BEP, plus une du RTM, sur Éliane 4. Mais ces unités squelettiques, malgré toute leur ardeur, ne purent endiguer le flot de l'ennemi.

Bigeard et Langlais, depuis le PC central, écoutent les comptes rendus alarmants. La bataille est perdue, mais ils ne peuvent se résigner à laisser ces hommes se faire tuer sans rien tenter. Ils grattent les fonds de tiroirs. Deux compagnies du BEP, commandées par Le Cour Grandmaison et Brandon, sont envoyées sur Éliane 4, tandis qu'une compagnie de tirailleurs, menée par le capitaine Alix depuis les Claudine, parvient également sur la contre-pente. Une compagnie du 8ᵉ choc, commandée par le capitaine Bailly, doit secourir Éliane 10. Quand à Éliane 2, Bizard et sa compagnie, partant d'Opéra bis, doivent contre-attaquer pour la « dégager ». Seulement, l'ennemi s'est infiltré un peu partout dans le camp et les unités perdent beaucoup d'hommes

Suite p. 150

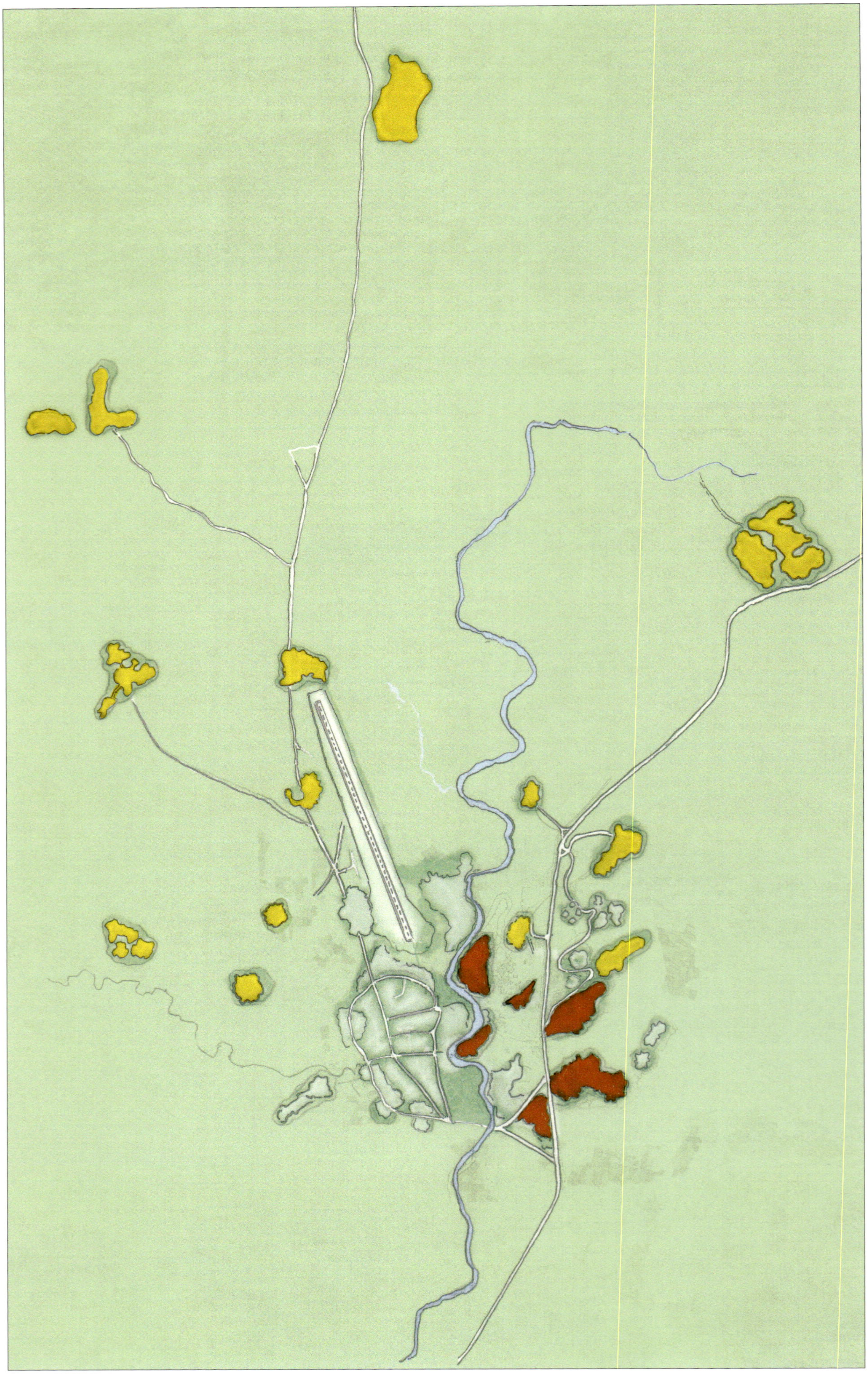

En rouge les gains réalisés par Giap dans la nuit du 6 au 7 mai, en jaune ceux enregistrés dans les semaines qui ont précédé la troisième offensive. On comprend que le cours de la bataille s'est subitement accéléré. Giap voulait en avoir terminé avant le commencement de la conférence de Genève.

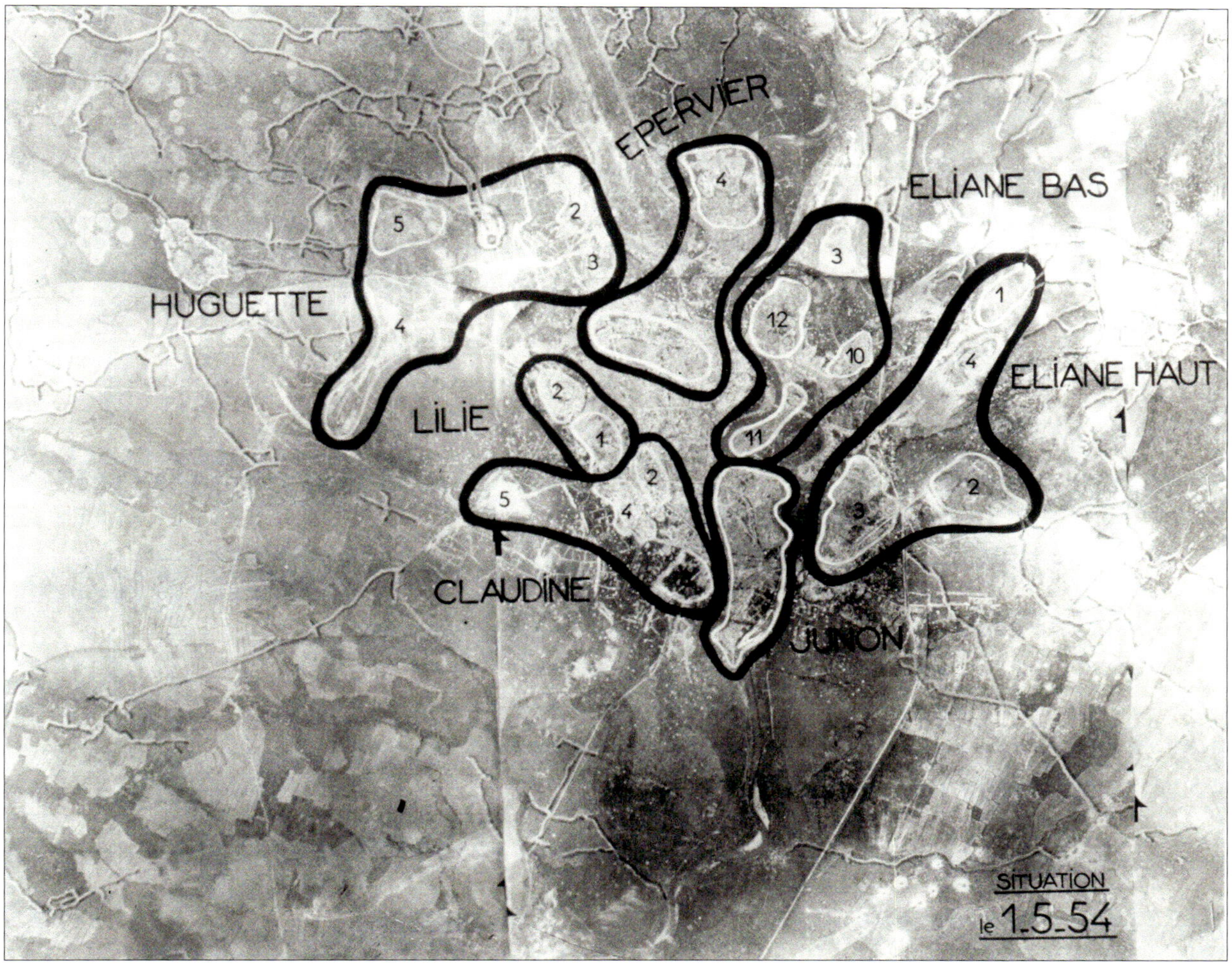

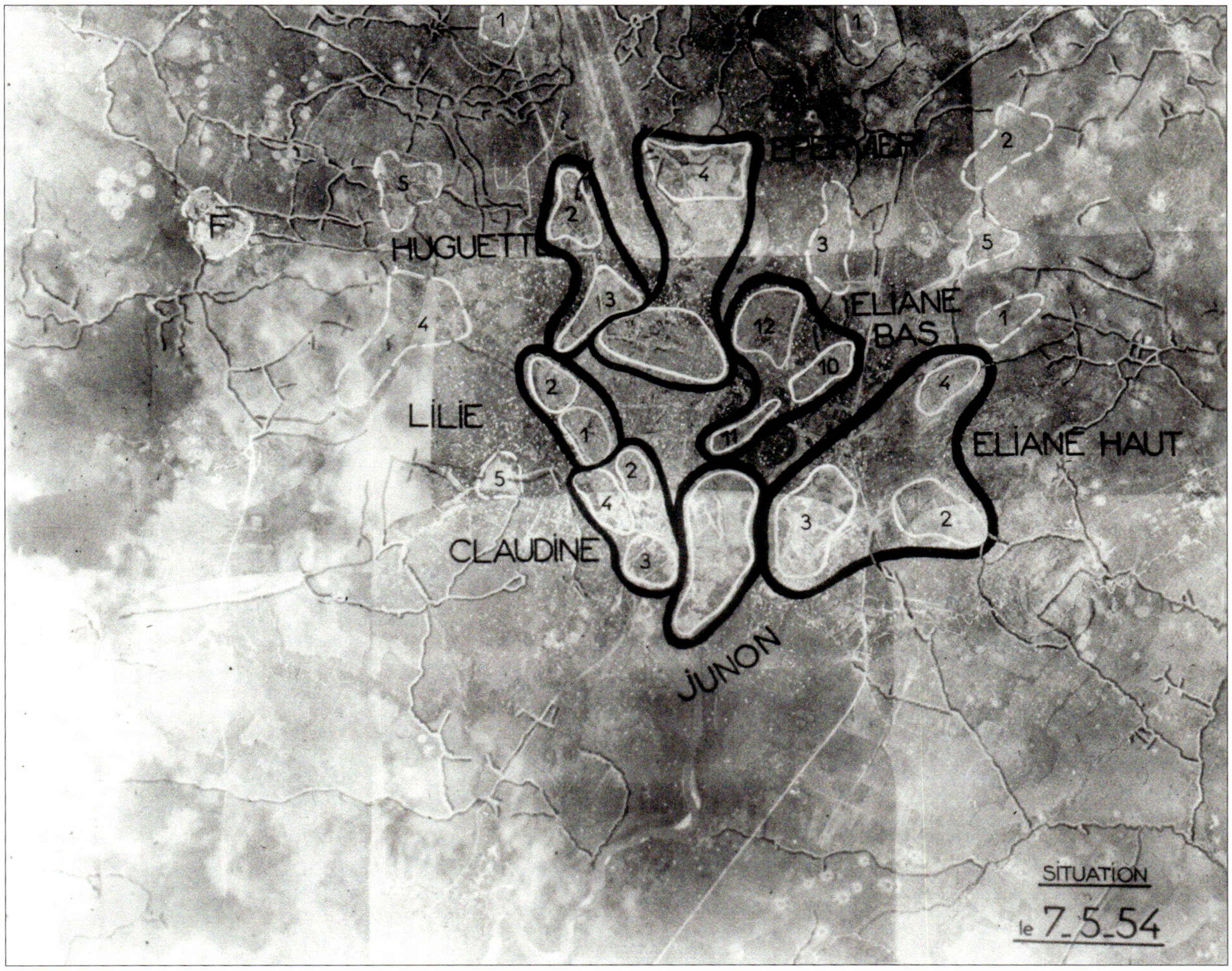

Ces deux photos aériennes, prises à quelques jours de décalage (1er mai et 7 mai) montrent à quel point la portion encore contrôlée par les Français s'était réduite après la troisième offensive de Giap.

L'action indirecte au profit de DBP

Très rapidement, dès la perte de Béatrice et de Gabrielle, l'état-major des Forces Terrestres du Nord-Viêtnam commença à plancher sur différentes options pour venir en aide à la garnison assiégée. De Castries et Langlais réclamaient des parachutages directs dans la cuvette pour grossir leurs effectifs, mais une partie des officiers, en particulier le colonel Sauvagnac, commandant les troupes aéroportées en Indochine, considérait qu'il ne fallait pas mettre «tous les œufs dans le même panier» et défendait ainsi une action indirecte en faveur de la garnison. Le rapport du colonel Sauvagnac détaillait les différentes formules envisagées[1]. Mi-mars, une opération de recueil de la garnison fut programmée. Il s'agissait d'envoyer deux bataillons paras dans la région de Nga Na Song qui seraient par la suite arrivés par l'ouest et le sud de la cuvette. Fin mars, les officiers planifièrent une opération d'envergure, avec quatre bataillons sur les arrières de l'ennemi. Soit directement à l'est de la cuvette, soit sur la route provinciale 41, aux alentours de Tuan Giao. La difficulté venait du fait qu'il fallait mobiliser des moyens aériens conséquents pour déployer et ravitailler un tel groupement. Or la seconde offensive de Giap, le 30 mars, obligea le commandement à concentrer en une fois l'essentiel de ses capacités sur la zone de DBP. Début avril, l'état-major, qui se rendit compte que la bataille était trop avancée pour qu'un effort sur la logistique ennemie obtienne des résultats immédiats et payants, envisagea une opération de dégagement, avec un largage de quatre bataillons dans les environs d'Isabelle, presque directement sur les positions ennemies, dans l'espoir de détruire son artillerie et ses pièces de DCA. Compte tenu des pertes énormes et prévisibles, tant en Dakota qu'en parachutistes, et du résultat aléatoire, cette option fut rapidement écartée, au profit de l'opération *Condor*. Deux colonnes partant du Laos devaient être appuyées par trois bataillons parachutés dans la zone de Nga Na Song ou à proximité d'Isabelle. L'objectif recherché était alors de se rapprocher des partisans de l'action directe, *Condor* étant conçue comme une opération de dégagement et éventuellement de recueil de la garnison. Là encore, compte tenu des difficultés de ravitaillement, des pertes prévisibles, mais aussi des appels au secours de la garnison de DBP, Cogny préféra jeter ses dernières réserves (2/1 RCP et 1er BPC) directement dans la fournaise. Il ne subsista plus que le volet terrestre de l'opération *Condor*, qui avait été lancé dès le 14 avril, quand deux colonnes quittèrent le Laos pour porter secours à la garnison assiégée. Le groupe nord, sous les ordres du colonel Goddard, formé d'un bataillon de Laotiens et d'un bataillon de légionnaires (le 2/2 REI), partait de Muong Sai et devait rejoindre la colonne du commandant Coquelet, forte de deux bataillons laotiens, à Ban Nam Bac. Ces forces n'avaient aucune chance à elles seules de briser l'étau des divisions de Giap, mais le général Cogny espérait qu'elles pèseraient sur les forces de l'ennemi, l'obligeant à détourner des unités pour contrer cette menace. Surtout, il s'agissait d'une option qui pourrait être renforcée par un largage de parachutistes, si des bénéfices pouvaient être escomptés. En fait, l'existence de ces colonnes eut surtout une influence psychologique très favorable sur les combattants de DBP. Dans *Commandos de choc en Indochine*[2], Erwan Bergot soulignait de façon très enthousiaste la menace des maquis sur les divisions de Giao. Mais dans la réalité, les partisans et les colonnes de secours ne purent jouer qu'un rôle très ténu dans l'issue de la bataille. L'arrière-pays était depuis longtemps aux mains de l'ennemi. Lors de leur progression, les colonnes ne trouvèrent que des villages abandonnés, dans lesquels elles ne pouvaient plus se ravitailler. Les puits étaient comblés, les greniers vidés. L'ennemi avait placé des groupes de combattants régionaux, chargés de mener un combat retardateur. Certaines unités françaises, malgré ces difficultés, auraient pu parvenir à une cinquantaine de kilomètres de la garnison retranchée, mais compte tenu de la faiblesse de leurs moyens, elles n'eurent aucune influence sur le cours de la bataille. Soulignons enfin que Sauvagnac avait proposé fin avril une opération de diversion, avec trois bataillons paras, sur les arrières lointains de l'ennemi, au nœud logistique de Yen Bay. Il soulignait que cette manœuvre aurait pu être très payante et très possible sur le plan technique aéroporté. Mais à cette date, elle n'aurait sans doute eu aucun effet sur le sort de la garnison, et le commandement n'avait plus envie de risquer ces dernières réserves dans un raid de ce type. Cogny aurait soutenu l'initiative de Sauvagnac, mais Navarre s'y serait fortement opposé. Ces plans avortés montraient que l'action indirecte n'était pas vraiment dans la culture des états-majors français, à la différence de ce que pratiquaent par exemple les Britanniques en Birmanie pendant la Seconde Guerre mondiale[3]. Il était complètement normal d'échafauder différentes options et d'en écarter certaines, c'était le travail normal d'un état-major. L'erreur, comme le soulignait Sauvagnac, était de ne pas avoir fait preuve d'anticipation dans ce domaine : «Il eut été intéressant que ces différentes hypothèses, en particulier celle d'une action entre Yen Bay et Tuyen Quang, aient été envisagées et étudiées par le commandement avant même le déclenchement de la bataille offensive. Il en aurait sans doute résulté un climat intellectuel propice à un meilleur emploi des aéroportés, que celui qui en a été fait, comme maintenance du GONO».

[1] Rapport du 2 juin 1954, Carton n°4C 1348 (SHAA).
[2] Grasset, 1975.
[3] Lire à ce sujet *La campagne de Birmanie, l'armée des Indes défait les Japonais (1942-1945)* de Pierre Lesouef, chez Economica.

en tentant de rallier leurs objectifs. Pour certains, c'est déjà trop tard. Arrivé à la hauteur du pont Bailey, à l'aube, Bizard reçoit l'ordre de s'arrêter : Éliane 2 vient de tomber et il est illusoire d'espérer reprendre cette colline. Ce n'est pas la volonté qui manque aux unités d'intervention, mais les coups de l'ennemi retardent toute progression. Comme le rappelle le lieutenant de Biré[12], chef de section au 2e BEP, «les déplacements des unités d'intervention, au plus fort des combats, s'effectuaient par petits groupes, pour éviter les tirs d'artillerie, vers un point de ralliement souvent éloigné. Personne n'y manqua et Dieu seul sait s'il eut été facile de disparaître dans la nature».

Au petit matin, les deux points d'appui tiennent toujours, mais la pression de l'ennemi est terrible. Pour les défenseurs, c'est la nuit la plus longue, la dernière de DBP. Tenant le nord-est d'Éliane 4, Botella reçoit quelques renforts mais le thalweg qui le sépare d'Éliane 1 grouille de Viêts et il n'a plus rien pour les arrêter. Sur Éliane 10, la position n'est pas nettoyée et certains compartiments de tranchées sont encore aux mains de l'ennemi. Bailly est blessé et les paras du 8 ne compensent plus les pertes subies par le 6. Trapp est blessé, de même que le lieutenant Datin. Le lieutenant Corbineau a été tué. La défense perd de sa consistance. L'hémorragie des unités de première ligne est terrible. L'une après l'autre, les radios des PC avancés se taisent, après un ultime message : «Bruno de Dédé. C'est fini, ils sont au PC. Adieu. Dis au gars Pierre qu'on l'aimait bien»... Éliane 4 est tombée. Certains demandent un tir d'arrêt sur leur position ou un appui-feu, l'ennemi est dans les murs. À 16 heures, l'intégralité des points d'appui à l'est de la Nam Youm est aux mains de l'ennemi.

Dans la matinée, de Castries a Cogny en direct à la radio[13]. Plus la peine de se faire la moindre illusion sur la capacité de résistance du camp retranché, qui se compte maintenant en heures. Les boyaux ennemis débouchent presque dans Junon et les Viêts peuvent empêcher les Français de se ravitailler en eau. Les infirmeries du camp sont complètement débordées, avec

[12] Conférence à la Sorbonne, le 27 avril 1994, pour le 40e anniversaire de la bataille de DBP.
[13] Jules Roy, La bataille de DBP. Albin Michel, 1989. Pp. 332-334.

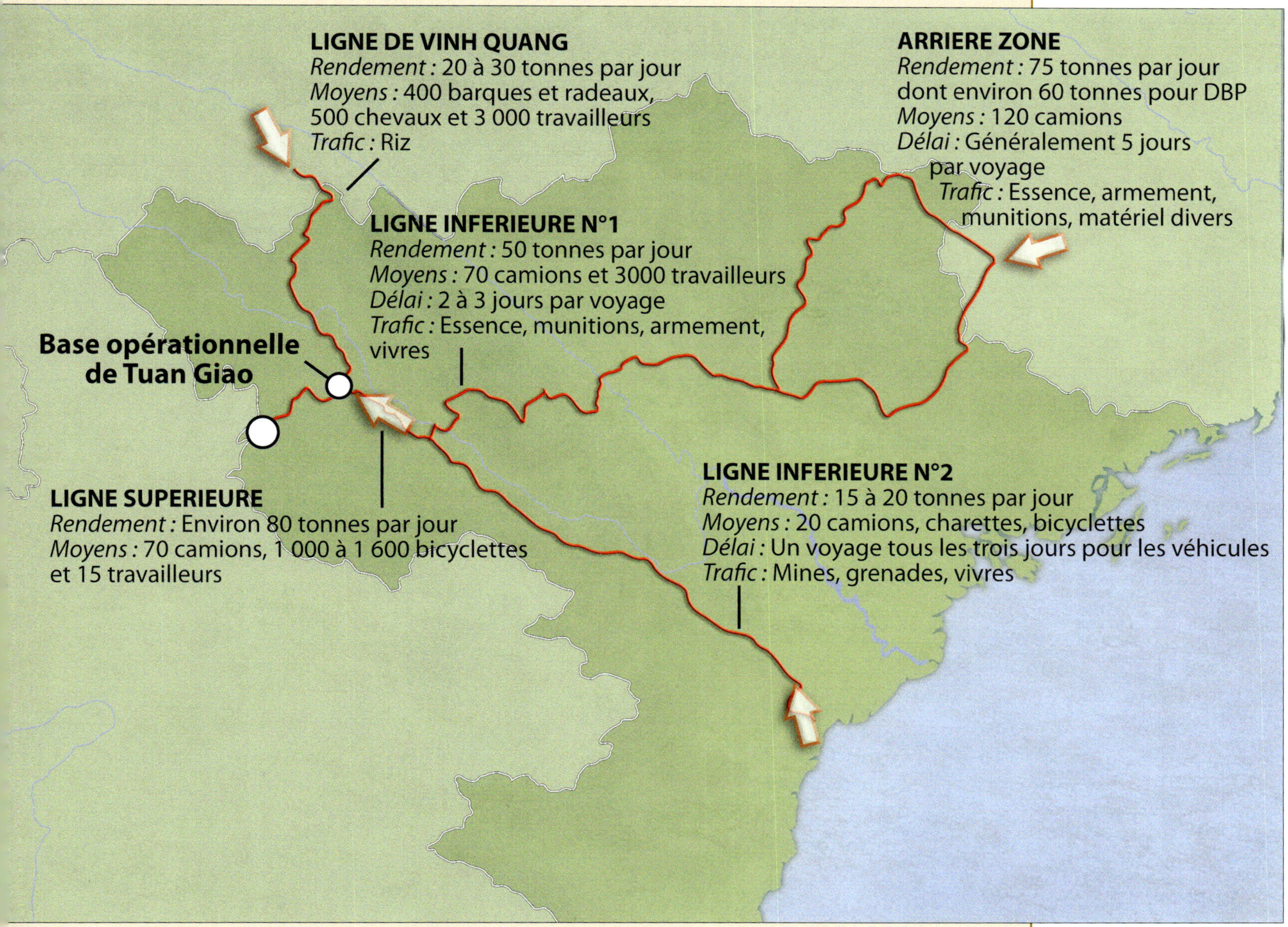

près de 2000 blessés sur les bras. Les unités paras sont réduites à deux compagnies squelettiques. Même fusionnés, les deux BEP ne dépassent pas le chiffre d'une centaine d'hommes valides. Pourtant, nul ne souhaite baisser les bras. Il faut tenter une sortie. Toute forme de capitulation paraît une offense à la mémoire de ceux qui ont donné leur vie, ces précédentes semaines, pour la défense de DBP. La voie la plus naturelle est le nord, par la piste Pavie, direction le Laos. Mais les divisions ennemies bloquent complètement cet accès et il faut se résoudre à fuir vers le sud, Isabelle pouvant à cette occasion prêter main forte. Dans cette perspective, les combattants passent une partie de la journée à rassembler de maigres effets et quelques boîtes de rations. Ironie du sort, ces trouvailles vont leur être très utile en captivité. Mais pour l'heure, ils pensent à leur grande sortie. Bigeard a bien sûr prévu d'être en tête. Seulement, ces plans se heurtent assez vite à un examen sérieux de la situation. Il y a d'abord la question des blessés, qu'il est difficile d'abandonner à l'ennemi. Enfin, l'état-major de de Castries retourne la question dans tous les sens mais, tactiquement, il paraît impossible d'espérer se dégager de l'étau ennemi et prendre assez vite la fuite pour ne pas être écrasé par les divisions de Giap. Les récentes tentatives d'Isabelle pour aérer la position montrent que le régiment 57 de la division 304, soutenu par le bataillon 888 de la 316, tient fermement le sud de la vallée. De plus, le terrain de rizières, très compartimenté, est propice aux embuscades qui retarderaient les fugitifs, laissant alors à Giap la possibilité de rameuter le gros de ses troupes. La fuite est vouée à l'échec. Il faut se rendre. Pour les survivants, c'est la consternation et la résignation. Certains n'y croient pas, dont le lieutenant Allaire du 6e BPC, qui demande à Bigeard une confirmation par écrit[14]. Avant l'heure fatidique, les assiégés détruisent leurs armes. Rien ne doit tomber intact dans les mains de l'ennemi. Les cavaliers lancent à pleine puissance les moteurs de leurs Chaffee dont ils ont auparavant vidé l'huile, tandis que les artilleurs détruisent avec des grenades au phosphore les culasses de leurs pièces. La rage des vaincus se retourne sur ce matériel qui les a

[14] Bigeard lui renvoya ce mot : «Pour Allaire. Cessez le feu à 17 h 30. Ne tirez plus. Pas de drapeau blanc. à tout à l'heure. Bruno».

Des Viêts plantent un drapeau au sommet de l'abri du général de Castries. La bataille était terminée, mais pas le calvaire des combattants.

La reddition. Les Viêts obligèrent les prisonniers à défiler devant les caméras du réalisateur soviétique Karmen. Certains combattants, dont le sous-lieutenant Makowiak ou le sergent-chef Flamen, échappèrent à cette humiliation en faussant compagnie à leurs gardiens et en tentant de se faire la belle.

si bien servi : «Je partageai un trou d'obus avec Péraud et Schoenderffer, se souvient le sergent-chef Flamen[15]. Pendant que je démolissais ma carabine US, ils détruisaient leurs films et leurs pellicules photos». Le capitaine Lucien Le Boudec, parmi les blessés au PC, voit un jeune lieutenant sortir un pistolet et fracasser des bouteilles de vin, en criant : «Toujours ça que les Viêts n'auront pas !». Dommage, songe le commandant de compagnie du 6, ce vin nous aurait bien remonté le moral en première ligne ces derniers jours[16]... De Castries a une dernière conversation avec Cogny. Celui-ci l'exhorte à ne pas capituler. Il est hors de question de montrer le moindre drapeau blanc. Au commandant de la place qui s'inquiète du sort des blessés, le patron FTNV répond simplement[17] : «J'ai un papier moi. Je n'ai pas le droit de vous autoriser à faire cette capitulation. Alors faîtes pour le mieux». Il faut ordonner un cessez-le-feu et attendre l'ennemi. Cogny, ne sachant pas trop quoi dire dans cet instant dramatique, donne du «mon vieux» à de Castries et lui souhaite bonne chance. Les assiégés sont définitivement seuls. Le cessez-le-feu intervient à 17 h 30 pour le point d'appui central, mais Isabelle résiste jusqu'à une heure du matin. Le colonel Lalande hésite à tenter une sortie, mais il se rend vite compte que le dispositif ennemi autour de lui est complètement étanche.

Un grand silence envahit la plaine de DBP. Les armes ont cessé de parler. Un, puis dix, puis mille combattants ennemis se ruent vers les positions françaises. Ces jeunes soldats, pieds nus et le pantalon retroussé à mi-cuisse, laissent déborder leur joie. Pas tellement parce qu'ils ont vaincu, mais surtout parce qu'ils sont en vie. Les Français se sont rendus. Certains toutefois manquent de sang-froid. En sortant de l'abri qu'il partage avec le sergent-chef Robert Valette, le lieutenant Samalens du 6e BPC est abattu à bout portant par un bodoï trop nerveux. Les prisonniers sortent peu à peu de leurs tranchées et de leurs abris, se regroupant aux ordres des Viêts. La bataille est terminée, mais le calvaire des combattants de DBP ne fait que commencer. ■

Les abords de la piste de DBP. Devant une épave de Bearcat, les sacs de sables qui constituaient les alvéoles des avions, complètement déchiquetés par les tirs d'artillerie.

15 Entretien avec l'auteur.
16 Entretien avec l'auteur.
17 Général Navarre, Le temps des vérités, Plon, Paris, 1979. P 351.

Chapitre 10

Les camps de la mort

La chute de Diên Biên Phu provoque un choc immense à Paris comme à Hanoï. En Indochine, malgré les messages rassurants des autorités, l'intelligentsia française voit déjà les divisions de Giap se ruer vers le delta et rien ne semble être en mesure de les arrêter. La défaite paraît totale. Un journal indique le 16 mai que deux bataillons viêts vivent déjà à Hanoï, déguisés en pêcheurs et en chauffeurs de taxi ! Navarre essaie de faire valoir que la situation n'est pas aussi dramatique que veulent bien le dire les médias ou une partie de la classe politique[1]. Selon lui, les pertes pour le corps expéditionnaire sont comparables à celles de Cao Bang, sur la RC4 en 1950, mais cette fois-ci, les divisions ennemies ont été saignées à blanc, perdant 23 000 hommes, dont 8 000 tués. Giap a consacré tous ses moyens à DBP. Il ne peut pas être en mesure de lancer une offensive cette année sur Luang Prabang ou sur Hanoï. La bataille de DBP est en quelque sorte une défaite

Suite p. 156

[1] Général Navarre, Le temps des vérités, Plon, Paris, 1979. P.366.

Le porte-avions **Bois-Belleau** *venait de relever l'*Arromanches. *Le général Navarre, refusant de reconnaître l'impasse dans laquelle était le corps expéditionnaire, ne voulait pas céder de terrain. Il rappelait que c'était lors des jours précédant la signature de l'armistice en 1940 que la Wehrmacht avait le plus progressé, profitant du désarroi des Français. Il voulait donc garder le plus de terrain possible pour être en meilleure position lors des négociations.*

lente

L'artillerie viêt-minh était à l'honneur sur les billets de banque de l'ennemi. À juste titre, puisqu'elle était la première cause de la chute du camp retranché.

Le MS 500 Criquet. Ce petit avion d'observation, dérivé du Fieseler Storch de la Luftwaffe, servit aussi à l'évacuation des blessés, en renfort des Beaver. Il était possible de loger deux brancards dans sa petite carlingue.

Au fond, l'artilleur André Bourge du 3/6 RAC en discussion avec une infirmière, à l'hôpital d'Hanoï, peu de temps après sa libération.

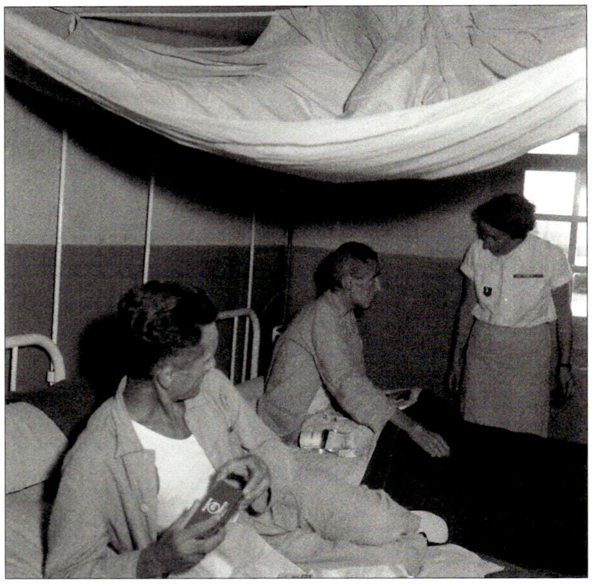

Le lieutenant-colonel Clémençon, à sa libération en septembre 1954.

tactique, mais une victoire stratégique, les objectifs de campagne de Giap ne pouvant être réalisés. Ce point de vue est encore aujourd'hui partagé par certains anciens de DBP[2]. Les rapports des services de renseignement[3] donnent en partie raison au généchef, en montrant que l'activité ennemie est très réduite, notamment dans le secteur le plus sensible : «Dans le delta, l'ennemi continue son action contre les zones sud et ouest, où nous enregistrons des pertes, mais où cependant nous poursuivons nos opérations de nettoyage et la réorganisation de notre dispositif. D'autre part, une certaine recrudescence de l'activité rebelle est relevée dans la région de Hung Yen, alors que notre fuseau de communication Hanoï-Haïphong bénéficie d'une diminution appréciable de l'action de sabotage ennemi». Rien de dramatique, en somme.

Ce point de vue n'est pas partagé à Paris. Le président du Conseil, Joseph Laniel, annonce aux députés debout, à l'exception des communistes restés assis, la chute du camp retranché, dans un silence de mort. Les médias, qui quelques semaines auparavant encensaient les défenseurs, commencent à mettre en avant les erreurs commises par l'état-major et cherchent à établir des responsabilités. «MM. Nos gouvernants, MM. Nos parlementaires ont-ils le sentiment d'avoir, envers ces soldats, accomplis, eux, leur devoir ? Ce n'est pas ainsi que l'on gagne une guerre. Ce n'est surtout pas ainsi qu'on la gagne», peut-on lire dans les colonnes de *L'Aurore* le 12 mars. Réglant ses comptes avec Navarre, Cogny n'hésite pas à faire des confidences à des journalistes, ce qui donne la désastreuse impression que les différents états-majors se livrent à une guerre à couteaux tirés. L'armée et ses généraux sont vite cloués au pilori : «Le tiers des effectifs de Diên Biên Phu était composé de légionnaires allemands, anciens prisonniers de la SS pour la plupart libérés sous condition d'engagement dans la Légion, et que l'on a envoyés

Ci-contre, avec son béret rejeté en arrière, le sous-lieutenant Raymond Makowiak, l'un des seuls officiers à avoir réussi à s'échapper. Il a laissé un manuscrit très intéressant relatant son évasion.

À droite, les Viêts avaient organisé une mise en scène avec des jeux, de la musique et des danses, pour célébrer l'amitié entre les peuples. Les infirmiers et les médecins français, devant l'état des blessés qu'ils réceptionnaient, avaient du mal à dissimuler leur haine.

[2] Intervention de l'amiral Bernard Klotz, lors de la conférence organisée par le CEHD à l'école militaire, en novembre 2003.
[3] Bulletin n° 363 sur la situation militaire en Indochine, couvrant la période du 26 mai au 30 juin. (SHM carton n°UU FT 45)

«casser du Viêt» pour se faire pardonner d'avoir «cassé du Français». (...) Le peuple français est parfaitement capable de reconnaître l'héroïsme de ces hommes, même si ce ne sont pas les siens, même si ce sont ses bourreaux d'il y a dix ans. Seulement, qu'on nous fasse grâce de cette exploitation d'un patriotisme qui n'a rien à faire ici» proclamait *France Observateur* le 13 mai. Il paraît évident que le gouvernement Laniel, déstabilisé par la défaite de DBP, n'a aucune chance de mener avec succès les négociations de Genève. Navarre croit d'ailleurs qu'elles n'ont aucune chance d'aboutir et qu'il faut surtout ne pas lâcher du terrain face à l'ennemi. Même George Bidault, ministre des Affaires étrangères, qui bénéficie d'une forte notoriété, ne parvient pas à faire oublier les ternes prestations de Joseph Laniel à l'Assemblée. Persuadés que le moment est tout trouvé pour renverser le gouvernement, les socialistes, François Mitterrand en tête, stigmatisent les erreurs des ministres et avancent leur candidat, Pierre Mendès-France. Pour les familles des prisonniers du camp retranché, la terrible attente commence. À son retour en France, en juin, Geneviève de Galard doit répondre à un très grand nombre de lettres de mères ou d'épouses, sans nouvelles depuis plusieurs semaines de leur fils ou de leur mari. Elle ne peut malheureusement pas toujours donner de nouvelles[4], faute de reconnaître les photos qui lui sont envoyées. Les principaux acteurs du drame, les généraux Navarre, Cogny, Lauzin et Dechaux sont rappelés en France en juin, de même que le Haut-Commissaire, Maurice Dejean. Le général Ely cumule les fonctions de généchef et de Haut-Commissaire. À son arrivée en Indochine, le général Salan, son adjoint, reçoit une note[5] très complète qui souligne le déséquilibre du rapport de forces en faveur du Viêt-minh : «La chute de Diên Biên Phu crée une situation du fait de la perte de la partie la plus valable de notre masse de manœuvre ; du choc psychologique ressenti tant par les populations que les forces militaires des États associés ; du prestige accru du gouvernement et de l'armée VM. Il s'ensuit un déséquilibre qui impose des décisions rapides pour assurer la sauvegarde du corps expéditionnaire, la sécurité des grands centres, le retour à la confiance». Navarre préconise d'éviter des replis, rappelant que c'est ce qui avait valu la capture d'une grande partie de l'armée française en 1940 et qu'il faut conserver des territoires pour négocier en meilleure position à Genève. La note remise à Salan conseille l'inverse : «Compte tenu des forces VM actuelles, ces décisions devront avoir pour résultats un regroupement de nos troupes dispersées sur des étendues qui ne sont plus à la mesure de nos possibilités». Prudemment, Salan décide de concentrer les vestiges du corps expéditionnaire et d'évacuer préventivement les secteurs les plus exposés.

De leur côté, les Viêts ont parfaitement mesuré les bénéfices qu'ils peuvent récolter de leur victoire. Ils savent que leur adversaire est assommé par la défaite, même si les pertes françaises représentent moins de 5 % des effectifs militaires sous les ordres de Navarre, et qu'ils arrivent en situation de force pour les négociations à Genève. Une circulaire ennemie, récupérée

Un moment de détente pour trois tirailleurs du 1/4 RTM, survivants des camps : Mohammed ben M'Barak, Ahmed ben Mohammed et Mohammed Derbal.

Les colonels Lepage et Charton, également libérés en septembre 1954, après quatre années de détention. Ils furent les acteurs du précédent désastre : Cao Bang.

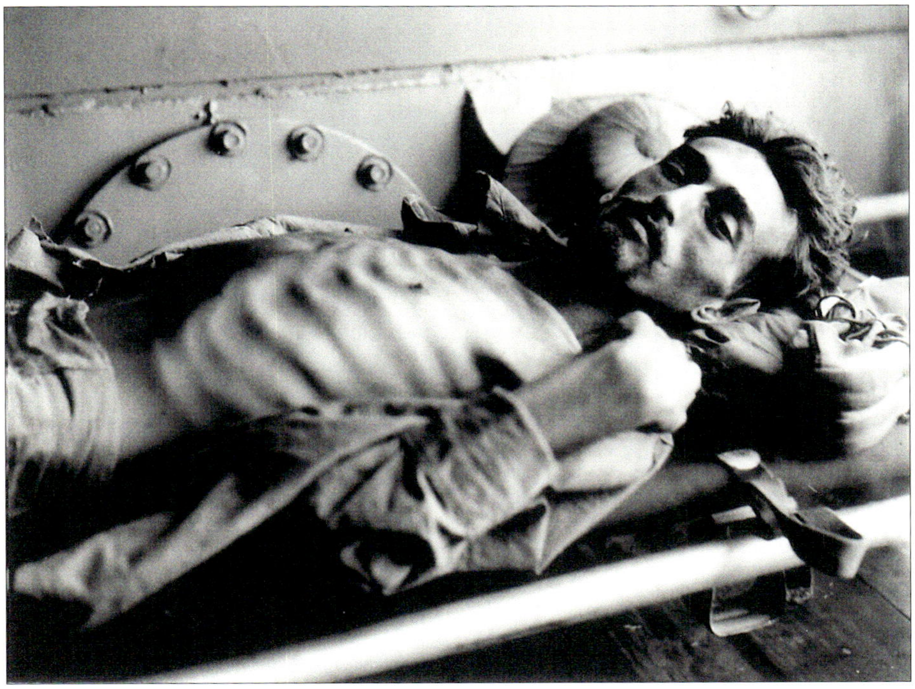

Certains survivants ne pesaient plus qu'une quarantaine de kilos, minés par les maladies. Plus de 7 000 hommes perdirent la vie dans les camps de la mort lente.

[4] Geneviève de Galard, Une femme à Diên Biên Phu, Les Arènes, Paris, 2003. P. 219.
[5] Note non datée. SHAA carton n° 4 C 849.

Pour une partie de la population, les accords de Genève signifiaient l'exode. La marine participa activement à ces évacuations.

En haut à droite, les échanges de prisonniers à Viêtri en septembre. La mortalité variait de 30 à 100 % selon les camps.

Des paquetages avec des courriers, mais aussi des vivres et des médicaments à destination des prisonniers étaient largués au-dessus des zones ennemies. Toutefois, les captifs en voyaient rarement la couleur.

par les services français[6], explique clairement la situation du Viêt-minh début mai : «La conférence de Genève va s'ouvrir ; il nous est impossible de prévoir dès maintenant ses résultats d'une façon certaine. Mais nous devons bien comprendre qu'il s'agit là d'une lutte politique et diplomatique d'une extrême importance. (...) La situation politique embrouillée de la France et l'échec de Diên Biên Phu ont fortement ébranlé le moral des troupes ennemies». Ce document démontre que les Viêts n'ont aucune certitude sur l'issue des négociations et qu'ils redoutent déjà un interventionnisme accru des États-Unis. Les consignes sont de redoubler les activités d'actions psychologiques pour déstabiliser toujours plus leurs adversaires, civils ou militaires, et leur faire admettre que le Viêt-minh a pris l'ascendant sur le corps expéditionnaire.

Dans la cuvette de DBP, les soldats français espérent que les négociations à Genève déboucheront assez vite pour qu'ils soient libérés. Des tractations entre les deux adversaires ont commencé sur le sort des grands blessés. Le professeur Huard, doyen de la faculté de médecine d'Hanoï, sert d'intermédiaire. Cet éminent praticien connait très bien une grande partie des cadres du Viêt-minh, en particulier les médecins ennemis qu'il a souvent formé. Marié à une Viêtnamienne, il a été soupçonné d'intelligence avec l'ennemi par de Lattre qui l'avait écarté de ses fonctions. Par la suite, Navarre l'a remis en selle, lui permettant de redevenir président de la Croix Rouge en Indochine. La première liaison est effectuée le 13 mai, par hélicoptère, à partir de Luang Prabang. Les Viêts posent des conditions drastiques, demandant un arrêt complet des opérations aériennes dans la zone. Navarre ne veut pas donner quartier libre à Giap pour déménager ses canons. Un compromis est finalement trouvé et les Viêts acceptent que les Français évacuent les blessés les plus atteints. Malheureusement, les médecins viêtnamiens se chargent du tri, parfois en dépit du bon sens. Théoriquement, seuls les hommes capables de marcher doivent être gardés captifs. Mais les Viêts gardent davantage de prisonniers, estimant qu'il s'agit d'une monnaie d'échange de haute valeur alors que les délégations commencent les tractations à Genève. Un officier de l'armée de l'air, le commandant Roger, suit le professeur Huard au cours de sa première mission pour se rendre compte de l'état du terrain, qui porte les cicatrices de la bataille : «Piste réparée très sommairement : nombreux trous de mines comblés avec de la terre, mais présentant sur leurs pourtours des éléments de grilles déchirés très acérés, certainement dangereux pour les pneus d'avions (...). En résumé, piste utilisable pour avion léger». Les Français doivent envoyer leurs petits avions légers Beaver pour évacuer les 868 blessés que les Viêts

[6] Fiche n° 2084/FTNV/2, du 18 mai 1954. (SHAA, carton n° 4 C 881)

Le Père Heinrich, l'un des aumôniers de DBP. Il fut l'une des grandes figures de la garnison retranchée, aidant ceux qui, tous grades confondus, menaçaient de craquer.

En haut à gauche, des réfugiés sur un bâtiment de la Marine. Tous les Viêtnamiens suspectés d'avoir aidé les Français étaient menacés d'être rééduqués…

Bigeard (en béret) et Langlais (chapeau de brousse) à leur libération. L'expression de leur visage montre les épreuves qu'ils ont dû surmonter.

acceptent de relâcher. Certains autres détenus sont également libérés, dont Geneviève de Galard et le médecin commandant Grauwin. Les Viêts relâchent en particulier ceux qui acceptent, sous la contrainte, d'écrire une lettre en faveur de la paix et rappelant la clémence d'Hô Chi Minh. Cette affaire déclenche le premier cas de conscience des prisonniers, entre ceux qui estiment qu'il ne faut rien céder à l'ennemi, et ceux pour qui toute déclaration sous la contrainte n'a de toute façon aucune valeur. Pendant tout le temps des tractations, l'armée de l'air continue de larguer du fret, des rations de combat et des médicaments, pour les prisonniers. Dans la réalité, les Viêts utilisent la plus grande partie de cette manne tombée du ciel pour leurs propres besoins. Les médecins de bataillon, un premier temps envoyés avec les colonnes de détenus, sont finalement ramenés au camp où ils secondent les infirmiers viêtnamiens. Un rôle qui les met hors d'eux, tant les praticiens ennemis, dénués de toutes connaissances, refusent obstinément le moindre conseil. Les blessés ne sont malheureusement d'ailleurs pas tous tirés d'affaire. Le lieutenant Rondeau, grièvement atteint à l'abdomen, décède à son arrivée à l'hôpital à Hanoï. Le gros des prisonniers a été trié par origine (Nord-

ÉTAT DES PERTES SUBIES DU CÔTÉ FRANÇAIS À DIÊN BIÊN PHU

Combattants	Du 20 novembre 1953 au 12 mars 1954*			Du 13 mars au 7 mai 1954**			Récapitulatif		
	Tué au combat	Blessés	Sous-total	Tué au combat	Blessés	Sous-total	Tué au combat	Blessés	Total
Français	39	119	158	388	974	1 362	427	1 093	1 520
Légionnaires	30	237	267	388	1 266	1 654	418	1 503	1 921
Nord-Africains	28	190	218	185	983	1 168	213	1 173	1 386
Africains	-	-	-	303	53	356	303	53	356
Autochtones***	54	252	306	311	1 160	1 471	365	1 412	1 777
Total	151	798	949	1 575	4 436	6 011	1 726	5 234	6 960

* Source : Jules Roy
** Source : service historique de l'Armée de terre (note du 3 mars 1955 relative au bilan des effectifs engagés à Diên Biên Phu)
*** Réguliers et supplétifs

La colonne de secours ne rencontra que des villages déserts dans lesquels elle eut le plus grand mal à se ravitailler.

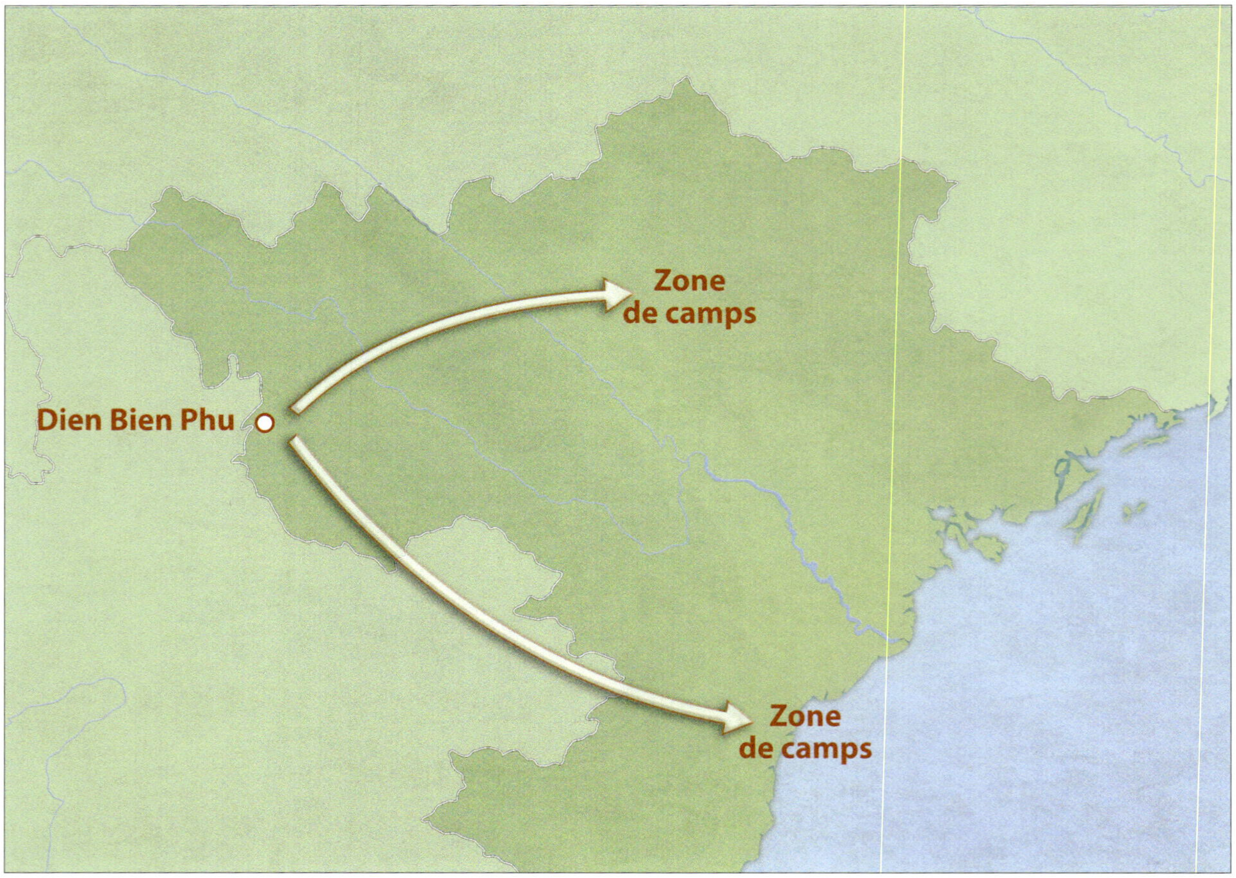

Cette carte illustre les distances que parcoururent à pied les prisonniers (plus de 300 km sur des sentiers de montagne).

Africains, légionnaires, partisans locaux, etc.), les officiers mis à part et envoyés sur la route des camps par petites colonnes. Auparavant, ils doivent se livrer à un simulacre de la bataille, pour le plaisir du cinéaste soviétique Karmen. Les paras refusent de jouer le jeu, alors les Viêts font revêtir à des tirailleurs des «peaux de saucisson» pour donner le change. Cette mise en scène pathétique est une humiliation supplémentaire pour les détenus. Mais le pire est à venir. Les colonnes formées, la marche vers les camps de prisonniers, distants de plus de 300 kilomètres à vol d'oiseau, se révéle être un procédé d'extermination des détenus. Au début, ce changement avec la vie de taupe qu'ils ont mené à Diên Biên Phu paraît agréable : «Le soir du 7 mai, notre groupe était parti sur une petite sente. Il n'y avait plus de bruit, plus d'explosions et à la place les étoiles, le calme. Un immense soulagement nous envahissait, nous étions vivants», se souvient Bernard Klotz[7]. Les officiers supérieurs sont évacués en camion, mais les autres font le trajet à pied. La marche se fait de nuit pour échapper aux regards de l'aviation et l'alimentation est extrêmement congrue : une ration de 700 grammes de riz par homme et par jour. Habitués aux rations de combat, les soldats manquent rapidement des vitamines les plus élémentaires et commencent à développer diverses maladies dues à ces caren-

Des réfugiés évacués par avions. De la même façon, les Viêts rapatrièrent les troupes qu'ils avaient déployées au Sud-Viêtnam.

[7] Entretien avec l'auteur

Estimation des pertes VM à DBP

(Archives B2. SHAT)

Divisions	Période	Action	Pertes par régiment			Total par Division
Division 304			**Régiment 57**			
	22-mars	Région Ban Kho Lai	200			
	Du 27 mars au 1er mai	Dégagement d'Isabelle	110			
	Du 1er au 2 mai	Dégagement d'Isabelle	100			
	3-mai	Dégagement d'Isabelle	30			Total Div 304 :
	7-mai	Tentative de sortie	50			490
Division 308			**Régiment 36**	**Régiment 88**	**Régiment 102**	
	Du 14 au 15 mars	Attaque de Gabrielle	300	500	500	
	15-mars	Dégagement de Gabrielle		700		
	1 et 2 avril	Attaque Éliane 2			350	Total Div 308 :
	21 et 23 avril	Attaque Huguette 1	150	150		2 650
Division 312			**Régiment 141**	**Régiment 165**	**Régiment 209**	
	11 et 12 mars	Dégagement Béatrice	40		40	
	13-mars	Attaque Béatrice	250		250	
	28-mars	Huguette 6		30		
	30-mars	Attaque Dominique	400	400		Total Div 312 :
	3 et 4 avril	Attaque Huguette	300	450		2 160
Division 316			**Régiment 98**	**Régiment 174**	**Régiment 176**	
	21-mars	Région Ban Loi		50		
	30 et 31 mars	Attaque Éliane	400	400		
	10 et 11 avril	Attaque Éliane	250			Total Div 316 :
	16-avr	Attaque Éliane	150			1 250
Non identifiés						
	Du 23 mars au 7 mai	Région Ban Loi			60	
		Secteur Huguette			100	
		Secteur Isabelle			60	
		Dominique et Éliane			120	Total non identifiés :
		Assaut général			1 000	1 340
			Total des tués VM			**7 890**
			Total des blessés (source sûre)			**15 000**
			Total général des pertes VM			**23 000**

ces : béribéri, scorbut, pellagre et rachitisme transforment peu à peu les survivants de la bataille en squelettes décharnés à la peau jaunie. De plus, cuit à la va-vite, le riz est difficile à digérer et provoque des ballonnements. Les blessés sont naturellement les plus touchés par ces privations. Heureusement, une certaine camaraderie anime encore les esprits et certains peuvent être momentanément brancardés par leurs compagnons. Mais rapidement, à raison d'une trentaine de kilomètres par nuit sur des sentiers de montagne, cette marche forcée se transforme en calvaire. Il devient de plus en plus difficile de porter les plus faibles. «J'encourageais ceux qui s'arrêtaient à se relever. Il fallait encore marcher, toujours marcher. Toute la nuit, on entendait des claquements secs sur l'arrière de notre colonne. Les Viêts achevaient d'une balle dans la tête les traînards», se souvient le sergent chef Flamen. Parmi les nombreux combattants qui perdent la vie sur la route des camps, citons le chef d'escadrons Hervouët qui fut le patron des chars à DBP. Deux fois blessés pendant la bataille, les deux bras plâtrés jusqu'aux épaules, il aurait dû être évacué, mais les Viêts refusèrent. Il meurt d'épuisement et est sommairement enterré sur le bord de la piste par ses camarades.

La découverte du système carcéral viêt suscite un très grand nombre d'évasions, d'autant que l'espoir de voir les négociations de Genève aboutir rapidement s'amenuise. Par affinités, par mise en commun du strict minimum (rations de combat, boussoles, etc.), des petits groupes tentent de fausser compagnie à leurs gardiens. Flamen fait une première tentative avec deux partisans thaïs qu'il a connus pendant son premier séjour, mais se heurte aux unités viêts qui quittent la cuvette, et est rapidement repris. Il recommence plus tard en partant seul à la nage. À plus de 300 km de là, il parvient dans une zone que les Français viennent juste d'évacuer et est à nouveau repris et interné dans une prison civile. Klotz essaye également de se faire deux fois la belle, sans succès. La sanction est très variable : les Viêts ramènent certains fugitifs dans la colonne, avec juste un sermon sur le manque de réceptivité des soudards du grand capital vis-à-vis de la clémence du président Hô Chi Minh, mais à d'autres, ils confisquent leurs chaussures. Enfin, certains sont purement et simplement exécutés. Péraud et Schoenderffer sautent ainsi d'un camion Molotova qui les emmène vers la captivité. Les sentinelles réagissent vivement et Schoenderffer est vite repris. Mais des rafales de pistolet-mitrailleur retentissent. Le photographe Péraud a sans doute été abattu.

En fait, très peu de tentatives sont couronnées de succès. Les populations locales, des Méos pourtant en général hostiles aux Viêts, n'osent pas venir aide aux fu-

Un bo-doï regardant sa liste de captifs libérés. Derrière, deux français surveillaient attentivement.

En bas à droite, un prisonnier libéré saluant, l'air interloqué, une infirmière viêt. C'était sans doute la première fois qu'il en voyait une car il n'y en avait pas dans les camps !

L'Humanité *mettait en avant la paix des peuples, jetant un voile pudique sur le sort réservé aux prisonniers.*

Après huit ans de lutte des peuples pour la paix

l'Humanité

TROISIÈME ÉDITION

ORGANE CENTRAL DU PARTI COMMUNISTE FRANÇAIS

MERCREDI 21 JUILLET 1954

Le CESSEZ-LE-FEU en Indochine SIGNÉ à Genève

DÉCLARATION DU PARTI COMMUNISTE FRANÇAIS

MALGRÉ UNE CRIMINELLE MANŒUVRE DES ETATS-UNIS

l'accord entre la France et la République Démocratique Vietnamienne signé à 2 heures ce matin

ainsi que l'accord sur le Laos

(De notre envoyé spécial Pierre COURTADE)

Jacques DUCLOS déclare :

gitifs. Pire, il semble même que l'ennemi leur donne des récompenses pour tout soldat récupéré. De nombreuses évasions se terminent donc dans ces villages où les Français espérent pouvoir trouver un secours. Ensuite, de nombreuses tentatives visent à prendre la route du sud, en direction du delta. Mais ces itinéraires sont très surveillés. Il faut une bonne connaissance du pays thaï pour espérer pouvoir sans sortir. Le sous-lieutenant Raymond Makowiak est l'un des seuls officiers de la garnison à réussir son évasion en partant vers le laos. Il dispose de quelques atouts puisqu'il a vécu dans la région au sein d'un maquis du GMI. Le récit de son évasion donne une bonne idée des difficultés qui attendent les candidats à la liberté : «Le deuxième jour, vers 19 heures, nous nous trouvons à 500 mètres de la piste Pavie et nous tombons sur des Viêts qui n'ont pas l'air très méchant car nous réussissons à gicler dans la brousse et à les semer rapidement. Ils nous ont poursuivis pendant quelques instants mais nous avons fait une manœuvre de grands chefs et nous les avons possédés. Nous avons rebroussé chemin dès que nous avons eu le contact et ensuite nous avons tourné pour revenir sur nos pas sans être vu. Ainsi, les Viêts nous cherchaient là où nous n'étions pas, c'est-à-dire devant eux – nous étions cachés dans leur dos – et nous avons attendu la nuit pour repartir». Au cours d'un accrochage avec l'ennemi, Makowiak est séparé de ses camarades et continue son périple tout seul. Le meilleur moyen d'éviter l'ennemi est

Les délégations russes et chinoises. Derrière le panneau PROC, Chou En Lai, Premier Ministre chinois, et derrière le panneau USSR, Molotov. La conférence de Genève fut une bonne illustration des tensions de la guerre froide.

La colonne Crèvecoeur, censée venir au secours de DBP, progressait dans une jungle hostile. Elle ne servit qu'à récupérer quelques évadés. Le commandement la replia par crainte de la voir massacrée par les divisions de Giap.

Un poste SCR 300 de la colonne de secours. Ces liaisons pouvaient être entendues par les unités de guerre électronique viêt.

de passer par les crêtes. Seulement, c'est dans les vallées que se trouvent les hameaux, seules sources possibles d'approvisionnement. Makowiak parcourt 300 kilomètres en 21 jours, se fiant surtout à sa connaissance du pays, abordant avec une grande prudence les villages, avant de tomber sur une patrouille française qui le ramène au poste de Muong Sai. Bien d'autres, faute de chance ou d'épuisement, disparaissent à jamais sur les pistes du pays thaï.

Le sort de ceux qui sont dans les camps n'est pas plus enviable. «Au début, la fin de la longue marche, le fait d'être sous un toit, de dormir sur un bas-flanc rempli de punaises nous sembla être une vie paradisiaque», se souvient Bernard Klotz, arrivé au camp n° 1 début juin. L'officier de marine loge dans une cagna avec d'autres officiers, les capitaines Clédic, Pouget et Lecour Grandmaison. Ils ont la chance de partager l'habitat d'une famille viêtnamienne, qui se montre très

Pertes par type d'appareil au jour le jour

Date	Atteint mais rentré à la base	Accident suite à un dommage	Abattu	Non rentré de mission	Détruit au sol par artillerie	Personnel			
						Tués	Blessés	Disparus	Noms
Hélicoptères									
13/03/54					1	1	2		Slt Gambiez (tué), Adc Bartier, Sgt Bernard
23/03/54					1				
Criquet									
13/03/54					5				
17/03/54	1								
20/03/54	1								
6/04/54			1						Lt Choue de la Mettrie
F8F Bearcat									
13/03/54					6				
14/03/54	1								
15/03/54	1		1			1			Sgt Sahraoui (mort en captivité)
16/03/54	1								
3/04/54	1			1		1			Sgt Bourderon (accident)
10/04/54	1								
12/04/54	1								
7/05/54	1								
F6F Hellcat									
13/03/54				1		1			LV Doé de Maindreville
15/03/54			1			1			LV Lespinas
19/03/54	1								
2/04/54	1								
9/04/54	2								
19/04/54	1								
23/04/54			1					1	LV Klotz (réussi à rejoindre le camp)
26/04/54			1					1	SM Robert (mort en captivité)
SB2C Helldiver									
13/03/54	1								
31/03/54			1			1			LV Andrieux
9/04/54			1			1			EV Laugier
B-26									
14/03/54				1				4	Cne Aubel, Lt Lavignasse, Sgc Fairisse, Sgt Genot
19/03/54	1								
21/03/54	1								
1/04/54	1	1				1			Sgt Goguet
2/04/54	1						1		
3/04/54	1								
7/04/54	2								
8/04/54	1								

accueillante. Chaque jour, le maître de maison, qui fait des offrandes aux divinités ancestrales, double discrètement les rations pour que les prisonniers puissent reprendre des forces. Peu de captifs ont la chance de trouver des hôtes aussi compréhensifs. En général, les camps ne comptent plus de civils et les miliciens qui les gardent paraissent complètement démunis de la moindre lueur d'humanité. Il n'y a ni murs ni barbelés, mais les camps, situés près de la frontière chinoise, sont trop loin des secteurs contrôlés par le corps expéditionnaire pour espérer pouvoir s'évader. Les captifs doivent subir des séances de rééducation visant à leur inculquer les principes du marxisme léninisme. Si ce verbiage épouvantable a prise sur les tirailleurs, sensibles aux couplets anticolonialistes, il n'en est pas de même pour les Européens : «Ces séances de lavage de cerveau étaient en fait assez innocentes. Nos maîtres à penser considéraient que nous étions irrécupérables, mais ils

Premier rasage pour Pierre Schoenderffer après plusieurs mois de captivité.

Date	Atteint mais rentré à la base	Accident suite à un dommage	Abattu	Non rentré de mission	Détruit au sol par artillerie				Personnel
						Tués	Blessés	Disparus	Noms
22/04/54	2								
24/04/54	3								
26/04/54			2					7	Cne Regal, Lt Itreney, Tharaud, Gaubel et Dausard, Sgt Texieret Bugela
1/05/54	1								
4/05/54			1					3	Lt Labat, Sgc Daigne, Sgt Couturier
5/05/54	3								
7/05/54	1								
Privateer									
13/03/54	1								
2/04/54			1					9	EV Manfanovsky, SM Bourson, Chaigne, Gauthiez, Giuliano, Iltis, Paumier, Puyjalinet et Ruello-Kermellin
8/05/54			1					7	EV Monguillon, Me Bouyssou, SM Hoog, Lacrosse, Le Coz, Roissat et Stephan
Dakota									
13/03/54					2				
20/03/54	1								
21/03/54	2								
24/03/54	2		1			4			Cne Koenig, Adc Beauvoit, Sgt Romeas et Strullu
25/03/54			1						Équipage indemne (Cne Beublin, Adj Mahaud, Sgt Gay et Genin)
26/03/54	2								
27/03/54	1		1			4			Cne Dartigues, Slt Thomas, Adc Bouton, Sgt Huet
28/03/54	1				1			4	Équipage (dont G. de Galard) rejoint le camp retranché
31/03/54	2		1			4			Adc Guiraud, Sgc Mataud, Sgt Burat et Demart
2/04/54	1								
3/04/54	1								
4/04/54	1								
8/04/54	1								
10/04/54	3								
11/04/54	2								
27/04/54	1								
2/05/54	2								
C-119 Packett									
13/3 au 9/5	42		1					4	Mac Govern et Buford (pilotes américains), Slt Arlaux (seul survivant), CCH bataille, CC Rescourio et 2e classe Mouss

LE SUPRÊME MESSAGE DE CASTRIES :

"Ils ne sont plus qu'à sept mètres La résistance va être submergée... Nous ne nous rendrons pas."

Et le fortin "ISABELLE" tient toujours

HUIT SEMAINES D'ENFER ET DE GLOIRE

Aujourd'hui sera célébré dans le recueillement l'anniversaire du 8 mai 1945

A GENÈVE LES SOVIETS ont volontairement retardé le débat sur l'INDOCHINE

MASQUES DE SOLDATS

LE RESPECT DES CROYANCES

LA FRANCE FIÈRE DE SES HÉROS

L'AURORE

LA CHUTE DE DIEN-BIEN-PHU

dont les défenseurs (à bout de munitions) ont été submergés

LA DERNIÈRE PHOTO

DRAMATIQUEMENT accueillie dans le monde entier

ILS SE SONT SACRIFIÉS comme le pays se sacrifie

EN ANNONÇANT LA NOUVELLE A L'ASSEMBLÉE LANIEL A LANCÉ un pathétique appel au Vietminh pour les blessés et les survivants

L'ÉMOTION AU PARLEMENT

LES DEVOIRS DE LA FRANCE ENVERS SON ARMÉE

PAR LE GÉNÉRAL CATROUX

I. – Les conditions de la défense

UNION

L'HOMMAGE DE PARIS

LA SEULE FEMME PARMI LES DÉFENSEURS

COMBINES

II. – Situation morale et matérielle des cadres

A LA TOILE D'AVION

LES DEVOIRS DE LA FRANCE ENVERS SON ARMÉE, par le général CATROUX

LE FIGARO

DIRECTEUR : Pierre BRISSON

SAMEDI DIMANCHE 8-9 MAI 1954

APRÈS CINQUANTE-CINQ JOURS D'UNE RÉSISTANCE HÉROÏQUE

Le camp retranché de Dien-Bien-Phu est tombé hier

L'ennemi avait mis toutes ses forces dans la bataille et des combats furieux se sont déroulés pendant plus de vingt heures

Le point d'appui "Isabelle", situé à 4 km. au sud, tenait encore dans la soirée

LE DERNIER MESSAGE DU GÉNÉRAL DE CASTRIES : "ILS SONT A HUIT MÈTRES, NOUS NE NOUS RENDRONS PAS"

LE SACRIFICE

LA CONFÉRENCE INDOCHINOISE pourrait s'ouvrir aujourd'hui même

LE HANGAR DE LA TOUR EIFFEL VA DISPARAITRE !

ILS ONT COMMANDÉ JUSQU'AU BOUT A DIEN-BIEN-PHU

DERNIER MESSAGE : « Ils sont à quelques mètres »

Le duc d'Edimbourg se rendra en France du 21 au 23 juin

LA SOLIDARITÉ OCCIDENTALE DOIT PRIMER TOUT LE RESTE

La presse nationale célébrait les héros du camp, mais commençait également à déterminer les responsabilités de cette défaite.

jouaient leur rôle jusqu'au bout» se souvient Klotz[8]. La seule source d'information disponible, en dehors de la propagande des gardiens, consiste en quelques vieux numéros de *L'Humanité*.

En revanche, les Viêts savent parfaitement jouer avec les émotions des prisonniers, cherchant à les humilier pour les contrôler plus facilement : obliger les soldats à tutoyer les supérieurs, confisquer des photos de famille ou encore saluer le drapeau du Viêt-minh sont des moyens parmi d'autres visant à briser moralement ces hommes. Un groupe de prisonniers, dont le lieutenant Allaire[9] fait parti, doit supplier le commissaire politique pour conserver leurs alliances. C'est le dernier objet qui les rattache au monde extérieur. Les conditions de vie sont épouvantables et les Viêts entretiennent la délation pour briser la solidarité qui lie les combattants. Les bons élèves ont droit à une ration supplémentaire, à des médicaments, tandis que ceux soupçonnés d'être des fortes têtes ou de vouloir s'évader voient leurs portions réduites. Tomber à moins de 400 grammes de riz par jour équivaut à une condamnation à mort. L'autre solution, pour se débarrasser d'un captif, est de l'isoler et de lui donner à boire de l'eau non bouillie. En quelques semaines tout au plus, le corps détruit par la dysenterie devient un terreau favorable à toutes sortes de maladies. Chaque effort est un supplice pour ces hommes décharnés, amaigris. Les journées sont occupées par les travaux de servitude : aller chercher du riz dans un village à une dizaine de kilomètres, faire la cuisine, récurer les latrines ou enterrer les morts. Les captifs sont si exténués que les tombes sont creusées peu profondes. Parfois, les corps sont tout juste recouverts de terre, si bien que les pluies diluviennes ramènent au grand jour des cadavres enterrés des semaines auparavant.

La mortalité varie de 30 à 100 % selon les camps et la vie ou la mort dépend du bon vouloir du commissaire politique. Près de 72 % des prisonniers de DBP, soit 7 000 hommes, perdent la vie dans ces camps de la mort lente. Les réactions de la communauté internationale devant l'état des premiers prisonniers rendus par l'ennemi lors des premières libérations conduisent Hô Chi Minh à retarder les autres libérations, le temps de laisser mourir ceux dont l'état est jugé peu présentable[10]. Les rations sont doublées pour essayer de remettre sur pied ces squelettes vivants. Lors de ce séjour dans les geôles ennemies, les prisonniers ont la stupeur de découvrir des déserteurs au sein de l'encadrement ennemi. Le cas le plus connu est George Boudarel. Agissant par lâcheté ou par conviction politique, certains de ces hommes n'hésitent pas à sacrifier la vie de leurs compatriotes[11]. Le degré de trahison est évidemment assez variable, certains se contentant de jouer un rôle de conseiller : «Nous étions dirigés par un ancien officier FTP gagné à l'idéologie ennemie. Nous avons eu des discussions passionnées avec lui sur les bienfaits et les méfaits de la colonisation. Il était très généreux et faisait beaucoup pour améliorer nos conditions de vie. Il était manipulé par les Viêts, mais ce n'était pas un traître», se souvient Bernard Klotz. Pendant la bataille, les soldats français ont eu une certaine estime

[8] Entretien avec l'auteur.
[9] Témoignage du colonel Allaire lors du colloque du CEHD en novembre 2003.
[10] Thèse du colonel Robert Bonnafous, Les prisonniers de guerre du corps expéditionnaire français en Extrême-Orient dans les camps Viêt-minh, Université de Montpellier, mai 1985. P. 151.
[11] Malgré différentes actions intentées par les survivants des camps, ces hommes ne furent pas inquiétés et après quelques années d'exil dans les pays de l'Est, ils revinrent s'installer en France.

pour leurs adversaires. Ces courageux bo-doïs se battaient avec opiniâtreté, vendant chèrement leur vie même lorsque le sort penchait en faveur des Français. Mais dans les camps, les captifs redécouvrent l'ennemi qu'ils haïssent. Celui qui extermine les civils refusant de se soumettre, celui qui torture les blessés, celui qui pose des pièges et mène une guerre sournoise.

À Genève, le gouvernement de Pierre Mendès-France – celui de Laniel a démissionné le 12 juin – réussit à négocier un accord le 21 juillet 1954. La Grande-Bretagne, qui co-préside le sommet, fait pression sur la Chine pour mettre fin aux prétentions abusives du Viêt-minh. De son côté, Mendès-France menace d'envoyer le contingent si un accord n'est pas trouvé. Le pays est séparé en deux, à hauteur du 17e parallèle, avec un régime communiste au nord, tandis que le Laos, le Cambodge et le Sud-Viêtnam deviennent indépendants. Ces accords mettent fin à cent années de présence française en Indochine. Le général Ely, qui cumule les fonctions de généchef et de Haut-Commissaire, est chargé de l'application des accords sur le terrain.

La comédie de la libération achève de convaincre les détenus de la monstruosité du système communiste

L'action psychologique ennemie redoubla après la chute de DBP, les Viêts étant bien conscients de l'ascendant moral qu'ils avaient pris sur leur adversaire. Cette affiche insistait sur les crimes commis par les soldats français.

Les faits établissent qu'une fois de plus, le Parti Communiste Français a eu raison.

PEUVENT être fiers de ce grand pas fait vers la paix, les héroïques dockers, marins, cheminots, métallurgistes, et travailleurs de toutes corporations qui ont multiplié les actions de masse contre la guerre.

Peut être fière, la classe ouvrière tout entière, qui a su jouer son rôle décisif dans la levée de toutes les forces nationales, démocratiques et pacifiques.

Peuvent être fiers Léo Figuères, Henri Martin, Raymonde Dien, dont l'action et les sacrifices ont revêtu le caractère d'un symbole et d'un encouragement à l'action.

Peuvent être fiers les patriotes et partisans de la paix de toutes origines, opinions et croyances, qui se sont prononcés et ont agi pour qu'intervienne ce cessez-le-feu, et notamment ces innombrables Français qui, pendant toute la durée de la Conférence, ont délégué à Genève leurs représentants par milliers.

L'ACTION populaire pour la paix a été à l'origine d'importants changements politiques dans notre pays.

Elle a créé les conditions du renversement du gouvernement Laniel-Bidault-Pleven, dont l'aboutissement de la négociation de Genève éclaire encore mieux les terribles responsabilités devant la nation.

C'est cette action populaire qui a déterminé aussi la prise de position en faveur de la paix de personnalités qui, naguère, approuvaient la guerre d'Indochine ou s'en désintéressaient.

Ainsi, a pu être investi un président du Conseil qui s'engageait à réaliser ce cessez-le-feu. En votant pour cette investiture de Mendès-France, le Parti Communiste Français a tenu, là encore, à contribuer à l'arrêt des hostilités, dans le sens même de sa lutte constante pour la paix et l'indépendance nationale, pour le changement de politique dont la France a besoin.

Il ne fait maintenant aucun doute que le cessez-le-feu en Indochine ouvre largement la voie de ce changement.

CET important succès de la cause de la paix et de l'indépendance des peuples, important succès notamment pour la France et pour les peuples d'Indochine, ne peut que développer encore la vigilance et l'action unie de tous les partisans de la paix.

Le cessez-le-feu n'est pas encore la paix. Et il n'est que trop évident que l'échec sérieux subi à Genève par les impérialistes américains, partisans jusqu'au bout de l'extension de la guerre d'Indochine à toute l'Asie, ne leur fait pas abandonner leurs plans d'agression et, en particulier, leur projet de pacte du Sud-Est asiatique.

Tout comme ils n'ont cessé de tout faire pour provoquer l'échec des négociations, ils veulent aujourd'hui, en ne reconnaissant que séparément l'accord conclu, se réserver des possibilités ultérieures de le violer.

De même, on est en droit de penser que les pires agents en France de la politique américaine, jusqu'auboutistes de la guerre d'Indochine, ne renoncent pas à la faire rebondir.

Mais le peuple, qui a imposé le cessez-le-feu, est en mesure de les en empêcher.

L'HEUREUSE conclusion de la conférence de Genève souligne la possibilité et la nécessité de résoudre les autres problèmes les plus urgents dont dépend le sort et l'avenir de notre nation.

La France peut et doit, car tout son peuple le veut, dire en premier lieu un NON catégorique à la C.E.D., au réarmement revanchard allemand, sous quelque forme que ce soit.

Nul ne saurait admettre, par ailleurs, qu'un pas vers la détente en Asie ait comme pendant un renforcement des provocations et de l'intervention militaire en Afrique du Nord, ce que font craindre les récents événements et l'envoi de troupes du contingent.

Et sur l'instant, il est indispensable et urgent de donner pleine satisfaction aux revendications les plus pressantes de la classe ouvrière et de toute la population laborieuse. Cela est possible notamment en réduisant les charges de guerre (par exemple en ramenant le service militaire à 15 mois et en réduisant les effectifs démesurément gonflés de l'armée de métier et des forces de répression).

LE retour de la paix en Indochine peut avoir, dans tous les domaines, les conséquences les plus heureuses pour notre pays.

Pour qu'il en soit ainsi, pour que soit consolidé et poussé plus avant cet éclatant succès, redoublons d'efforts pour faire une réalité vivante de l'unité d'action de la classe ouvrière, ciment de l'union victorieuse de toutes les forces nationales et démocratiques.

Vive la victoire populaire du cessez-le-feu en Indochine !

Vive l'entente entre le peuple français et les peuples d'Indochine !

Vive la paix !

LE PARTI COMMUNISTE FRANÇAIS

(Suite page 2)

Une vue du Palais des Nations, à Genève, où s'est déroulée la Conférence

Après la victoire populaire du cessez-le-feu en Indochine

Il faut :
– que les milliards pouvant être rendus disponibles soient consacrés à satisfaire les besoins de la classe ouvrière et des masses laborieuses
– imposer le rejet de la C.E.D. qui ferait renaître la menace du militarisme allemand

Pour faire triompher ces exigences nationales

DEMAIN A 20 h. 30

tous au VEL' D'HIV'

sous la présidence de **François Billoux** secrétaire du Parti Communiste Français, député de Marseille

Orateur : **Jacques DUCLOS** secrétaire du Parti Communiste Français, député de la Seine

(ENTRÉE LIBRE ET GRATUITE – MÉTRO GRENELLE-BIR-HAKEIM)

MENDES-FRANCE — PHAM VAN DONG — MOLOTOV — CHOU-EN LAI — EDEN

L'Humanité

Le général Cogny. À la chute du camp, il entama un battage médiatique pour faire retomber l'entière responsabilité de l'échec sur le général Navarre.

Les Bristol Freighter furent largement utilisés pour évacuer les blessés un peu partout, car ces appareils étaient capables de se poser sur des terrains très courts. Les pilotes firent bien des miracles.

auquel ils sont confrontés. Elle leur est annoncée le 31 juillet, mais il leur faut attendre 35 jours pour être remis aux autorités françaises : « C'était un jeu cruel. Le commandement ennemi temporisait. Il annonçait que nous serions libérés à telle date, mais ce jour-là, il nous faisait comprendre qu'il faudrait encore attendre. Beaucoup craquèrent dans les deniers moments, anéantis par ce chantage psychologique constant » rappelle Klotz. Les libérations s'étalent tout au long du mois de septembre et constituent de véritables mises en scène. Les prisonniers sont habillés avec des vêtements neufs et portent un chapeau conique en feuille de latanier. On leur remet un petit écusson avec une colombe. Ils passent entre deux haies d'infirmières – ils n'en n'ont jamais vues dans les camps – et sous des banderoles célébrant l'amitié entre les peuples. Les Viêts poussent la mascarade en organisant des jeux et des danses, comme s'il s'agissait d'une fête folklorique. Ils veulent montrer aux médias que les prisonniers ont été bien traités ! Pour les médecins français qui réceptionnent les prisonniers, cette comédie n'a pas beaucoup de sens et la réalité leur saute aux yeux. Certains malades ne pèsent plus qu'une quarantaine de kilos et nécessitent des soins très suivis. D'ailleurs, 61 d'entre eux mourront entre leur libération et leur admission dans un hôpital. Les médias se désintéressent totalement de cette tragédie. Leur attention est ailleurs, le feu couve en Algérie. L'armée française s'apprête à livrer d'autres batailles. ■

Pierre Mendès-France serrant la main de Chou En Lai à l'issue des tractations. La menace d'envoyer le contingent, mais aussi les pressions de Londres sur la Chine, permirent de faire reculer les prétentions de Hô Chi Minh.

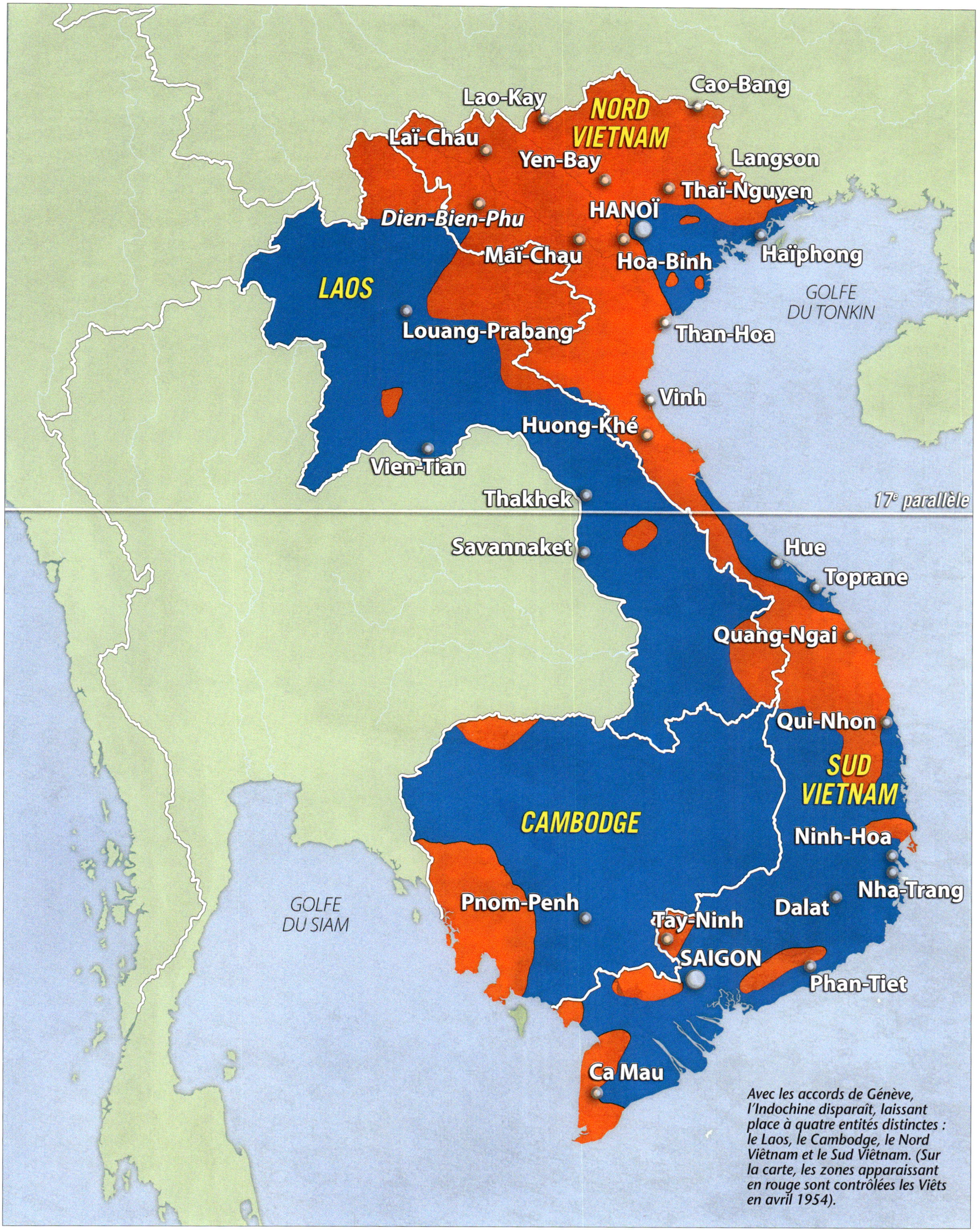

Avec les accords de Génève, l'Indochine disparaît, laissant place à quatre entités distinctes : le Laos, le Cambodge, le Nord Viêtnam et le Sud Viêtnam. (Sur la carte, les zones apparaissant en rouge sont contrôlées les Viêts en avril 1954).

Les avions dans le ciel de Diên Biên Phu

• Douglas B-26 Invader

À ne pas confondre avec le B-26 Marauder, ce bombardier d'attaque, conçu par Douglas, était le plus rapide de la Seconde Guerre mondiale. L'armée de l'air disposait d'appareils avec un nez armé de huit mitrailleuses de 12,7 mm, spécialisés dans l'appui au sol (baptisés *straffers*), et d'autres, avec un nez vitré (baptisés *leaders*), utilisés pour le bombardement à moyenne altitude ou la reconnaissance. Les pilotes appréciaient beaucoup cette machine. Les bleus avaient parfois l'impression d'être aux commandes d'un avion de chasse, une confiance que les plus expérimentés cherchaient à modérer[1] : «Le B-26 se manie aisément ou du moins en donne l'apparence ; ses ailerons sont en effet très efficaces et sa solidité de construction autorise des manœuvres à assez fortes accélérations. Cependant, c'est un avion de 15 tonnes donc exigeant à des vitesses supérieures à 220 mph (354 km/h), des efforts sur les gouvernes (notamment à la profondeur) tels que l'on soit obligé de travailler constamment au *fletner* ; il est fatigant dès que les manœuvres de piqué se prolongent. Malgré sa robustesse, il ne doit pas être employé à plus de 3 G, ce qui limite les angles de piqué utilisables à 30°. Très fin et très chargé au mètre carré de voilure (350 kg à pleine charge), il accélère rapidement en piqué : ainsi un piqué de 500 mètres débuté à 160 mph (258 km/h) se termine à 300 mph (483 km/h). Avec cette vitesse, il remontera sur sa ressource à 4 000 pieds (1220 m) très rapidement, mais par la suite, malgré la puissance de ses moteurs, il ne montera plus que de 1 000 pieds par minute (305 m/mn) pour un parcours horizontal de 5 km. On voit que sa pente de montée est très faible, ce qui est un gros handicap en vol rasant en montagne où le pilote doit constamment se préoccuper de s'assurer qu'il pourra grimper à temps ou pouvoir virer.» Un des grands défauts du B-26 venait du manque de visibilité, notamment pour les straffers : «À cause de la position très avancée des moteurs, le pilote ne voit à peu près rien sur le côté ; seul un secteur assez étroit dans le trois-quarts avant gauche est bien dégagé ; pour cette raison, le pilote évolue beaucoup en inclinant son avion de part et d'autres pour agrandir son champ de vision. Pour identifier un objet au sol, le pilote passera dessus en rase-mottes en virant. Par contre s'il s'agit d'un avion à nez vitré, le navigateur se trouve dans un balcon où les vues sont excellentes.» Le mode de bombardement consistait à voler en formation, derrière un appareil leader équipé d'un viseur Norden, pour étendre un tapis de bombe. Tout l'art du bombardier venait de sa capacité à varier la densité et la forme du tapis en fonction de la nature de l'objectif. Mais le Norden n'était pas un système infaillible : «C'est un viseur à synchronisation, indiquait le rapport du groupe *Tunisie*, c'est-à-dire comprenant un dispositif faisant défiler la trace du réticule au sol à une vitesse inverse de celle de l'avion ; le réticule peut être amené à rester immobile sur l'objectif lorsque la visée a été bien faite. Ce procédé permet d'éliminer toutes les causes d'erreur dues au vent ou à la vitesse de l'avion ; malheureusement, il ne peut être employé à moins de 4 000 pieds (1220 m) au-dessus de l'objectif, ce qui interdit l'emploi par plafond bas.» Les pilotes devaient alors procéder à un bombardement en semi-piqué, au «pifomètre« : «La visée se fait au collimateur pendant le piqué, puis au jugé pendant la ressource. (...) On ne peut pas larguer pendant le piqué à cause de l'angle de dégagement des soutes, les bombes une fois décrochées risquant d'accrocher la paroi avant de la soute. On comprend alors que ce mode de bombardement ne soit pas très précis, il y entre une trop grande part de flair». Reste que sa popularité auprès des combattants de DBP était importante. Plus d'un point d'appui a dû sa survie aux huit mitrailleuses en batterie qui brisaient les vagues d'assaut de l'ennemi engagé à découvert. À tel point d'ailleurs, se souvient le sergent-chef Pierre Flamen, que «quand les B-26 arrivaient à la rescousse, il valait mieux porter son casque car un déluge de douilles vides se répandait sur les tranchées françaises.» Seuls bombardiers à pouvoir intervenir de nuit, avec les Privateer et Dakota, les B-26 jouaient un rôle psychologique de première importance dans les batailles nocturnes autour des points d'appui. Il existait aussi en Indochine, au sein de l'escadrille 2/19 *Armagnac* rattachée au groupe *Gascogne*, une version de reconnaissance, sans armement, mais avec de nombreux systèmes photographiques.

[1] Mémento rédigé par le 1/25 Tunisie, le 26 février 1953, à l'intention des jeunes pilotes. (SHAA, carton n° 4 C 920)

- **Moteur :** deux Pratt & Whitney R-2800-79 de 2000 chevaux
- **Poids :** 11 tonnes (à vide), 17 tonne (maximum)
- **Envergure :** 21 mètres
- **Vitesse maximale :** 568 km/h (à 5 000 mètres)
- **Autonomie :** 2 240 km
- **Plafond :** 6 500 mètres
- **Armement :** six mitrailleuses de 12.7 dans le nez pour la version attaque en piqué et deux autres 12.7 pour chacune des deux tourelles. Plus de trois tonnes de bombes emportées en soute.

• Grumman F6F Hellcat

Puissant, robuste, très manœuvrable, le F6F était exactement le chasseur dont avait besoin l'aéronavale américaine pendant la guerre du Pacifique. Entré en service au début de 1943, le F6F eut tôt fait de chasser du ciel les Zéro japonais, s'accréditant ainsi 75 % des victoires aériennes sur ce théâtre ! Douze chasseurs Hellcat, plus six en réserve, étaient disponibles au sein de la 11e Flottille de l'*Arromanches*, au moment de Diên Biên Phu. Seulement, ce tueur hors pair ne comptait que six mitrailleuses de 12.7 quand des appareils équivalents disposaient également de canons, plus efficaces pour l'appui au sol, face à un adversaire tapi dans la végétation. De plus, les pilotes, pour éviter d'enrayer les mitrailleuses, ne pouvaient en utiliser que quatre sur six à chaque passe. Cela les obligeait à faire plusieurs passages, les exposant ainsi à la DCA ennemie, pour vider complètement leurs chargeurs. Il était également plus vulnérable que les F8F qui, grâce à leur puissant moteur, remontaient en chandelle à vive allure après une phase de bombardement. Comme le raconte le lieutenant de vaisseau Bernard Klotz[1], alors pilote à la 11F, «nous ne remontions pas assez vite après un piqué et nous aurions été trop exposés à la DCA. La meilleure façon de s'en sortir avec un Hellcat consistait à s'esquiver à basse altitude, en multipliant les zigzags pour dérouter le tir ennemi».

1 Entretien avec l'auteur

- **Moteur :** un Pratt & Whitney R-2800-10W de 2000 chevaux
- **Poids :** 5 tonnes (à vide), 7,5 tonnes (max)
- **Envergure :** 11 mètres
- **Vitesse maximale :** 600 km/h (à 6 000 mètres)
- **Autonomie :** 2 448 km (avec un réservoir supplémentaire de 150 gallons)
- **Plafond :** 10 000 mètres
- **Armement :** six mitrailleuses de 12.7 et deux bombes de 500 kg.

• Grumman F8F Bearcat

Construit avec un moteur très puissant pour une cellule plus légère, le F8F montait en chandelle à un rythme 30 % supérieur au Hellcat ! Apparu trop tard pour participer à la Seconde Guerre mondiale, il formait en Indochine l'ossature des escadrilles de l'armée de l'air française. Cet appareil, très adapté aux missions qui lui étaient alors demandées, se révélait cependant assez dangereux au roulage, le pilote n'ayant aucune visibilité. Les pilotes devaient rouler en "S", verrière ouverte. Deux appareils se percutèrent à Diên Biên Phu, provoquant la mort d'un des deux pilotes. Le décollage était déjà une épreuve. Il ne fallait surtout pas mettre plein gaz, sous peine de se retrouver sur le dos. Seulement, une fois en vol, ce n'était plus que du plaisir... L'appareil était alors très «agréable, avec des gouvernes douces, précises et bien compensées. (...) Pour le bombardement en piqué, mieux valait ne pas s'endormir car cette petite brute trapue (...) atteignait rapidement des badins furieux[1]». Néanmoins cette vitesse était essentielle. Le mémento, rédigé par le groupe de chasse 1/22 *Saintonge*[2], soulignait que pour le bombardement, «le but à atteindre est d'obtenir une vitesse suffisante (250 nœuds/463 km/h) au moment du largage, pour que les fusées s'arment, pour que le napalm s'étale au maximum, pour que la ressource soit facilitée en cas de relief, pour offrir le moins de prise à la DCA». En temps normal, il convenait pour un straffing de se présenter à 3 000 pieds (915 m) et de piquer à un angle de 40°, mais tout dépendait en fait de la nature de la cible : «Pour certains objectifs, poursuivait le rapport du *Saintonge*, il convient de prendre un angle de piqué plus fort, jusqu'à 60° (trous individuels). Pour d'autres, un angle plus faible est plus rentable : exemple piqué de 20° pour *straffing* de buffles. Ne jamais prendre un angle inférieur à 20° (ricochets)». À la fin d'une passe, un mémento, rédigé par le groupe de chasse *Artois*, conseillait de couper les contacts armements, pour éviter «de descendre votre chef de patrouille dans le virage de rassemblement» ou de «tirer une longue rafale lorsque vous arrondirez pour atterrir». Beaucoup de pilotes novices, ou fatigués par une longue mission, firent un cheval de bois, en freinant trop fortau moment de l'atterrissage. L'énorme moteur à l'avant déséquilibrait l'avion, alors que la grande hélice n'était qu'à trente centimètres du sol. Ce déséquilibre avait été accentué quand les mécaniciens avaient retiré des appareils les crosses d'appontage, pour les alléger. Malgré ces défauts, le F8F était très apprécié dans l'armée de l'air, que ce soit pour ses qualités en vol ou sa robustesse. Le sergent Claude-Yves Barteau se souvient qu'une balle de 12,7 mm avait fait détoner un de ses propres obus de 20 mm, déchirant complètement l'aile. Alors qu'il réfléchissait au moment opportun pour sauter en parachute, il se rendit compte que l'appareil avait réussi à encaisser le coup. Il existait en Indochine au moins trois versions de Bearcat. Le F8FM-1 était armé avec quatre mitrailleuses de 12,7 mm, le F8F-1B avec quatre canons de 20 mm et le F8F-2P, équipé d'appareils photographiques pour la reconnaissance.

1 Témoignage d'un pilote de F8F, revue Azur et Or, n° 150, juillet 2004.
2 Mémento du 1/22 Saintonge, rédigé le 22 août 1953, à l'intention des jeunes pilotes sur F8F.
(SHAA, carton n° 4 C 920)

- **Moteur :** un Pratt & Whitney R-2800-10W de 2 100 chevaux
- **Poids :** 3,5 tonnes (à vide), 6,5 tonnes (maximum)
- **Envergure :** 11,5 mètres
- **Vitesse maximale :** 750 km/h (à 6 000 mètres)
- **Autonomie :** 2 448 km (avec un réservoir supplémentaire de 150 gallons)
- **Plafond :** 10 000 mètres
- **Armement :** quatre canons de 20 mm et deux bombes de 500 kg.

• Le Chance Vought F4U Corsair

Livrés mi-avril à Tourane par l'US Marines Corps, les 25 Corsair de la 14e flottille arrivèrent juste à temps pour participer aux dernières missions sur DBP.

Cet appareil, développé dès 1938 autour du moteur Pratt & Whitney R-2800 de 2000 CV, n'entra en service qu'en 1942, mais devint rapidement la coqueluche des pilotes de l'US Navy pendant la guerre du Pacifique. À cause du mauvais état de ces appareils déjà utilisés en Corée, seuls seize purent être utilisés par la 14F.

- **Moteur :** un Pratt & Whitney R-2800 de 2000 CV.
- **Poids à vide :** 4,5 tonnes.
- **Poids maximal au décollage :** 7 tonnes
- **Envergure :** 13,53 mètres
- **Longueur :** 10,89 mètres.
- **Hauteur :** 5,28 mètres.
- **Vitesse maximale :** 672 km/h
- **Vitesse d'ascension :** 1 000 mètres par minute
- **Plafond maximum :** 9 000 mètres
- **Armement :** six mitrailleuses de 12,7 mm

• Le Morane-Saulnier 500 Criquet

Cet avion léger d'observation était en fait une version francisée du célèbre Fieseler Storch de la Luftwaffe, mis en service en 1936. Il était extrêmement maniable, capable, par faible brise, de décoller en moins de 60 mètres ou de se poser en 20 mètres. La production avait été partiellement délocalisée dans l'usine de Morane-Saulnier pendant la Seconde Guerre mondiale, si bien que les Français furent en mesure de réaliser cet appareil après 1945. La grande verrière du poste de pilotage offrait une excellente visibilité au pilote et à l'observateur, mais la faible vitesse et l'absence de blindage en faisait une cible de choix pour la DCA. Les Criquet, ainsi surnommés en Indochine, furent utilisés tout au long de la bataille de DBP, principalement pour tenter de reconnaître les axes de ravitaillement ennemis. Ils s'aventuraient rarement au-dessus du champ de bataille, à cause de leur fragilité. Un appareil de ce type fut touché par un obus de 37 mm le 6 avril, contraignant le pilote à un atterrissage en catastrophe aux abords du point d'appui central. L'observateur, le lieutenant de la Choue de la Mettrie, fut mortellement touché par l'obus viêt.

- **Moteur :** un Samson en étoile au lieu de l'Argus de 240 CV de la version allemande
- **Poids à vide :** 1 tonne.
- **Poids maximal au décollage :** 1,5 tonnes
- **Envergure :** 15,47 mètres
- **Longueur :** 10,56 mètres
- **Hauteur :** 3 mètres
- **Vitesse maximale :** 140 km/h
- **Portée :** 382 km
- **Plafond maximum :** 4 500 mètres

• Le Fairchild C-119 Packet

Les Français baptisèrent abusivement cet appareil Packet. En fait son nom officiel était le Flying Boxcar, mais la confusion venait sans doute du fait que le C-119 était dérivé du Fairchild, le C-82 Packet. Avec sa rampe arrière, cet appareil était parfaitement adapté aux opérations aéro-transportées puisqu'il pouvait en un seul passage se défaire de l'ensemble de son chargement.

- **Moteurs :** deux Wright R-3350-85 de 3 500 CV
- **Poids à vide :** 20 tonnes
- **Poids maximal au décollage :** 37 tonnes
- **Envergure :** 36 mètres
- **Longueur :** 28,5 mètres
- **Hauteur :** 8,58 mètres
- **Vitesse maximale :** 473 km/h
- **Portée :** 3 648 km

• Le Curtis SB2C Helldiver

Douze appareils de ce type étaient en service sur l'*Arromanches* au sein de la 3e Flottille, commandée par le lieutenant de vaisseau Andrieux. En dépit d'une mauvaise réputation, largement due à son manque de maniabilité à basse vitesse qui le rendait redoutable pour les jeunes pilotes, le Helldiver s'était adjugé une solide réputation de tueur pendant la guerre du Pacifique, où pas un seul autre type d'appareil ne détruisit autant de navires japonais. Comme tous les appareils de l'aéronautique navale, il disposait d'une bonne autonomie (1 165 miles/1875 km) et pouvait embarquer plus de 500 tonnes de munitions. Les deux canons de 20 mm situés à l'avant étaient très utiles pour des passes de *straffing*. Compte tenu de la densité de la DCA, le mitrailleur en place arrière fut rapidement débarqué. Il paraissait plus sensé de faire courir des risques à un seul homme !

- **Moteur :** un Wright R-2600-20 de 1 900 CV
- **Poids :** 5 tonnes (à vide), 8 tonnes (maximum)
- **Envergure :** 14 mètres
- **Vitesse maximale :** 472 km/h
- **Vitesse de croisière :** 252 km/h
- **Plafond :** 10 000 mètres
- **Autonomie :** 1 864 km
- **Armement :** deux canons de 20 mm dans les ailes et deux mitrailleuses de 7.62 dans le cockpit arrière. Plus d'une tonne de bombe emportée sous les ailes ou en soute.

• Le Consolidated PB4Y-2 Privateer

Ce fut le seul bombardier lourd engagé dans la bataille de DBP. Cette version navalisée du B-24 fut mise au point à la fin de la guerre du Pacifique pour remplir des fonctions d'avion de patrouille maritime et de bombardement. Naturellement, ces quadrimoteurs à long rayon d'action furent versés côté français à la 28e Flottille de l'aéronautique navale. Au début de la bataille, ils furent surtout engagés dans des attaques contre les voies de communication ennemies. La situation dramatique à DBP exigeant davantage d'appui feu, les Privateer furent utilisés au-dessus de la cuvette.

- **Moteurs :** quatre Pratt & Whitney R-1830-94 de 1 350 CV.
- **Poids à vide :** 15 tonnes.
- **Poids maximal au décollage :** 30 tonnes
- **Envergure :** 36,3 mètres
- **Longueur :** 24,6 mètres
- **Hauteur :** 10 mètres
- **Vitesse maximale :** 379 km/h
- **Portée :** 4 480 km
- **Armement :** 12 mitrailleuses de 12,7 mm

Orientation bibliographique

Guerre d'Indochine

Ewan BERGOT, Bataillon Bigeard, Presses de la Cité, 1977
Lucien BODARD, La Guerre d'Indochine, Grasset, 2003.
Paul BONNECARRÈRE, Par le sang versé, Fayard 1968.
Jacques DALLOZ, La Guerre d'Indochine : 1945-1954, Le Seuil, 1987.
George FLEURY, La guerre d'Indochine, Perrin, 2003.
François GÉRÉ, La guerre psychologique, Economica, 1997.
Raoul GIRARDET, L'idée coloniale en France 1871-1962, Éditions de la Table Ronde, 1972
Yves GRAS (général), Histoire de la guerre d'Indochine, Plon, 1986. Réédité chez Denoël, 1992.
Jean LARTEGUY, Les Centurions, Presses de la Cité, 1960.
Jean LARTEGUY, Le Mal jaune, Presses de la Cité, 1962.
Bui TIN, From ennemy to friend, Naval Institute Press, 2002.
Neil SHEEHAN, L'innocence perdue, Seuil, Paris 1990.
Pierre VALLAUD, Indochine française, 1856-1956 : guerres, mythes et passion, Perrin 2003.

La Bataille de Diên Biên Phu

Henri NAVARRE, Le Temps des vérités, Plon, 1979.
René BAIL, L'enfer de Diên Biên Phu, Heimdal, 1997
Erwan BERGOT, 2e classe à Diên Biên Phu, La Table Ronde, 1964. Réédité aux Presses de la Cité en 1988.
Erwan BERGOT, Les 170 jours de Diên Biên Phu, Presses de la Cité, 1979.
Erwan BERGOT, Convoi 42, Presses de la Cité, 1986.
Marcel BIGEARD (général), Pour une parcelle de gloire, Plon, 1975.
Robert BONNAFOUS (colonel), Les Prisonniers

Légionnaires de la 13e DBLE fêtant Noël sur Béatrice en décembre 1953. Pour beaucoup, ce fut leur dernier Noël.

Un C-119 Packett détruit par l'artillerie ennemie début mars, avant même le début de la bataille.

de guerre du corps expéditionnaire français en Extrême-Orient dans les camps viêt-minh, 1945-1954, thèse pour le doctorat d'Université, université de Montpellier, 1985.

Jacques DALLOZ, *Diên Biên Phu, les médias et l'événement*, La documentation française, Paris, 1991.

Geneviève de GALARD, *Une femme à Diên Biên Phu*, Les Arènes, Paris, 2003.

Paul GRAUWIN (médecin-commandant), *J'étais médecin à Diên Biên Phu*, éditions France-Empire, 1954. Réédité chez le même auteur en 2004

Pierre LANGLAIS (colonel), *Diên Biên Phu*, éditions France-Empire, 1963.

Guy LEONETTI (sous la direction de), *Lettres de Diên Biên Phu*, Fayard, 2004.

André MENGELLE, *Des chars et des hommes*, Lavauzelle, Paris, 1995.

Pierre ROCOLLE, *Pourquoi Diên Biên Phu ?*, Flammarion, 1968.

Jules ROY, *La bataille de Diên Biên Phu*, Julliard, 1963. Réédité en 1989 chez Albin Michel.

Roger BRUGE, *Les hommes de Diên Biên Phu*, Perrin, 1999. Réédité chez le même auteur en 2004.

Jean RENALD, *L'enfer de Diên Biên Phu*, Flammarion, 1955.

Patrick-Charles RENAUD, *Aviateurs en Indochine*, Editions Grancher, 2003

Pierre VALLAUD et Eric DEROO, *Diên Biên Phu*, Tallandier, 2003.

Revues, études et magazines

Air Force Magazine, article de Rebecca Grant, août 2004.

Actes du colloque de la Commission internationale d'histoire militaire, d'août 1989, à Ottawa.

Le Fana de l'Aviation, article de Jean-Luc Wanthy et José Maigre, mai 1994.

La gazette des uniformes, hors série n° 17, 3e trimestre 2004.

InfoCotam n° 64, article de Patrick Facon (1990).

InfoCotam n° 65, lettre des anciens du Franche-Comté (1991).

Militaria magazine, n° 177 (avril 2000), n° 180 (juillet 2000) et n° 220 (novembre 2003).

Objectif Doctrine n° 37, consacrés aux opérations aéroportées en Indochine. Édité par le CDEF.

CRÉDIT ICONOGRAPHIQUE

AFP : *pp. 27 bas, 80, 91, 110, 125 haut gauche, 152 haut, 163 haut, 168 bas*

Archives Christian Dumont : *pp. 4, 5, 10, 11, 14,*

Archives Claude-Yves Barteau : *pp. 61 centre, 117 centre, 125 centre droit, 126*

ECPAD : *pp. 2, 6, 7, 9, 17 haut, 18, 20 haut, 21 centre & bas, 22, 23, 24, 25, 26, 28, 29 haut, 32, 33, 34, 36, 37, 38 haut, centre et bas gauche, 39, 40, 41, 45, 46, 47, 48, 50, 51, 52, 54, 55, 56, 57, 58, 59, 60, 61 bas, 62, 63, 64 haut & centre, 65 haut, 66 centre & bas, 67 bas, 70, 71, 72 bas, 74, 75 bas, 76, 77, 78, 79, 81, 82, 83 bas, 84, 85, 86, 90, 91 centre, 93, 94, 96, 97, 98, 100, 102, 103, 104, 106, 107, 109, 112 centre, 114, 115 centre & bas, 116 bas, 118 haut, 119 haut gauche, 120, 121 haut gauche, 122 bas, 123 centre droit et bas, 125 centre gauche & bas, 128, 129, 130, 131, 134 haut & centre, 137, 138, 143, 144, 145, 146, 152 bas, 153, 154, 155 bas, 156, 157, 158, 159, 160, 161, 162 haut & bas droite, 163 bas, 164, 165, 167 haut & bas droite, 170,*

Division histoire et patrimoine de la Légion étrangère : *pp. 17 bas, 21 haut, 50 haut, 113, 136, 155 haut, 174*

Le Figaro/ L'Aurore : *pp. 72 haut, 166*

L'Humanité : *pp. 162 bas gauche, 167 bas gauche*

Rondy : *pp. 127, 175*

Service historique de l'Armée de l'air : *pp. 16, 20 bas, 29 bas gauche & droite, 38 bas droite, 44, 53, 64 bas, 65 bas, 66 haut, 67 haut, 68 haut, 75 haut & centre, 83 centre, 111, 112 haut, 115 haut, 116 centre & bas, 117 haut droite, 117 bas, 118 centre, 119 haut droite, 121 haut droite, 123 centre gauche, 125 haut droite, 149, 171, 172, 173, 168 haut*

USAF : *p. 124*

Bergot : *p. 48 bas*

Coordination éditoriale : Nathalie Perrin
Conception graphique : Riadh Zehani
Photogravure : Daniel Lesven
Cartographie : Laurent Devoulon

ISBN : 8-84890-040-7
imprimé par Egedsa à Barcelone

Editions Larivière